Em seus passos
o que
faria Jesus?

Em seus passos
o que
faria Jesus?

CHARLES SHELDON

© 2023 por Editora Hagnos Ltda.
Título original *In His Steps "What Would Jesus Do?"*

1ª edição: outubro de 2023
1ª reimpressão: outubro de 2024

Tradução: Rubens Castilho
Edição de texto: Daila Fanny
Revisão: Francine Torres e Ana Maria Mendes
Projeto gráfico e diagramação: Sonia Peticov
Capa: Julio Carvalho
Editor: Aldo Menezes
Coordenador de produção: Mauro Terrengui
Impressão e acabamento: Imprensa da Fé

As opiniões, interpretações e conceitos desta obra são de responsabilidade de quem a escreveu e não refletem necessariamente o ponto de vista da Hagnos.

Todos os direitos desta edição reservados à
Editora Hagnos Ltda.
Rua Geraldo Flausino Gomes, 42, conj. 41
CEP 04575-060 — São Paulo, SP
Tel.: (11) 5990-3308

E-mail: hagnos@hagnos.com.br | Home page: www.hagnos.com.br

Editora associada à Associação Brasileira de Direitos Reprográficos (ABDR)

Dados Internacionais de Catalogação na Publicação (CIP)

Sheldon, Charles M., 1857-1946

Em seus passos o que faria Jesus? / Charles M. Sheldon; tradução de Rubens Castilho. – São Paulo: Hagnos, 2023.

Bibliografia
ISBN 978-85-7742-440-5
Título original: In His Steps

1. Ficção cristã 2. Ficção norte-americana 3. Religião 4. Jesus I. Título II. Castilho, Rubens

23-4684   CDD 813

Índices para catálogo sistemático:
1. Ficção norte-americana

Angélica Ilacqua CRB-8/7057

PREFÁCIO DO EDITOR

É com grande alegria e reverência que apresentamos a série CLÁSSICOS DA LITERATURA EVANGÉLICA. Este é um projeto literário que visa resgatar e celebrar obras que moldaram a fé e o pensamento cristão ao longo dos séculos, oferecendo aos leitores contemporâneos uma oportunidade única de se conectar com os princípios atemporais do Evangelho.

No âmago desta série está o compromisso de publicar obras que vêm influenciando gerações de crentes, estimulando a reflexão profunda e a transformação espiritual. Cada livro selecionado é uma joia da literatura cristã, cujo impacto transcende fronteiras geográficas e temporais.

O primeiro volume desta série é *Em seus passos o que faria Jesus?*, escrito pelo escritor e pastor congregacional norte-americano Charles Monroe Sheldon (1857-1946). Esta não é a primeira vez que a Editora Hagnos publica este livro, mas esta edição foi totalmente revisada à luz de um original publicado em 1897 pela Advance Publishing Company e que traz o prefácio do próprio Sheldon, o qual reproduzimos nesta edição especial. O número de capítulos segue essa edição, ao contrário do que fizeram outras casas publicadoras, que dividiram o livro em mais de 30 capítulos. Recuperamos a estrutura original, com cada capítulo iniciado por um versículo da Bíblia. Apenas acrescentamos a referência bíblica para tornar a imersão do leitor nas Escrituras ainda mais significativa.

Publicado originalmente em 1896, *Em seus passos o que faria Jesus?* é uma obra-prima que continua a desafiar e inspirar pessoas em todo o mundo a fazer uma pergunta fundamental: Como viveríamos nossa vida se, em todas as situações, nos perguntássemos "O que faria Jesus?".

Nessa narrativa envolvente, Sheldon nos transporta para uma cidade fictícia chamada Raymond, onde um pastor, Henry Maxwell, confronta sua congregação com essa pergunta provocadora. O que se desenrola é uma jornada de autodescoberta e transformação, à medida que os personagens enfrentam dilemas éticos e morais em suas vidas cotidianas.

Ao mergulharmos neste clássico, somos convidados a refletir sobre o que significa ser um seguidor de Jesus Cristo em nosso tempo. *Em seus passos o que faria Jesus?* não é apenas uma história inspiradora, mas também um desafio incisivo para vivermos nossa vida de acordo com os ensinamentos de Jesus, não apenas nas palavras, mas nas ações.

Esta série pretende abrir portas para a exploração de outros grandes clássicos da literatura evangélica, proporcionando uma oportunidade única para aprofundar nossa compreensão da fé cristã e do chamado para viver de acordo com os princípios do Evangelho.

Convidamos você, caro leitor, a embarcar nesta jornada conosco, conforme revisitamos e celebramos os CLÁSSICOS DA LITERATURA EVANGÉLICA. Que essas obras continuem a iluminar nosso coração e nossa mente, desafiando-nos a viver de maneira que honre o nome de Jesus e proporcione esperança a um mundo em busca de respostas para os grandes dilemas da vida.

Que a leitura desta série seja uma fonte de inspiração e transformação para todos aqueles que desejam seguir os passos do Mestre e trilhar o caminho da verdade, do amor e da graça.

ALDO MENEZES
Editor

PREFÁCIO DO AUTOR

O sermão-história "Em seus passos" ou "O que faria Jesus?" foi primeiramente escrito no inverno de 1896 e lido pelo autor, um capítulo por vez, para a congregação de domingo à noite na Central Congregational Church, em Topeka, Kansas. Ele foi publicado como série no *The Advance* (Chicago), e sua recepção pelos leitores do jornal foi tal que os editores do *The Advance* cuidaram para publicá-lo no formato de livro. Era o desejo deles, com o qual o autor alegremente compactuou, que a história alcançasse tantos leitores quanto possível, e a isso se sucederam edições em formato brochura, com preço acessível à maioria dos leitores.

A história foi calorosa e gentilmente acolhida por sociedades do Movimento Esforço Cristão, organizações de temperança[1] e Associação de Moços Cristãos. É a mais sincera oração do autor que o livro siga o seu caminho sendo uma grande bênção para as igrejas, com o objetivo de acelerar o discipulado cristão e apressar o rei do Mestre na terra.

CHARLES M. SHELDON
Topeka, Kansas, novembro de 1897

CAPÍTULO I

*Para isso fostes chamados, pois Cristo também
sofreu por vós, deixando-vos exemplo,
para que sigais os seus passos.*

1 PEDRO 2:21

Numa sexta-feira de manhã, o Rev. Henry Maxwell procurava completar o sermão para o culto matutino de domingo. Interrompido várias vezes, ficou angustiado, pois o tempo passava e ele não havia chegado a um final satisfatório.

Depois da última interrupção, recomendou à esposa, enquanto subia os degraus de volta ao escritório:

— Maria, se alguém vier a partir de agora, diga que estou muito ocupado e não posso atender, a não ser que se trate de alguma coisa excepcional.

— Está bem, Henry, mas estou saindo para visitar o jardim de infância. Você vai ficar sozinho em casa.

O pastor entrou no escritório e fechou a porta. Poucos minutos depois, ouviu a esposa saindo, e então tudo ficou quieto. Acomodou-se à mesa com um suspiro de alívio e continuou a escrever. O texto escolhido fora 1Pedro 2:21: "Para isso fostes chamados, pois Cristo também sofreu por vós, deixando-vos exemplo, para que sigais os seus passos".

Na primeira parte de sua mensagem, Maxwell realçava a expiação como um sacrifício pessoal, chamando a atenção para o fato de Jesus ter sofrido de várias formas, tanto em sua vida como em sua morte. Ele, então, seguia considerando a expiação do ponto de vista do exemplo. Apresentava ilustrações da vida e dos ensinos de Jesus para mostrar como a fé em Cristo ajudava a salvar o ser humano por causa do padrão ou caráter que Ele deixou para ser imitado. O pastor havia chegado ao terceiro e último ponto do sermão — a necessidade de seguir Jesus em seu sacrifício e exemplo.

Ele anotou "Três passos. Quais são?" e se preparava para enumerá-los em ordem lógica quando ouviu o toque estridente da campainha. Era uma daquelas campainhas tipo gongo, e soava como se fosse um relógio batendo às doze horas.

Sentado à mesa, Henry Maxwell franziu ligeiramente a testa. Não fez qualquer movimento para responder à campainha. Logo em seguida ela voltou a tocar; então ele se levantou e caminhou até a janela que dominava a vista da porta da frente. Um homem estava em pé nos degraus. Era jovem e vestia roupas esfarrapadas.

— Parece um mendigo — disse o pastor. — Acho que vou ter de descer e...

Ele não terminou a frase, mas desceu e abriu a porta da frente. Houve um momento de silêncio enquanto os dois se viam frente a frente, então o homem com roupas maltrapilhas falou:

— Estou desempregado, senhor, e pensei que talvez pudesse me indicar alguma coisa para fazer.

— Não conheço nenhum emprego disponível. Está difícil encontrar trabalho — disse Maxwell, fechando a porta devagar.

— Eu não sabia disso, mas talvez o senhor pudesse me recomendar à companhia ferroviária da cidade ou ao superintendente das oficinas ferroviárias, ou outra coisa — prosseguiu o homem, mudando de mão seu chapéu desbotado, ansiosamente.

— Penso que não adiantaria — respondeu Maxwell com impaciência. — Por favor, queira me perdoar, estou muito ocupado esta manhã. Espero que encontre alguma coisa. Lamento não poder oferecer nada para fazer aqui. As únicas coisas que tenho são um cavalo e uma vaca, mas eu mesmo cuido deles.

O Rev. Maxwell fechou a porta ouvindo o homem descer a escada. Enquanto subia ao escritório, viu pela janela do corredor que o homem descia a rua vagarosamente, ainda com o chapéu entre as mãos. Havia algo em sua figura tão abatida, desamparada e angustiada, que o pastor hesitou por um momento ao olhá-lo à distância. Então ele se dirigiu à sua mesa e, com um suspiro, retomou as anotações.

Não houve outra interrupção, e duas horas depois, quando a esposa voltou, o sermão estava pronto; as páginas soltas, recolhidas e reunidas organizadamente, e colocadas sobre a Bíblia. Estava tudo preparado para o culto da manhã de domingo.

— Henry, uma coisa estranha aconteceu no jardim de infância esta manhã — disse a esposa durante o jantar. — Você sabe que fui visitar a escola em companhia da Sra. Brown, e logo depois das brincadeiras, enquanto as crianças estavam sentadas à mesa, a porta se abriu e um homem jovem entrou segurando um chapéu sujo nas mãos. Ele ficou sentado perto da porta e não disse uma única palavra; apenas olhava as crianças. Era certamente um mendigo, e a Srta. Wren e sua assistente Srta. Kyle se assustaram um pouco a princípio, mas ele ficou lá sentado e muito quieto, e depois de alguns minutos foi embora.

— Ele devia estar cansado e querendo descansar em algum lugar. Acho que foi o mesmo homem que esteve aqui. Você disse que ele parecia um mendigo?

— Sim, muito sujo, esfarrapado, com a aparência de um mendigo. Eu diria que ele não deve ter mais de trinta ou trinta e três anos de idade.

— O mesmo homem — disse o pastor Maxwell, pensativo.

— Você terminou o sermão, Henry? — perguntou a esposa, após uma pausa.

— Sim, está tudo pronto. Foi uma semana muito corrida para mim. Os dois sermões me exigiram muito tempo de trabalho.

— Eles serão apreciados por um grande público no domingo, espero — acrescentou sua esposa sorrindo. — Sobre o que você vai pregar na manhã?

— Seguir a Cristo. Eu considero a expiação pela vida do sacrifício e do exemplo, e então mostro os passos necessários para imitar o sacrifício e o exemplo dele.

— Tenho certeza de que será um bom sermão. Espero que não chova. Ultimamente tem chovido muito aos domingos.

— É verdade. A frequência tem sido muito baixa. O povo não gosta de sair de casa em dia de chuva. — Ao dizer isso, o Rev. Maxwell suspirou. Pensava em seu empenho e cuidado em preparar sermões para um grande público que deixava de comparecer.

Mas a manhã daquele domingo despontou na cidade de Raymond como um desses dias perfeitos que às vezes sucedem longos períodos de vento e lama e chuva. O ar estava límpido e refrescante, o céu estava livre de quaisquer sinais preocupantes, e cada um da congregação de Maxwell se preparou para ir à igreja. Iniciado o culto às onze horas, o grande edifício estava repleto com um público composto das pessoas mais bem-vestidas e de melhor aparência de Raymond.

A Primeira Igreja de Raymond acreditava ter a melhor música que o dinheiro pode proporcionar, e seu quarteto musical naquela manhã era uma fonte de grande deleite para a congregação. O hino do coral foi inspirador. Toda a música estava alinhada ao tema do sermão. E a canção do coral era uma adaptação elaborada, no estilo mais moderno, do hino:

Jesus, minha cruz tomei,
Tudo a deixar para seguir a ti.

Pouco antes do sermão, a soprano fez um solo, o hino bem conhecido:

Aonde Ele me guiar, eu seguirei,
Irei com Ele, com Ele, por todo o caminho.

Rachel Winslow parecia muito bonita naquela manhã, quando se postou atrás do parapeito do coro, esculpido em carvalho com os símbolos da cruz e da coroa. Sua voz era ainda mais bela do que seu rosto, e isso causou um efeito extraordinário. Houve um sussurro de expectativa e empolgação no público quando ela se levantou. O Rev. Maxwell se ajeitou contente atrás do púlpito. O canto de Rachel Winslow sempre o ajudava. Ele geralmente colocava um hino antes do sermão. Isso possibilitava certa atmosfera de inspiração que deixava sua pregação mais impressionante.

As pessoas diziam-se que nunca ouviram um canto assim nem mesmo na Primeira Igreja. Certamente, se não fosse um ambiente de culto, o solo dela seria aplaudido com entusiasmo. Pareceu mesmo ao ministro que, quando ela se sentou, uma sensação de aplauso ou de bater com os pés no chão perpassou pelo auditório. Ele ficou alarmado. Ao se levantar, porém, e colocar seu sermão sobre a Bíblia, ele disse a si mesmo que se havia enganado. É claro que isso não poderia acontecer. Em poucos segundos, ele estava absorvido em seu sermão e tudo o mais foi esquecido no prazer de sua mensagem.

Henry Maxwell nunca foi acusado de ser um pregador maçante. Bem ao contrário; ele era comumente considerado excepcional, não especificamente pelo que dizia, mas pela forma como se expressava. Mas as pessoas da Primeira Igreja gostavam disso. Dava ao pregador e à congregação uma agradável distinção.

Também era verdade que o pastor da Primeira Igreja amava pregar. Ele raramente revezava. Ansiava por estar em seu próprio púlpito quando chegava o domingo. Eram trinta minutos estimulantes, por estar diante da igreja cheia e saber que tinha uma audiência. Ele era particularmente sensível às variações de audiência. Ele nunca pregava bem diante de um público pequeno. O clima também o afetava de modo considerável. Sentia-se no máximo de sua pujança diante de um auditório como aquele e numa manhã como aquela. Sua satisfação aumentava à medida que prosseguia. A igreja era a primeira na cidade. Contava com o melhor coral. Sua congregação era composta de pessoas importantes e representativas da riqueza, da alta sociedade e da inteligência de Raymond. Ele iria de férias ao exterior por três meses, no verão, e as circunstâncias de seu pastorado, sua influência e sua posição como pastor da Primeira Igreja da cidade...

Não é certo que o Rev. Maxwell soubesse como ele conseguia manter esse pensamento em conexão com seu sermão, mas à medida que se aproximava do final, ele sabia que, em algum ponto de sua mensagem, havia experimentado essas sensações. Elas alcançaram o íntimo de sua mente; pode ter acontecido em poucos segundos, mas ele estava cônscio de ter definido sua posição e suas emoções tão bem quanto se tivesse feito um monólogo, e sua pregação compartilhou a vibração de uma profunda satisfação pessoal.

O sermão foi interessante, recheado de frases admiráveis. Se fosse publicado, atrairia a atenção. Pronunciado com a paixão de uma fala dramática, que tinha o bom gosto de nunca melindrar com qualquer sinal de afetação ou declamação, era muito eficaz. Se o Rev. Maxwell estava satisfeito com as condições do seu pastorado naquela manhã, a Primeira Igreja também compartilhava do mesmo sentimento, contente de ter no púlpito uma pessoa tão erudita, refinada, de aparência agradável, pregando com tanta animação e destituída de qualquer maneirismo vulgar, barulhento ou desagradável.

De repente, no meio daquela perfeita consonância entre o pregador e a audiência, ocorreu uma interrupção inteiramente fora do comum. Seria difícil avaliar o impacto do choque que essa interrupção causou. Foi tão inesperada, tão contrária a qualquer pensamento das pessoas presentes que não houve espaço para argumentar ou, naquele momento, resistir.

O sermão já tinha acabado. O Rev. Maxwell havia fechado a grande Bíblia sobre seus manuscritos e estava prestes a se sentar enquanto o quarteto tomava posição para cantar o hino de encerramento,

Tudo por Jesus, tudo por Jesus,
Todo os poderes resgatados do meu ser...

quando toda a congregação foi surpreendida pela voz de um homem. Ela vinha do fundo do templo, de um banco sob a galeria. Em seguida, a figura de um homem surgiu da sombra e caminhou até a metade do corredor.

Antes que o auditório atônito entendesse o que se passava, o homem alcançou o espaço vazio diante do púlpito e voltou-se de frente para o público.

— Estive pensando desde que cheguei aqui — essas eram as palavras que ele havia dito embaixo da galeria, e as repetiu — se seria apropriado dizer algumas palavras no final deste culto. Não estou bêbado e não sou louco, e sou perfeitamente inofensivo, mas, se eu morrer, o que é provável que aconteça nos próximos dias, quero sentir a satisfação de saber que falei num lugar como este e diante desse tipo de auditório.

Henry Maxwell não chegara a se sentar, e agora permanecia em pé, apoiando-se no seu púlpito, olhando para o estranho. Era o homem que tinha ido à sua casa na última sexta-feira, o mesmo jovem empoeirado, abatido e maltrapilho. Segurava o chapéu desbotado entre as mãos. Esse parecia ser seu gesto preferido. Não tinha feito a barba e estava descabelado. Era de se duvidar que qualquer um como ele já havia confrontado a Primeira Igreja, dentro do templo. Estavam acostumados, em um nível tolerável, com esse tipo de desfavorecidos nas ruas, nas proximidades das oficinas ferroviárias, perambulando pela avenida, porém nunca imaginariam um incidente como esse acontecendo tão próximo.

Não havia nada ameaçador no comportamento e no jeito de falar do homem. Ele não estava alterado e falava em voz baixa, mas compreensível. Maxwell estava consciente, apesar de manter-se restrito à muda estupefação causada pelo evento, de que, de alguma forma, os gestos do homem lembravam-no de uma pessoa que ele vira caminhando e falando em seu sonho.

Ninguém na casa fez qualquer gesto para deter o estranho nem, de qualquer modo, interrompê-lo. Provavelmente, o choque inicial de sua aparição repentina resultou em uma genuína perplexidade quanto ao que deveria ser feito. Em todo caso, ele continuou a falar, como se não se preocupasse com interrupção nem com o elemento incomum que havia introduzido no decoro do culto da Primeira Igreja. E enquanto falava, o ministro apoiava-se no púlpito, seu rosto cada vez mais pálido e triste a cada momento. Contudo, não fez qualquer movimento para interrompê-lo, e o auditório permanecia sentado, imobilizado em silêncio, quase sem respirar. Outra face, a de Rachel Winslow do coral, estava pálida e toda voltada para a figura maltrapilha de chapéu desbotado. O rosto de Rachel era notável a qualquer momento. Sob a pressão daquele incidente inédito, ele tinha traços tão distintos quanto se tivesse sido emoldurado por fogo.

— Não sou um andarilho comum, muito embora não conheça qualquer ensino de Jesus que torne uma espécie de sem-teto menos digna de salvação do que outra. Vocês conhecem? — Ele fez a pergunta com naturalidade, como se todo o auditório fosse uma pequena classe de escola dominical. Pausou por um momento e tossiu com dificuldade. E logo continuou. — Perdi meu emprego há dez meses. Sou tipógrafo de profissão. As novas máquinas de linotipo são uma ótima invenção, mas sei de seis homens que se mataram no período de um ano por causa dessas máquinas. É claro que não culpo os jornais por comprarem essas linotipos. Mas o que pode fazer um trabalhador? Sei que nunca aprendi outra coisa, e isso é tudo que sei fazer. Vaguei por toda a região em busca de alguma coisa. E há muitos outros na mesma situação. Não estou reclamando, estou? Estou apenas relatando os fatos. Mas o que me intrigava enquanto estava sentado lá embaixo da galeria é se o que vocês chamam de seguir a Jesus é a mesma coisa que Ele ensinou. O que Ele quis dizer quando falou: "Sigam-me!"? O ministro disse — e então se voltou para o púlpito — que é necessário que o discípulo de Jesus siga os passos dele, e disse que esses passos são: "obediência, fé, amor e imitação". Porém não o ouvi dizer o que quis dizer com isso, especialmente com o último passo. O que vocês cristãos entendem por seguir os passos de Jesus?

Vaguei por essa cidade por três dias procurando um emprego; e durante todo esse tempo não tive uma palavra de simpatia ou conforto, exceto de seu pastor aqui, que disse sentir muito por mim e esperava que eu encontrasse emprego em algum lugar. Imagino que, por terem sido enganados por mendigos profissionais, vocês perderam o interesse em qualquer outro. Não estou querendo acusar ninguém, estou? Apenas narrando os fatos. É claro, entendo que vocês não podem deixar suas atividades para conseguir emprego para uma pessoa como eu. Não estou pedindo isso, mas estou confuso a respeito do que significa seguir a Jesus. O que vocês querem dizer quando cantam "Irei com Ele, com Ele, por todo o caminho"? Vocês acham que estão sofrendo e negando a si mesmos, procurando salvar os desfavorecidos, perdidos e sofredores, exatamente como entendo que Jesus fez? O que vocês querem dizer com isso? Estou sempre vendo o lado trágico das coisas. Entendo que há mais de quinhentos homens como eu aqui na cidade. A maioria deles tem família. Minha mulher morreu há quatro meses. Eu estou contente por ela estar livre de sofrimento. Minha filhinha mora com a família de um impressor até que eu consiga um emprego. Fico confuso quando vejo tantos cristãos vivendo no luxo e cantando "Jesus, minha cruz tomei, tudo deixarei para seguir a ti", enquanto lembro como minha mulher morreu com falta de ar num quartinho apertado em Nova York, pedindo que Deus levasse também nossa filhinha. Claro que não espero que vocês impeçam que pessoas morram de fome, falta de alimento adequado e ar contaminado em cortiços, mas, o que significa seguir a Jesus? Entendo que muitos cristãos são proprietários de muitos desses cortiços. Um membro de igreja era dono daquele em que minha mulher morreu, e me pergunto se seguir a Jesus por todo o caminho era verdade no caso dele. Ouvi um grupo de pessoas cantando numa reunião de oração na igreja uma dessas noites:

Tudo por Jesus, tudo por Jesus
Todos os poderes resgatados do meu ser
Todos os meus pensamentos, e todas as minhas ações
Todos os meus dias, e todas as minhas horas.

E, sentado do lado de fora, fiquei pensando no que queriam dizer com isso. Parece que há muita desgraça no mundo que, de algum modo, não existiria se todas as pessoas que cantam essas músicas vivessem de acordo com elas. Acredito que não entendo. Mas o que Jesus faria? É isso que vocês entendem por seguir os passos dele? Tenho a impressão, às vezes, de que as pessoas que vão às grandes igrejas têm roupas bonitas e boas casas, e dinheiro para gastar com luxo, e podem sair de férias no verão e muitas outras coisas, enquanto os que estão fora das igrejas, milhares deles, quero dizer, morrem em cortiços e andam pelas ruas à procura de trabalho, e nunca têm um piano ou um quadro na parede, e crescem em miséria, embriaguez e pecado.

O homem, de repente, fez um movimento estranho em direção à mesa da ceia e apoiou a mão imunda nela. Seu chapéu caiu sobre o tapete a seus pés. Uma agitação tomou conta do auditório. O Dr. West fez menção de se levantar do banco, mas ainda assim o silêncio não foi quebrado por qualquer voz ou movimento que mereça ser mencionado. O homem passou a outra mão sobre a fronte e então, sem qualquer aviso, caiu pesadamente com o rosto no chão, e o corpo todo no corredor. Henry Maxwell falou:

— Damos o culto por encerrado.

Ele desceu os degraus do púlpito e ajoelhou-se ao lado da figura prostrada antes de qualquer outro. O auditório levantou-se imediatamente e os corredores ficaram tomados. O Dr. West disse que o homem estava vivo. Havia sido um desmaio.

— Algum problema no coração — também sussurrou o médico enquanto ajudava a arregá-lo até o gabinete pastoral.

Henry Maxwell e um grupo de membros da igreja permaneceram no gabinete por algum tempo. O homem estava estendido num sofá e respirava com dificuldade. Quando surgiu a dúvida sobre o que fazer com ele, o ministro fez questão de que ele ficasse em sua própria casa; ele morava perto e tinha um quarto disponível. Rachel Winslow falou.

— Minha mãe não está com hóspedes atualmente. Estou certa de que gostaríamos de acomodá-lo em casa.

Ela parecia bastante agitada. Ninguém particularmente notou. Estavam todos abalados com o estranho acontecimento, o mais estranho até então de que as pessoas Primeira Igreja podiam se lembrar. O ministro, porém, insistiu em cuidar do homem, e quando chegou a carruagem, aquela figura inconsciente, mas viva, foi carregada para a casa pastoral; e com a entrada daquele desfavorecido no quarto vago do ministro, iniciou-se um novo capítulo na vida de Henry Maxwell, mas ninguém, ele menos ainda, podia imaginar a notável mudança que isso estava destinado a causar em qualquer definição posterior que desse ao discipulado cristão.

O acontecimento causou uma grande sensação na congregação da Primeira Igreja. Não se falou de outra coisa durante a semana. A impressão geral era de que o homem havia entrado na igreja com a mente perturbada por seus problemas, e que por todo o tempo que esteve lá, ele sofreu um delírio febril, falando completamente alheio ao lugar em que se achava. Essa era a conclusão mais piedosa que se tinha a respeito de seu ato. Havia também um ponto de vista comum de que não havia qualquer amargura ou reprovação em suas palavras. Do começo ao fim, ele falou num tom suave e escusatório, quase como se fosse um membro da congregação buscando esclarecimento para um assunto muito difícil.

Três dias após ser levado à casa do pastor, houve uma mudança notória em sua condição. O médico comentou sobre isso, mas não deu esperanças. No sábado pela manhã, seu estado era estacionário, embora tivesse piorado rapidamente no final da semana. Na manhã de domingo, pouco antes de o relógio marcar uma hora, ele reagiu e perguntou se sua filha havia chegado. O ministro providenciara a vinda imediata da menina assim que encontrou seu endereço em uma carta no bolso do homem. Desde seu ataque, poucas foram as vezes em que ele recobrou a consciência e falou coerentemente.

— A menina está vindo. Ela vai chegar — respondeu Maxwell ao sentar-se a seu lado, trazendo no rosto as marcas do abatimento produzido por uma semana de vigília, uma vez que fez questão de ficar velando todas as noites.

— Nunca mais verei minha filha neste mundo — sussurrou o homem, acrescentando com grande esforço: — O senhor foi muito bom para mim. Sinto que é isso o que Jesus faria.

Após poucos minutos, ele virou ligeiramente a cabeça e, antes que Maxwell pudesse perceber o fato, o médico disse em voz baixa:

— Ele se foi.

A manhã que raiou no domingo sobre Raymond foi igualzinha à manhã do domingo anterior. Rev. Maxwell subiu ao púlpito para se deparar com uma das maiores audiências até então reunidas na Primeira Igreja. Ele estava abatido, parecendo ter convalescido de uma longa enfermidade. Sua esposa estava em casa com a pequena menina, que tinha chegado no trem da manhã uma hora depois que seu pai morrera. Ele jazia naquele quarto disponível, suas lutas terminadas, e o ministro via-lhe o rosto enquanto manuseava a Bíblia e colocava em ordem, no canto do púlpito, os diversos avisos, como tinha o hábito de fazer havia dez anos.

O serviço de culto daquela manhã continha um elemento novo. Ninguém se recordava de alguma vez que Henry Maxwell tivesse pregado pela manhã sem anotações. Na realidade, ele fizera isso ocasionalmente logo no início de seu pastorado, mas havia já muito tempo que ele escrevia cuidadosamente cada palavra de seu sermão matutino, e quase sempre o sermão da noite também. Não seria possível dizer que este sermão era admirável ou impressionante. Ele falava com visível hesitação. Era evidente que alguma grande ideia se agitava em sua mente na tentativa de ser exposta, mas ela não se expressava através do tema que tinha escolhido para pregar. Foi perto do final do sermão que ele reuniu as forças que dolorosamente lhe faltaram no começo.

Fechou a Bíblia e, deslocando-se para o lado do púlpito, olhou para o seu auditório e começou a falar sobre a memorável cena do último domingo.

— Nosso irmão — e as palavras soavam estranhas saindo de seus lábios — faleceu nesta manhã. Ainda não tive tempo de conhecer toda a história dele. Ele tinha uma irmã que mora em Chicago. Escrevi a ela, mas ainda não recebi resposta. Sua filhinha chegou e ficará conosco por algum tempo.

Fez uma pausa e encarou a congregação. Constatou nunca ter visto tantas faces compenetradas durante todo o seu pastorado. Ele ainda não se sentia capaz de transmitir a seu público suas experiências, a crise pela qual passava. Mas algo de seus sentimentos fluiu dele para eles, e não lhe pareceu impulso descuidado abrir para eles, naquela manhã, parte da mensagem que guardava em seu coração.

Assim, ele continuou:

— A aparência e as palavras daquele estranho na igreja domingo passado causaram em mim uma impressão muito forte. Não sou capaz de esconder de vocês ou de mim mesmo o fato de que o que ele disse, seguido, como aconteceu, de sua morte em minha casa, tem-me compelido a perguntar, como nunca fiz antes, "O que significa seguir a Jesus?". Não estou ainda em condições de atribuir qualquer condenação a esta congregação, ou em certo sentido a mim, tanto em nossas relações, segundo Cristo, com esse homem quanto às pessoas que ele representa neste mundo. Entretanto, nada disso me impede de sentir que muito do que aquele homem disse era verdadeiro num nível vital, a ponto de termos de confrontar sua fala em uma tentativa de responder a ela, ou então nos encontrarmos condenados como discípulos de Cristo. Boa parte do que foi dito aqui domingo passado se deu em forma de um desafio ao cristianismo visto e experimentado em nossas igrejas. Tenho sentido isso de modo crescente a cada dia que passa.

— Creio que nunca houve nesta igreja um momento mais apropriado que o atual para lhes propor um plano, ou propósito, que se vem formando em minha mente como reação positiva a muito do que foi dito aqui no último domingo.

Henry Maxwell fez uma nova pausa e olhou no rosto do seu público. Havia homens e mulheres fortes e sérios na Primeira Igreja.

Ele pôde ver entre os presentes Edward Norman, editor-chefe do *Diário de Notícias*. Ele era membro da Primeira Igreja havia dez anos.

Homem nenhum era tão honrado na comunidade. Havia Alexander Powers, superintendente das grandes oficinas ferroviárias de Raymond, um típico ferroviário que tinha nascido naquele ramo. Ali estava Donald Marsh, diretor da Faculdade Lincoln, localizada num subúrbio de Raymond. Ali estava Milton Wright, um dos grandes comerciantes de Raymond, que empregava em suas lojas no mínimo cem homens. Havia o Dr. West, que, embora relativamente moço, era considerado autoridade em casos especiais de cirurgia. Havia o jovem Jasper Chase, autor, que escrevera um livro de sucesso, e dizia-se que estava preparando um novo romance. Lá estava a Srta. Virginia Page, a herdeira, a qual, por meio da recente morte do pai, havia herdado pelo menos um milhão, e que era dotada com atrativos incomuns de personalidade e intelecto. E não menos importante do que os outros, Rachel Winslow, que de seu assento no coro, brilhava com sua beleza peculiar à luz dessa manhã em razão de seu profundo interesse em toda aquela cena.

Havia alguma razão, talvez, diante de tal patrimônio da Primeira Igreja, para a satisfação que Henry Maxwell sentia sempre que ele pensava em sua congregação, como fizera no domingo anterior. Havia um contingente grande de indivíduos fortes que faziam parte da membresia. Mas, ao observar seus rostos nessa manhã, ele simplesmente se perguntava quantos deles responderiam à estranha proposta que lhes apresentaria. Ele prosseguiu devagar, escolhendo cuidadosamente as palavras e dando aos presentes uma impressão jamais sentida, mesmo quando estava em sua melhor forma, com sua pregação mais dramática.

— O que lhes vou propor neste momento é um plano que não deve parecer incomum ou de realização impossível. Imagino, porém, que muitos dos membros desta igreja o considerarão assim. Mas para que não haja dúvida sobre o que estamos considerando, vou expor meu plano da forma mais simples, talvez até rude. Estou buscando voluntários da Primeira Igreja que se disponham, devotada e honestamente, pelo período de um ano, a não fazer qualquer coisa sem antes perguntar: "O que Jesus faria?". E depois de fazer essa pergunta, cada um seguirá Jesus exatamente como Ele faria, seja qual for o resultado. Eu irei, é claro, me incluir nesse grupo de voluntários, certo de que minha igreja aqui não ficará surpresa diante de minha futura conduta, baseada neste modelo de ação, nem se oporá ao que for feito segundo nosso pensamento do que Cristo faria. Eu me fiz entender? Ao encerrar o culto, quero que todas as pessoas desejosas de integrar o grupo permaneçam aqui, e iremos discutir os detalhes do plano. Nosso lema será: "O que Jesus faria?". Nosso objetivo será fazer exatamente o que Ele faria se estivesse em nosso lugar, a despeito das consequências imediatas. Em outras palavras, nos dispomos a seguir os passos de Jesus tão estritamente e tão literalmente quanto acreditamos que Ele tenha ensinado seus discípulos. E aqueles que se apresentarem voluntariamente assumirão o compromisso de, durante um ano inteiro, a partir de hoje, agir desta forma.

Henry Maxwell fez outra pausa e olhou para a congregação. Não é fácil relatar a sensação que uma proposta tão simples aparentemente tenha causado. Os homens se entreolhavam em admiração. Não era do feitio de Henry Maxwell definir o discipulado cristão dessa forma. Havia uma evidente confusão de pensamentos a respeito de sua proposta. Ela fora perfeitamente compreendida, mas havia, aparentemente, grande diferença de opiniões quanto à aplicação do ensino e exemplo de Jesus.

Ele encerrou calmamente o culto com uma breve oração. O organista tocou o poslúdio logo após a bênção e as pessoas começaram a sair. Houve muito falatório. Grupos animados se formaram em todos os cantos da igreja e discutiam a proposta do ministro. Era evidente que ela havia provocado grande discussão. Depois de vários minutos, ele pediu a todos os que resolveram permanecer que se dirigissem à ampla biblioteca, anexa a um lado do grande salão. Ele mesmo deteve-se à frente da igreja, conversando com várias pessoas ali, e quando finalmente se virou, a igreja estava vazia. Encaminhou-se então à biblioteca. Ficou surpreso com o número de pessoas que lá encontrou. Ele não tinha opiniões preconcebidas a respeito de nenhum membro, mas ele dificilmente esperava tantas pessoas dispostas a engajar-se nessa prova literal de discipulado cristão. Havia provavelmente cinquenta pessoas presentes, entre elas Rachel Winslow e Virginia Page, o Sr. Norman, o diretor Marsh, Alexander Powers, superintendente ferroviário, Milton Wright, o Dr. West e Jasper Chase.

Ele fechou a porta da biblioteca e se colocou diante do pequeno grupo. Seu rosto estava pálido e seus lábios tremiam de genuína emoção. Era uma verdadeira crise em sua vida e na de sua congregação. Ninguém sabe, até ser conduzido pelo Espírito Divino, o que pode fazer, ou como pode mudar o rumo de hábitos, cultivados durante a vida inteira, em sua maneira de pensar, falar e agir. O próprio Henry Maxwell, como já foi dito, ainda não sabia de tudo pelo que passava, mas estava consciente de uma grande reviravolta em seu conceito cristão do discipulado, e estava possuído por um sentimento profundo e imensurável enquanto olhava no rosto daqueles homens e mulheres àquela ocasião.

Pareceu-lhe que a palavra mais apropriada a ser dita inicialmente seria uma oração. Pediu que todos orassem com ele. E quase juntamente à primeira sílaba pronunciada, todos sentiram nitidamente a presença do Espírito. À medida que a oração prosseguiu, essa presença aumentava em poder. Todos sentiram. A sala se encheu dela tão completamente que era como se fosse visível. Quando terminou a oração, houve silêncio por algum tempo. Todas as cabeças estavam inclinadas. O rosto de Maxwell estava banhado de lágrimas. Se alguma voz audível do céu houvesse sancionado aquele voto de seguir os passos do Mestre, nenhum dos presentes teria se sentido mais certo da bênção divina. Iniciou-se assim o movimento mais solene jamais realizado na Primeira Igreja de Raymond.

— Todos compreendemos — disse ele, com voz muito calma — o que nos propusemos fazer. Assumimos o compromisso de fazer qualquer coisa em nossa vida diária depois de perguntar "O que Jesus faria?", independentemente do que vier a acontecer. Algum dia terei condições de contar a vocês a mudança maravilhosa que aconteceu em minha vida em uma semana. Agora não posso. Mas a experiência que vivi desde domingo passado causou-me tal insatisfação com minha interpretação anterior de discipulado cristão que me senti compelido a tomar esta posição. Não ousei começar sozinho. Sei que estou sendo guiado pela mão do divino amor em tudo isso. E o mesmo impulso divino deve conduzir vocês também.

— Será que todos entendemos perfeitamente o que estamos fazendo?

— Quero fazer uma pergunta — disse Rachel Winslow. Todos se voltaram para ela. Seu rosto tinha uma beleza fulgurante que nenhum encanto físico poderia criar. — Estou um pouco em dúvida sobre a fonte de nosso entendimento quanto ao que

Jesus faria. Quem vai decidir para mim o que Ele faria na minha situação? Vivemos numa época diferente. Há numerosas questões complexas em nossa civilização que não estão mencionadas nos ensinos de Jesus. Como eu poderia dizer o que Ele faria?

— Não existe outro caminho que eu conheça — respondeu o pastor — a não ser estudar Jesus por intermédio do Espírito Santo. Vocês se lembram do que Jesus disse a seus discípulos sobre o Espírito Santo: "Quando, porém, vier o Espírito da verdade, ele vos conduzirá a toda a verdade. E não falará de si mesmo, mas dirá o que tiver ouvido e vos anunciará as coisas que hão de vir. Ele me glorificará, pois receberá do que é meu e o anunciará a vós. Tudo quanto o Pai tem é meu; por isso eu vos disse que ele, recebendo do que é meu, o anunciará a vós". Não conheço outro teste. Todos teremos de decidir o que Jesus faria depois de ir a essa fonte de conhecimento.

— E se os outros nos disserem, quando fizermos certas coisas, que Jesus não faria isso? — perguntou o superintendente das ferrovias.

— Não podemos impedir isso. Mas devemos ser absolutamente honestos conosco mesmos. O modelo de atitude cristã não pode variar na maioria de nossos atos.

— Ocorre, às vezes, que um membro da igreja pensa que Jesus faria alguma coisa, e outro se recusa a aceitar tal coisa como uma atitude que Cristo tomaria. Como uniformizar um padrão de conduta cristã? É possível chegar sempre às mesmas conclusões em todos os casos? — perguntou o diretor Marsh.

Rev. Maxwell ficou em silêncio por um momento. Em seguida replicou:

— Não, não sei se podemos esperar por isso. Entretanto, quando seguimos os passos de Jesus de maneira genuína, honesta, iluminada, não posso acreditar que haja qualquer confusão em nossas mentes ou no parecer de outros. Devemos evitar o fanatismo por um lado, e ter muita cautela por outro. Se o exemplo de Jesus é aquele que o mundo deve imitar, certamente esse exemplo deve ser praticável. Mas precisamos nos lembrar deste grande fato: depois de perguntarmos ao Espírito o que Jesus faria e de recebermos a resposta, devemos agir a despeito dos resultados que tivermos. Isso está entendido?

Todos os rostos na biblioteca se voltaram para o ministro num solene gesto de concordância. Sua proposta foi perfeitamente compreendida. O rosto de Henry Maxwell voltou a tremer quando notou a presença do presidente da Sociedade de Esforço Cristão, acompanhado de vários membros, sentado atrás dos mais velhos.

Permaneceram mais alguns minutos falando sobre os detalhes e fazendo perguntas, e concordaram em relatar uns aos outros, a cada semana, em uma reunião regular, o resultado de suas experiências em seguir a Jesus daquela forma. Henry Maxwell orou novamente. E novamente, como antes, o Espírito se manifestou. Todas as cabeças permaneceram abaixadas por um longo tempo. Por fim, saíram em silêncio. A emoção lhes impedia a fala. O pastor cumprimentou-os ao se despedirem. Então, entrou em seu gabinete, atrás do púlpito e ajoelhou-se. Ficou ali sozinho cerca de meia hora. Quando chegou em casa, foi até o quarto onde jazia o corpo do falecido. Ao olhar para aquele rosto, clamou novamente, em seu coração, por força e sabedoria. Entretanto, não ainda podia perceber que se iniciara um movimento que levaria à mais memorável série de acontecimentos que a cidade de Raymond poderia conhecer.

CAPÍTULO II

*Quem afirma estar nele também
deve andar como ele andou.*

1 JOÃO 2:6

Edward Norman, editor-chefe do *Diário de Notícias* de Raymond, sentou-se em seu escritório na manhã de segunda-feira e encarou um novo mundo de ação. Ele havia se comprometido em boa-fé a fazer toda e qualquer coisa depois de perguntar "O que Jesus faria?", e como esperava, preparar-se para todos os resultados possíveis. Mas à medida que a vida rotineira do jornal começava na correria de outra semana, ele confrontou-se com um nível de hesitação e um sentimento muito próximo do medo.

Chegou bem cedo ao escritório e, por alguns instantes, ficou sozinho. Sentou-se à mesa de trabalho, entregue a suas cogitações crescentes, que, por fim, se tornaram um desejo tão forte quanto raro. Ele ainda tinha de aprender, com todos os demais daquele pequeno grupo devoto àquela coisa de ser como Cristo, que o Espírito de Vida se movia em poder, por meio de sua própria vida, como nunca acontecera. Levantou-se, fechou a porta e fez o que havia muitos anos não fazia. Ajoelhou-se junto à mesa e orou para que a presença e sabedoria de Deus o direcionasse.

Ergueu-se com o dia à sua frente, e sua promessa definida e clara em sua mente. "Muito bem, mãos à obra", ele parecia dizer. Entretanto, seria conduzido pelos acontecimentos tão rapidamente quanto surgissem.

Abriu a porta de sua sala e começou a sua rotina de trabalho. O editor-executivo acabara de chegar e estava à mesa de trabalho na sala vizinha. Um dos repórteres datilografava alguma coisa na máquina de escrever.

Edward Norman começou um editorial. O *Diário de Notícias* era um jornal vespertino, e Norman completava seu principal editorial costumeiramente antes das oito horas.

Tinha escrito durante quinze minutos quando o editor-executivo informou:

— Aqui está a reportagem da luta de boxe de ontem no Resort. Vai ocupar três colunas e meia. Vamos publicar na íntegra?

Edward Norman era daqueles editores que costumam acompanhar cada detalhe da edição. O editor-executivo sempre consultava o chefe sobre matérias de pequena ou grande importância. Algumas vezes, como nesse caso, era simplesmente uma formalidade.

— Sim... não! Deixe-me ver.

Ele tomou a matéria datilografada exatamente como tinha vindo pelo telégrafo e leu até o fim com atenção. Colocou as folhas sobre a mesa e se pôs a pensar.

— Não vamos publicar isso hoje — disse finalmente.

O editor-executivo estava em pé junto à porta entre as duas salas. Ficou abismado com a decisão do chefe, pensando que talvez tivesse entendido mal.

— O que o senhor disse?

— Deixe essa matéria fora. Não vamos publicá-la.

— Mas... — O editor-executivo estava completamente atordoado. Olhava para Norman como se este tivesse enlouquecido.

— Eu não acho, Clark, que isso deva ser publicado, e vamos dar este assunto por encerrado — disse Norman, olhando por detrás de sua mesa.

Dificilmente Clark retrucava o chefe. Norman tinha sempre a última palavra no escritório, e ele raramente mudava de ideia. As circunstâncias agora, porém, pareciam tão extraordinárias que Clark não pôde deixar de falar.

— Você quer dizer que o jornal vai para a gráfica sem uma linha sobre a luta de boxe?

— Sim. É o que eu quis dizer.

— Mas isso nunca aconteceu. Todos os outros jornais vão publicar sobre a luta. O que nossos assinantes vão dizer? Ora, isso é simplesmente... — Clark parou, incapaz de encontrar palavras que expressassem o que ele pensava.

Norman olhou para ele pensativamente. O editor-executivo era membro de uma igreja de uma denominação diferente da de Norman. Os dois homens nunca haviam conversado sobre questões religiosas, apesar de estarem juntos no jornal por vários anos.

— Venha cá um instante, Clark, e feche a porta — disse Norman.

Clark entrou e os dois se viram a sós. Norman não falou durante um minuto. Então, disse repentinamente:

— Clark, se Cristo fosse o editor de um jornal diário, você sinceramente acha que Ele publicaria três colunas e meia sobre uma luta de boxe?

— Não, penso que Ele não publicaria.

— Bem, essa é a minha única razão para tirar essa pauta do *Diário*. Tomei a decisão de não fazer no jornal, durante um ano inteiro, nada que eu sinceramente acredite que Jesus não faria.

Clark não ficaria mais espantado se o chefe tivesse repentinamente enlouquecido. Na verdade, ele pensava mesmo que algo estava errado, embora, em seu julgamento, o Sr. Norman seria a última pessoa no mundo a perder o juízo.

— Que efeito terá isto sobre o jornal? — perguntou finalmente Clark numa voz desalentada.

— Qual é a sua opinião? — perguntou Norman, com um olhar indagador.

— Acho que isto vai simplesmente arruinar o jornal — afirmou Clark, sem hesitação. Ele recompôs suas ideias confusas e passou a objetar. — Ora, atualmente não é possível publicar um jornal baseado nisso. É muito idealista. O mundo não está preparado. Não é viável. Tão certo quanto você está vivo, se tirarmos essa notícia sobre a luta, você perderá centenas de assinantes. Não é preciso ser profeta para ver isso. O melhor público da cidade está ansioso para ler sobre o assunto. Eles sabem que a luta aconteceu, e quando receberem o jornal nesta tarde, esperarão encontrar pelo menos meia página da notícia. Certamente, você não pode menosprezar os interesses do público dessa forma. Será um grande erro se agir assim, na minha opinião.

Norman permaneceu sentado em silêncio por um minuto. Depois falou com calma, porém resolutamente.

— Clark, em sua mais sincera opinião, qual é a norma correta para determinar o nosso comportamento? O único padrão de conduta correto para cada pessoa não é a provável atitude que Jesus Cristo tomaria? Você diria que a melhor, a mais alta lei para a nossa vida consiste em fazer a pergunta "O que Jesus faria?", e então seguir agindo do mesmo jeito sem temer as consequências? Em outras palavras, você acredita que os homens em toda parte devem seguir o exemplo de Jesus tão estritamente quanto puderem em sua vida diária?

Clark ficou vermelho, e se mexeu desajeitadamente na cadeira antes de responder à pergunta do editor-chefe.

— Ora, bem, acho que sim, se você tomar por base o que os homens devem fazer, não há outro padrão de conduta. Mas a questão é: o que possível? É viável? Para ter sucesso neste ramo, é preciso se adaptar aos costumes e métodos aceitos pela sociedade. Não podemos agir como se estivéssemos num mundo ideal.

— Você quer dizer que não podemos rodar o jornal estritamente de acordo com os princípios cristãos e ter sucesso?

— Sim, é exatamente isso que quero dizer. Seu plano é inviável. Em trinta dias, iremos à falência.

Norman não respondeu imediatamente. Ele ficou bastante pensativo.

— Teremos oportunidade de falar sobre isso de novo, Clark. Por enquanto, penso que devemos nos entender francamente. Assumi o compromisso de, por um ano, fazer tudo o que se refira ao jornal depois de responder, tão sinceramente quanto possível, a pergunta "O que Jesus faria?". Vou continuar nessa linha, acreditando não somente que seremos bem-sucedidos, mas que poderemos alcançar êxito maior do que já conseguimos.

Clark se levantou.

— Então a matéria não vai sair?

— Não. Há muitas matérias boas para ocupar o espaço dela, e você sabe quais são.

Clark hesitou.

— Você vai dizer alguma coisa sobre a ausência da reportagem?

— Não, deixe que o jornal vá para as rotativas como se não tivesse existido essa luta de boxe ontem.

Clark saiu da sala do diretor em direção à sua mesa sentindo como se lhe faltasse o chão sob os pés. Estava surpreso, aturdido, agitado e consideravelmente irritado. Seu grande respeito por Norman conteve seu desgosto e crescente indignação, mas ao lado disso havia uma sensação de espanto cada vez maior diante das súbitas mudanças de motivação que adentraram a redação do *Diário de Notícias* e que ameaçavam, como ele firmemente acreditava, destruí-lo.

Antes do meio-dia, cada repórter, impressor e empregado do *Diário de Notícias* estava inteirado do notável fato de que o jornal seria impresso sem uma palavra sobre a famosa luta de domingo. Os repórteres ficaram aturdidos além da medida quando ouviram a história. Cada empregado das oficinas tipográficas tinha alguma coisa a dizer sobre a omissão nunca vista. Duas ou três vezes durante o dia, quando o Sr. Norman teve a oportunidade de visitar as oficinas, os homens paravam o trabalho ou olhavam de esguelha para ele com curiosidade. Ele sabia que estava sendo observado, porém se manteve calado e alheio aos olhares desconfiados.

Várias mudanças menores foram introduzidas no jornal por sugestão do editor, nenhuma delas relevante. Ele esperava e refletia profundamente.

Ele sentia que precisava de tempo e bastante oportunidade para analisar da melhor forma vários assuntos antes de responder de maneira correta à pergunta sempre recorrente. Ele agia com cautela não porque houvesse muitas coisas na vida do jornal que eram contrárias ao espírito de Cristo, mas porque ainda estava sinceramente em dúvida com respeito ao que Jesus faria.

Quando o *Diário de Notícias* foi distribuído naquela tarde, ele trouxe aos assinantes uma sensação distinta.

Se a notícia sobre a luta de boxe tivesse sido publicada, não causaria o mesmo efeito de sua omissão. Centenas de homens em hotéis e estabelecimentos no centro da cidade, além dos assinantes regulares, abriram ansiosos o jornal e procuraram nele todo a reportagem da luta; não a encontrando, foram apressadamente às bancas e compraram outros jornais. Até mesmo os jornaleiros não tinham entendido a falta da notícia. Um deles proclamava: "Olha o *Diário de Notícias*! Reportagem completa da luta de boxe em Resort! O *Diário*, senhor?".

Um homem na esquina da avenida perto das instalações do *Diário de Notícias* comprou o jornal, passou os olhos na primeira página rapidamente, e então, zangado, chamou de volta o jornaleiro.

— Aqui, rapaz! O que há com o seu jornal? Não estou vendo nenhuma notícia da luta aqui! Como você pode vender jornais velhos?

— Jornal velho que nada! — respondeu o rapaz indignado. — Esse é de hoje. Qual é o seu problema?

— Mas aqui não aparece nenhuma reportagem da luta. Veja!

O homem devolveu o jornal e o jornaleiro olhou para ele rapidamente. Então assobiou, com uma expressão confusa se formando em seu rosto. Vendo outro menino oferecendo seus jornais, ele o chamou:

— Sam, me deixa ver seus jornais.

Uma verificação feita às pressas revelou o fato estranho: nenhum dos exemplares do *Diário de Notícias* trazia a notícia da luta.

— Aqui, me dê outro jornal! — gritou o comprador. — Um que tenha a reportagem da luta.

O homem pegou e saiu andando enquanto os dois garotos ficaram comentando o que estaria acontecendo.

— Alguém comeu bola no jornal, certeza — disse o primeiro menino. Como não sabia o porquê, correu ao escritório do *Diário* para descobrir.

Havia outros jornaleiros na expedição, todos muito agitados e desgostosos. Os protestos contra o encarregado da seção, feitos à frente do comprido balcão em linguagem de rua, levariam qualquer outro ao desespero.

Ele estava acostumado a um pouco disso diariamente, e consequentemente não se descontrolava. O Sr. Norman estava descendo as escadas a caminho de casa e parou ao passar pela porta da expedição, olhando para dentro.

— O que está havendo aqui, George? — perguntou ao funcionário diante da confusão incomum.

— Os rapazes estão dizendo que não podem vender nenhum exemplar do *Diário* hoje, porque ele não traz a notícia da luta de boxe — respondeu George, olhando curiosamente para o editor do mesmo modo que os outros funcionários fizeram ao longo do dia. O Sr. Norman hesitou por um instante, então entrou na seção e confrontou os rapazes.

— Quantos jornais vocês têm aí? Rapazes, contem, e eu comprarei todos hoje.

Houve uma troca de olhares espantados entre os garotos que começaram a contar os jornais rapidamente.

— Dê a eles o dinheiro, George, e se algum dos outros jornaleiros vierem com a mesma reclamação, compre os exemplares que sobraram. Está bem assim? — perguntou aos jornaleiros, que ficaram em raro silêncio com o ato inédito do editor.

— Ótimo! Bem, eu devia... mas você vai fazer sempre assim? Vai fazer sempre desse jeito para beneficiar a fraternidade?

O Sr. Norman sorriu de leve, mas achou que não era necessário responder à pergunta.

Deixou o escritório e foi para casa. No caminho, não podia evitar a constante indagação: "Jesus teria feito isso?". Não era tanto por causa da sua última ação, e sim pela soma de motivos que o pressionavam desde que assumira aquele compromisso.

Os jornaleiros eram inevitavelmente prejudicados pela medida que ele tomou. Por que razão teriam de perder dinheiro com ela? Eles não deveriam ser censurados. Ele era um homem rico e poderia colocar um pouco de alegria em suas vidas se o quisesse. Em sua volta para casa, ele acreditou que Jesus teria feito exatamente o que ele fez, ou alguma coisa parecida, a fim de se sentir livre de qualquer sentimento de injustiça.

Ele não tomava essas decisões por qualquer outro motivo que não fosse a sua própria conduta. Não estava em condições de dogmatizar, e sentia que poderia somente responder com seu próprio julgamento e consciência à interpretação que teve da provável atitude de seu Mestre. A queda na venda do jornal era, de certo modo, prevista. Contudo, ele estava ainda longe de avaliar toda a extensão dos prejuízos do jornal, se tal política fosse mantida.

Durante a semana, ele recebeu numerosas cartas comentando a ausência da reportagem sobre a luta de boxe no *Diário de Notícias*. Duas ou três delas podem interessar.

> Editor do *Diário*
>
> Prezado Senhor: Venho pensando há algum tempo em mudar de jornal. Prefiro um jornal bem atualizado, progressista e empreendedor, que atenda aos interesses do público em todos os aspectos. A recente loucura de seu jornal, recusando-se a publicar a reportagem da luta no Resort, levou-me a tomar a decisão de finalmente mudar de jornal. Queira cancelar a minha assinatura.
>
> Atenciosamente,
>
> ——————————

A carta estava assinada por um homem de negócios que tinha sido assinante por muitos anos.

Edward Norman,
 Editor do *Diário de Notícias*, Raymond
 Caro Ed: Que sensação foi essa que você causou ao povo da nossa cidade? Que política nova você adotou? Espero que não queira tentar uma "reforma empresarial" através da imprensa. É perigoso se aventurar muito nessa direção. Aceite meu conselho e mantenha os modernos métodos empreendedores que você tem utilizado com tanto sucesso no *Diário*. O povo quer lutas de boxe e coisas parecidas. Dê a eles o que eles querem e deixe que outros cuidem da reforma empresarial.
 Atenciosamente,

A carta estava assinada por um velho amigo de Norman, editor de um jornal diário numa cidade próxima.

Meu caro Norman:
 Apresso-me a lhe escrever expressando minha apreciação pelo evidente cumprimento de sua promessa. É um belo começo, e ninguém reconhece o seu valor mais do que eu. Sei o quanto isso pode custar a você, mas não custará tudo.
 Seu pastor,
 HENRY MAXWELL

Uma das cartas que ele abriu logo depois de ler a de Maxwell mostrou-lhe uma parte da perda que possivelmente afetaria seu negócio.

Sr. Edward Norman
 Diretor do *Diário de Notícias*
 Prezado Senhor: Com o término do meu contrato de propaganda, queira, por gentileza, não renová-lo, como vocês faziam

antes. Em anexo está um cheque para o pagamento total, e considere minha conta com seu jornal encerrada a partir desta data.

Atenciosamente,

A carta estava assinada por um dos maiores comerciantes de tabaco da cidade. Ele costumava publicar uma coluna de propaganda ostensiva, pela qual pagava grande soma.

Norman baixou a carta pensativamente e, após algum tempo, pegou um exemplar do seu jornal e percorreu com os olhos as colunas de anúncios. A carta do comerciante de tabaco não fazia qualquer conexão entre a omissão da luta de boxe e a retirada dos anúncios, mas ele não pôde deixar de associar uma coisa à outra. Soube, porém, mais tarde que o comerciante de tabaco havia retirado seus anúncios porque tinha ouvido dizer que o editor do *Diário de Notícias* estava para iniciar uma reforma peculiar na política do jornal que certamente diminuiria o seu número de leitores.

Entretanto, essa carta chamou a atenção de Norman sobre a fase atual da propaganda em seu jornal. Ele não havia considerado isso antes.

Examinando as colunas de anúncios, não pôde evitar a convicção de que seu Mestre não permitiria alguns deles em seu jornal.

O que Ele faria com aquele enorme anúncio de bebidas e charutos? Como um membro de igreja e cidadão respeitável, ele não tinha sofrido nenhuma censura por causa dos anúncios de bares em suas colunas. As pessoas viam isso com naturalidade. Todos eram negócios legítimos. Por que não? Raymond era uma cidade que desfrutava certa liberdade, e os bares, casas de bilhar e cervejarias compunham a civilização cristã da cidade.

Ele simplesmente fazia o que todos os homens de negócios de Raymond faziam. E além disso, era uma das melhores fontes de renda. O que aconteceria ao jornal se todos esses anúncios fossem cortados? Poderia ele sobreviver? Esse era o problema. Mas era mesmo essa a questão? "O que Jesus faria?" Era a essa pergunta que ele estava respondendo, ou tentando responder, esta semana. Jesus anunciaria uísque e cigarro em seu jornal?

Edward Norman fez a pergunta sinceramente, e após uma oração pedindo ajuda e sabedoria, pediu a presença de Clark em seu escritório.

Clark foi, sentindo que o jornal estava em crise, e preparado para qualquer coisa desde aquela experiência na manhã de segunda-feira. Aquele dia já era quinta-feira.

— Clark — disse Norman, falando lenta e cuidadosamente —, tenho olhado nossas colunas de anúncios e decidi dispensar alguns, tão logo terminem os respectivos contratos. Gostaria que você notificasse os agentes publicitários para não pleitearem a renovação dos anúncios que assinalei aqui.

Ele entregou o jornal com os lugares assinalados para Clark, que o recebeu e passou os olhos pelas colunas com o semblante muito carregado.

— Isso vai representar uma grande perda para o *Diário*. Até quando acha que pode continuar com esse tipo de atitude? — Clark estava desnorteado pela atitude do editor e não conseguia entender.

— Clark, você acha que se Jesus fosse o editor e proprietário de um jornal diário em Raymond, Ele permitiria anúncios de uísque e tabaco?

— Bem... não... suponho que Ele não publicaria. Mas o que isso tem a ver conosco? Não podemos agir como Ele agiria. Os jornais não podem se guiar por esse padrão.

— Por que não? — perguntou Norman calmamente.

— Por que não? Porque perderão mais dinheiro do que podem receber, essa é a verdade! — Clark falou com uma irritação que realmente sentia. — Certamente vamos levar o jornal à falência com esse tipo de política comercial.

— Você pensa assim? — perguntou Norman, sem esperar por resposta, mas como se estivesse falando consigo mesmo. Depois de uma pausa, ele disse. — Queira orientar o Marks a fazer como acabei de dizer. Creio que isto é o que Cristo faria, e como já lhe informei, Clark, foi isto que eu prometi tentar fazer por um ano, sem levar em conta as consequências. Não creio que, por qualquer espécie de raciocínio, poderemos chegar a uma conclusão que justificasse ao nosso Senhor a propaganda de uísque e cigarro em um jornal, nesta época. Há ainda outros anúncios de natureza duvidosa que estou examinando. Enquanto isso, sinto uma convicção quanto a esses que marquei que não pode ser silenciada.

Clark retornou à sua mesa com a sensação de ter estado em presença de uma pessoa muito peculiar. Não conseguia entender o sentido de tudo aquilo. Sentia-se nervoso e alarmado. Estava certo de que qualquer política como aquela arruinaria o jornal logo que se tornasse público que o editor estava tentando fazer tudo apoiado num padrão moral tão absurdo. O que seria de um negócio qualquer se esse modelo fosse adotado? Provocaria uma reviravolta nos costumes e criaria uma confusão interminável. Era pura bobagem. Uma idiotice completa. Era assim que Clark pensava, e quando Marks foi inteirado do plano de ação, foi solidário com o editor-executivo usando expressões enérgicas. O que está havendo com o chefe? Ficou louco? Está querendo levar todo o negócio à bancarrota?

Mas Edward Norman ainda não tinha enfrentado seu problema mais sério. Quando chegou à redação do jornal na manhã de sexta-feira, teve de tratar do programa habitual da edição matutina de domingo. O *Diário* era um dos poucos jornais vespertinos em Raymond a publicar aos domingos, e isso lhe dera um êxito financeiro considerável. Havia uma média de página dedicada à literatura e assuntos religiosos para trinta ou quarenta páginas de esporte, teatro, fofocas, moda, sociedade e política. Isso tornava a revista muito interessante para toda a sorte de leitores, e sempre foi recebida por todos os assinantes, membros da igreja e outros, como uma necessidade aos domingos pela manhã.

Edward Norman agora lidava com esse fato e punha diante de si mesmo a pergunta: "O que Jesus faria?". Se Ele fosse o editor de um jornal, planejaria deliberadamente colocar nos lares de todos os membros da igreja e dos cristãos de Raymond tal variedade de leitura justamente no dia da semana que deveria ser dedicado a algo melhor e mais santo? Ele conhecia bem os argumentos habituais a favor do jornal dominical, a saber, que o público tinha necessidade de alguma coisa do gênero, e que especialmente os operários, que de qualquer modo não iam à igreja, deveriam ter algum tipo de entretenimento e instrução no domingo, seu único dia de descanso. Mas e se a edição de domingo não desse lucro? E se não gerasse receita? Até onde o editor ou proprietário estaria interessado em satisfazer essa urgente necessidade dos pobres operários? Edward Norman refletiu consigo mesmo sobre essa questão.

Levando tudo isso em conta, Jesus editaria um jornal matutino dominical? Sem importar o quanto rendesse? A questão não era essa. Na realidade, o *Diário* de domingo era tão rentável que sua suspensão significaria uma perda de milhares de dólares. Afora isso, os assinantes pagaram por um jornal com sete edições semanais. Ele teria o direito de oferecer a eles menos do que supunham ter pagado?

Ele estava realmente atordoado por esse dilema. Era tanta coisa envolvida na suspensão da edição dominical que, pela primeira vez, ele quase rejeitou ser orientado pela provável ação de Jesus. Era o único proprietário do jornal, poderia dar-lhe a forma que quisesse. Não tinha nenhum conselho diretor para consultar sobre a política a ser adotada. Mas enquanto se sentava, cercado pelo volume habitual de matéria para a edição de domingo, ele havia chegado a algumas conclusões definitivas. Entre elas, estava determinado a chamar a equipe do jornal e expor-lhes francamente seus motivos e propósitos. Pediu a presença de Clark e dos outros homens do escritório, incluindo alguns repórteres que se encontravam no prédio e os gerentes, com os homens que estivessem na oficina tipográfica (ainda era cedo, nem todos haviam chegado) para se reunirem na sala de expedição. Era um lugar espaçoso, e os empregados foram chegando um tanto curiosos, acomodando-se nas mesas e balcões. Era uma situação incomum, mas estavam todos cientes de que o jornal estava seguindo uma nova orientação, e todos observaram o Sr. Norman atentamente enquanto ele falava.

— Chamei vocês para informá-los dos meus novos planos para o *Diário*. Estou propondo certas mudanças que julgo necessárias. Entendo muito bem que algumas providências que tomei foram consideradas muito estranhas. Desejo esclarecer meus motivos por fazer o que fiz.

Então ele contou então aos presentes o que já havia dito a Clark, e eles arregalaram os olhos como Clark fizera, e pareciam tão dolorosamente alertas quanto ele.

— Agora, de acordo com este propósito de conduta, cheguei a uma conclusão que, certamente, causará surpresa a todos. Tomei a decisão de suspender a edição dominical do *Diário* a partir do próximo número. Nessa edição, apresentarei minhas razões para a descontinuação. E a fim de compensar os leitores com o mesmo volume de matéria a que têm direito, poderemos oferecer-lhes uma edição dupla aos sábados, como fazem vários jornais vespertinos que não saem aos domingos. Estou convencido de que, do ponto de vista cristão, nosso jornal de domingo tem causado mais males do que benefícios. Não creio que Jesus se responsabilizaria por isso se Ele estivesse em meu lugar hoje. Em consequência dessa mudança, vamos ter alguns problemas para ajustar os detalhes com os anunciantes e assinantes. Mas este é um assunto que vou tratar pessoalmente. A mudança será implantada. Até onde posso enxergar, eu arcarei com o prejuízo. Nem repórteres nem impressores precisarão fazer qualquer alteração em seus planos.

Ele olhou ao redor da sala e ninguém se manifestou. Pela primeira vez em sua vida, ele ficou chocado com o fato de que, em todos os seus anos de jornal, havia jamais reunira seu pessoal dessa maneira. Jesus faria o mesmo? Isso é, Ele dirigiria um jornal como se fosse uma família amorosa, em que editores, repórteres, impressores e os demais se reunissem para discutir e imaginar e planejar a confecção de um jornal que deveria ter em vista...

Ele se pegou como que se afastando da realidade dos sindicatos dos tipógrafos e das regras de escritório e associações de jornalistas e de todos aqueles métodos comerciais frios que tornam bem-sucedidos os grandes diários. Porém, a vaga imagem que lhe veio da sala da expedição permaneceria em sua mente quando retornasse ao seu escritório e os homens voltassem aos seus postos com surpresa em seus olhos e perguntas de todos os tipos em suas línguas enquanto conversavam sobre a extraordinária medida do editor.

Clark entrou na sala e teve uma conversa longa e séria com seu chefe. Ele estava completamente transtornado, e seu protesto o levou a ponto de quase se demitir. Norman conservou uma postura cautelosa. Cada minuto da conversa era doloroso para ele, mas ele sentia, mais do que nunca, a necessidade de se conduzir como cristão. Clark era um homem de muito valor. Seria difícil preencher o seu lugar. Ele, entretanto, não podia apresentar qualquer justificativa para continuar a edição de domingo que respondesse à pergunta "O que Jesus faria?", permitindo que Jesus imprimisse aquela edição.

— Chegamos a tal ponto — disse Clark com franqueza — que o senhor levará o jornal à falência em trinta dias. Nós também teremos de lidar com essa realidade.

— Não penso dessa forma. Você continuará no *Diário* até ele falir? — perguntou Norman com um sorriso estranho.

— Sr. Norman, não o entendo. Você deixou de ser nesta semana o homem que sempre conheci.

— Nem eu tampouco me reconheço, Clark. Algo extraordinário se apoderou de mim e está me impulsionando. Entretanto, nunca estive tão seguro do sucesso final e do poder do jornal. Você não me respondeu: ficará comigo?

Clark esteve hesitante por uns momentos, mas finalmente disse que sim. Eles apertaram as mãos e Norman voltou à sua mesa. Clark retornou para a sua sala, sacudido por um turbilhão de emoções conflitantes. Ele não tinha lembrança de ter vivido uma semana tão agitada e preocupante, e sentia gora que estava ligado a uma firma que poderia, a qualquer momento, colapsar e arruinar a sua vida e a de muitos outros ligados a ela.

Uma nova manhã de domingo raiou sobre Raymond e a igreja de Henry Maxwell estava outra vez repleta. Antes de o começar culto, Edward Norman foi o grande alvo da atenção. Ele se sentou calmamente no seu lugar costumeiro, a três bancos do púlpito. A edição do *Diário* daquele domingo, contendo a notícia de sua descontinuidade, foi redigida numa linguagem tão extraordinária que impressionou cada leitor. Nunca uma sucessão de fatos havia perturbado os costumes comerciais de Raymond. Os eventos relacionados ao *Diário* não foram os únicos. As pessoas também comentavam com empolgação as estranhas coisas feitas durante a semana por Alexander Powers nas oficinas ferroviárias, e por Milton Wright em seus estabelecimentos na avenida. O culto transcorria sob uma distinta onda de agitação nos bancos. Henry Maxwell a encarou com uma calmaria que denotava uma força e um propósito maiores que os de costume. Suas orações foram de grande ajuda. Seu sermão não foi tão fácil de descrever. Como um ministro seria capaz de pregar ao seu público, apresentando-se a ele depois de uma semana inteira de incessantemente perguntar "Como Jesus pregaria? O que Ele provavelmente diria?". É verdade que ele não pregou como fez dois domingos antes. Na última terça-feira, ele estava ao lado da sepultura do falecido estranho dizendo as palavras: "Todos procedem do pó, e ao pó tornarão", e ainda estava sendo movido por um impulso mais forte do que ele conseguia mensurar quando pensou no seu rebanho e ansiou pela mensagem de Cristo para quando estivesse em púlpito de novo.

Agora o domingo havia chegado, e as pessoas estavam ali para ouvir; o que o Mestre lhes diria? Ele agonizou em sua preparação, sabendo-se incapaz de adequar sua mensagem ao seu ideal de Cristo. No entanto, ninguém na Primeira Igreja se lembrava de ter ouvido um sermão como aquele. Ele se insurgiu contra o pecado, especialmente a hipocrisia, e havia uma clara advertência contra a ambição da riqueza e a ostentação da moda, duas reprimendas que a Primeira Igreja nunca ouvira dessa forma; e havia um amor por seu rebanho que renovava suas forças à medida que o sermão prosseguia. Terminada a pregação, havia alguns que diziam em seu coração: "O Espírito inspirou este sermão". E estavam certos quanto a isso.

Então Rachel Winslow se levantou para cantar, desta vez depois do sermão, a pedido do Rev. Maxwell. O canto de Rachel não provocou aplausos desta vez. Que sentimento mais profundo alcançara o coração dos presentes, levando-os a um silêncio reverente e à ternura de pensamentos? Rachel era linda. Mas a consciência que ela tinha quanto à sua notável delicadeza sempre ofendia seu canto, aos olhos daqueles que tinham uma sensibilidade espiritual mais profunda. Também havia interferido em sua apresentação de certos tipos de canções, aos seus próprios olhos. Hoje, nada disso estava presente. Havia poder em sua grandiosa voz. Mas prevalecia um elemento adicional de humildade e pureza, que os presentes sentiam profundamente e se renderam a ele.

Antes do encerramento do culto, Rev. Maxwell convidou aqueles que tinham ficado na semana passada a permanecerem mais uma vez para uns instantes de conversa, e estendeu o apelo aos que desejassem assumir o compromisso. Quando ficou livre, ele foi à biblioteca. Para sua surpresa, ela estava quase lotada. Dessa vez, um expressivo número de pessoas mais jovens tinha vindo, mas entre eles havia poucos empresários e oficiais da igreja.

Como havia feito antes, ele pediu a todos que orassem com ele. E como antes, uma resposta distinta veio por parte da presença do Espírito divino. Não havia dúvida na mente de qualquer um deles de que o que se propuseram fazer estava tão claramente em sintonia com a vontade divina, que uma bênção repousou ali de modo muito especial.

Permaneceram ali algum tempo para fazer perguntas e trocar impressões. Havia um sentimento fraternal jamais experimentado na membresia da igreja. As decisões do Sr. Norman foram bem-compreendidas por todos, e ele respondeu a várias perguntas.

— Qual será o resultado provável do fim da edição de domingo? — perguntou Alexander Powers, que estava sentado a seu lado.

— Ainda não sei. Suponho que vai resultar na queda das assinaturas e dos anúncios. Eu já previa isso.

— Você tem alguma dúvida em relação à sua decisão? Quero dizer, você se arrepende de alguma coisa, ou receia que não seja isso o que Jesus faria? — perguntou o Rev. Maxwell.

— Nenhuma dúvida. Mas gostaria de perguntar, para a minha própria curiosidade, se algum de vocês aqui acha que Jesus publicaria um jornal aos domingos?

Ninguém respondeu imediatamente. Então Jasper Chase falou.

— Parece que pensamos de modo semelhante a esse respeito, mas fiquei várias vezes confuso durante a semana, procurando saber exatamente o que Ele faria. Nem sempre essa pergunta é fácil de responder.

— Senti a mesma dificuldade — disse Virginia Page. Ela estava sentada ao lado de Rachel Winslow. Todos os que conheciam Virginia Page estavam curiosos em saber como ela conseguiria cumprir sua promessa. — Penso que eu, talvez, ache particularmente difícil responder a essa pergunta por causa de meu dinheiro. Nosso Senhor nunca possuiu qualquer propriedade, e não existe nada em seu exemplo que me oriente no uso do que tenho. Estou estudando e orando. Acho que vejo claramente uma parte do que Ele faria, mas não tudo. "O que Ele faria com um milhão de dólares?" é o que realmente desejo saber. Confesso que ainda não fui capaz de responder de forma que me satisfaça.

— Posso dizer a você o que poderia ser feito com uma parte do que possui — disse Rachel, voltando-se para Virginia.

— Isso não me preocupa — respondeu Virginia com um leve sorriso. — O que estou procurando é descobrir um princípio que me possibilite chegar o mais perto possível da forma como Ele agiria, uma vez que isso deve influenciar todo o curso da minha vida, no que disser respeito à minha riqueza e o uso dela.

— Isso levará tempo — disse o ministro lentamente. O restante da sala pensava profundamente a mesma coisa. Milton Wright falou um pouco de sua experiência. Ele desenvolvia gradualmente um plano de relações comerciais com seus empregados, e isso abria, para eles e para ele, novas perspectivas. Alguns dos rapazes relataram suas tentativas de responder à pergunta. Havia quase um consenso que aplicar o espírito e a prática de Cristo na vida diária era um assunto sério. Requeria conhecê-lo e perceber suas razões, o que a maioria ainda não vivia.

Quando finalmente encerraram o encontro após uma oração silenciosa, que marcou com crescente poder a presença divina, eles foram embora conversando fervorosamente sobre as suas dificuldades e buscando esclarecimento uns com os outros.

Rachel Winslow e Virginia Page saíram juntas. Edward Norman e Milton Wright se envolveram numa conversa tão interessante que caminharam para além da casa de Norman e voltaram juntos. Jasper Chase e o presidente da Sociedade de Esforço Cristão conversaram com entusiasmo num canto da sala. Alexander Powers e Henry Maxwell permaneceram lá depois que todos haviam saído.

— Gostaria que você fosse amanhã às oficinas para conhecer meus planos e falar aos operários — disse Powers. — Sinto que, neste momento, você pode se aproximar deles mais do que qualquer outra pessoa.

— Não estou certo, mas estarei lá — replicou o Rev. Maxwell com certa tristeza. Como ele poderia se pôr diante de duzentos ou trezentos trabalhadores e entregar-lhes uma mensagem? Mas nesse momento de fraqueza, enquanto se fazia essa pergunta, censurou-se a si mesmo. O que Jesus faria? Isso punha fim à discussão.

Ele foi até lá no dia seguinte e encontrou o Sr. Powers em seu escritório. Faltavam poucos minutos para o meio-dia e o superintendente falou:

— Vamos subir, vou lhe mostrar o que estou procurando fazer.

Passaram pela casa das máquinas, subiram um longo lance de escadas e entraram numa sala grande e vazia. Antigamente, ela foi utilizada pela companhia como armazém.

— Desde que assumi o compromisso há uma semana, tenho pensado em muitas coisas — disse o superintendente —, e entre elas incluí esta: a companhia me cedeu este espaço, que vou mobiliar com mesas e um balcão para café naquele canto onde estão os canos de vapor. Minha ideia é criar um bom lugar em que os homens possam almoçar, e lhes oferecer, duas ou três vezes por semana, a oportunidade de ouvir uma palestra de quinze minutos sobre algum assunto que seja de real ajuda para a vida deles.

Maxwell ficou surpreso e perguntou se os operários viriam para esta finalidade.

— Sim, eles viriam. Afinal de contas, eu os conheço muito bem. Eles estão entre os operários mais inteligentes do país hoje. Entretanto, de modo geral, estão afastados completamente de qualquer influência religiosa. Perguntei "O que Jesus faria?", e entre outras coisas, me pareceu que Ele começaria a agir de algum modo para acrescentar à vida desses homens mais conforto material e espiritual. Este salão e o que ele representa é uma coisa muito pequena, mas decidi, no primeiro impulso, fazer a coisa que me pareceu de bom senso, e quero levar essa ideia adiante. Desejo que o senhor fale aos homens quando eles subirem ao meio-dia. Pedi que eles viessem ver o lugar, e falarei com eles alguma coisa a respeito.

Maxwell estava com vergonha de dizer o quanto ele se sentia desconfortável ao ser solicitado a falar umas poucas palavras a um grupo de operários. Como poderia ele falar sem anotações, ou para aquele público? Sentia-se genuinamente receoso diante daquela perspectiva. Estava mesmo com medo de encarar aqueles homens. Ele encolheu sob o peso de ter de confrontar tal público, tão diferente das audiências dominicais que lhe eram familiares.

Havia no local uma dúzia de mesas e bancos toscos, e quando soou a sirena, os homens subiram as escadas, vindos das oficinas mecânicas do térreo, sentaram-se às mesas e começaram a comer o almoço. Estavam presentes uns trezentos deles. Tinham lido os comunicados do superintendente, espalhados em vários lugares, e apareceram principalmente por curiosidade.

Eles ficaram positivamente impressionados. O salão era grande e arejado, livre de fumaça e pó, e bem aquecido pela tubulação de vapor. Às 12h40, o Sr. Powers disse aos homens o que tinha em mente. Falou com simplicidade, como quem conhece bem o tipo de sua audiência, e em seguida apresentou o Rev. Henry Maxwell, da Primeira Igreja, seu pastor, que aceitara lhes falar uns poucos minutos.

Maxwell nunca iria esquecer o sentimento que o dominou quando, pela primeira vez, se postava diante do auditório cheio de operários com rostos sujos. Como centenas de outros ministros, ele jamais havia falado a uma reunião que não fosse composta de pessoas de sua própria classe, no sentido de estarem acostumados com sua vestimenta, educação e hábitos. Este era um mundo novo para ele, e nada além de sua nova regra de conduta poderia possibilitar sua mensagem e seus efeitos. Falou sobre viver satisfeito; o que causava isso, quais eram suas verdadeiras fontes. Neste primeiro encontro, Maxwell teve o bom senso de não considerar os operários uma classe diferente da sua. Ele não usou a palavra "operário", e não disse uma única palavra que sugerisse qualquer diferença entre a vida deles e a sua própria.

Os homens ficaram satisfeitos. Um bom número deles cumprimentou-o antes de descerem para o trabalho, e o ministro, ao contar tudo isso à esposa quando chegou em casa, disse que jamais, em toda sua vida, experimentou a satisfação que sentira ao trocar apertos de mão com um trabalhador braçal. Esse dia ficou marcado como um dos mais importantes em sua experiência cristã, mais importante do que ele podia imaginar. Era o começo de um laço de fraternidade entre ele e o mundo operário. Foi a primeira tábua que se assentou para construir uma ponte sobre o vazio existente entre a igreja e o mundo operário em Raymond.

Alexander Powers voltou para a sua mesa naquela tarde muito contente com seu plano, vendo nele uma excelente ajuda para os homens. Descobriu onde conseguir algumas boas mesas de um restaurante abandonado em uma das estações da estrada, e viu como o café poderia ser uma grande atração. Os homens corresponderam muito melhor do que ele havia previsto, e a situação toda não poderia deixar de ser um grande benefício para eles.

Reassumiu sua rotina de trabalho com um brilho de satisfação. Afinal de contas, ele queria fazer o que Jesus faria, disse a si mesmo.

Por volta das dezesseis horas, ele abriu um grande envelope da companhia, que imaginava contiver ordens de compra para as oficinas. Passou os olhos pela primeira página do arquivo datilografado rapidamente, de maneira empresarial, antes de perceber que o que estava lendo não dizia respeito à sua área e, sim, ao superintendente do departamento de fretes.

Folheou o documento mecanicamente, sem a intenção de ler o que não era dirigido a ele, mas antes que percebesse, notou que estava em posse de uma prova conclusiva que atestava que a companhia estava envolvida numa violação sistemática da Lei Comercial Interestadual dos Estados Unidos. Tratava-se de uma transgressão tão clara e inequívoca quanto se um cidadão entrasse em uma casa e roubasse os moradores. Os valores mostrados na restituição dos impostos infringiam todos os estatutos. De acordo com as leis do Estado, tratava-se também de uma violação flagrante de certas medidas, recentemente aprovadas pela legislação, para prevenir a formação de trustes ferroviários. Não havia dúvida de que ele tinha em mãos provas suficientes para condenar a companhia de infração voluntária e consciente da lei da comissão e também do Estado.

Atirou os papéis sobre a mesa como se fossem veneno, e instantaneamente a pergunta atravessou a sua mente: "O que Jesus faria?". Tentou silenciar a pergunta. Procurou arrazoar consigo mesmo, dizendo que aquele assunto não era com ele. Ele tinha mais ou menos certeza, como também todos os encarregados da companhia, que o mesmo acontecia com quase todas as ferroviárias. Dada sua função nas oficinas, ele não estava em posição de comprovar nada diretamente, e ele considerava que esse assunto não lhe dizia respeito. Mas os documentos diante dele revelavam a situação toda. Por falta de cuidado, eles vieram parar em sua mesa. Que tinha ele a ver com isso? Se ele visse um homem entrando na casa do vizinho para roubar, não seria seu dever avisar a polícia? A companhia ferroviária, por acaso, era diferente? Estava ela sob diferentes leis de procedimento, de modo que poderia roubar o povo e desafiar as leis, e permanecendo impune por ser uma grande organização? O que Jesus faria? Havia também sua família. Certamente, se ele desse qualquer passo na direção de informar a comissão, corria o risco de perder a sua posição. Sua esposa e sua filha sempre desfrutaram de uma vida confortável e um bom lugar na sociedade. Se ele testemunhasse contra essa fraude, teria de comparecer diante de um tribunal, seus motivos poderiam ser mal-interpretados, e a situação toda terminaria em desgraça para ele e resultaria na perda de seu cargo. Certamente nada disso era da sua alçada. Ele poderia facilmente devolver os documentos ao departamento de fretes, como se não soubesse de nada. Que continue a iniquidade. Que a lei seja desrespeitada. Que tinha ele com isso? Poderia continuar seus planos para melhorar as condições do seu setor. Que mais poderia um homem fazer numa empresa ferroviária quando acontecia tanta coisa que tornava praticamente impossível se viver pelos padrões cristãos? Mas o que Jesus faria diante desses fatos? Essa era a questão que confrontava Alexander Powers enquanto o dia começava a escurecer.

As luzes no escritório foram acesas. O ruído da grande máquina e os sons metálicos das plainas na grande oficina continuaram até às dezoito horas. Então a sirena soou, a máquina desacelerou, os homens largaram suas ferramentas e correram em direção ao edifício administrativo.

Powers ouviu o costumeiro clique, clique, clique dos relógios de ponto, à medida que os homens em fila passavam pela janela do edifício. Informou a seus funcionários que não iria embora ainda, pois tinha um trabalho extra a terminar. Esperou que o último homem saísse do prédio. O engenheiro e seus assistentes ainda trabalhariam mais meia hora, porém saíram por outra porta.

Às dezenove horas, se alguém olhasse para o escritório do superintendente, teria visto uma cena incomum. Ele estava ajoelhado, o rosto enterrado entre as mãos, inclinando a cabeça sobre os papéis de sua mesa.

CAPÍTULO
III

Se alguém vier a mim, e amar pai e mãe, mulher e filhos, irmãos e irmãs, e até a própria vida mais do que a mim, não pode ser meu discípulo [...] Assim, todo aquele dentre vós que não renuncia a tudo quanto possui não pode ser meu discípulo.

LUCAS 14:26,33

Quando Rachel Winslow e Virginia Page se separaram depois da reunião na Primeira Igreja no domingo, elas combinaram continuar a conversa no dia seguinte. Virginia convidou Rachel para um almoço ao meio-dia em sua casa, e Rachel, às 11h30, lá estava tocando a campainha da mansão dos Page. Virginia foi pessoalmente recebê-la e logo em estavam conversando com grande interesse.

— A verdade — dizia Rachel depois de conversarem por algum tempo — é que não posso conciliar isso com a minha compreensão do que faria Jesus. Não posso dizer a outra pessoa o que ela deve fazer, mas sinto que não devo aceitar essa oferta.

— Que vai fazer, então? — perguntou Virginia vivamente interessada.

— Ainda não sei, mas decidi rejeitar a proposta.

Rachel apanhou uma carta que estava no seu colo e leu novamente o seu conteúdo. Era uma carta do diretor de uma companhia de ópera cômica oferecendo-lhe um lugar no grande grupo artístico itinerante da temporada. O salário era alto e a perspectiva apresentada era bastante atraente. Ele tinha ouvido Rachel cantar naquele domingo de manhã em que o estranho interrompera o culto. Ele ficara bem impressionado. Aquela voz renderia dinheiro, e deveria ser usada na ópera cômica, é o que dizia a carta, e o gerente insistia numa resposta o mais depressa possível.

— Não há grande mérito em dizer "não" a esta proposta quando tenho a outra — prosseguiu Rachel pensativa. — É difícil resolver. Mas já tomei minha decisão. Para ser franca, Virginia, estou inteiramente convencida, com referência a esse caso, de que Jesus jamais usaria qualquer talento, como uma boa voz, por exemplo, para ganhar dinheiro. Mas agora, voltando à oportunidade da oferta para concertos. Trata-se de uma companhia famosa, que vai viajar com um artista de imitação, um violinista e um quarteto masculino, todas pessoas de boa reputação. Fui convidada para ir junto como membro da companhia e soprano principal. O salário — já o mencionei antes, não é mesmo? — é garantido em 200 dólares mensais durante a temporada. Mas não consigo me convencer de que Jesus iria. O que você acha?

— Você não deve me pedir que decida por você — respondeu Virginia com um sorriso triste. — Acho que o Rev. Maxwell estava certo quando disse que cada um de nós deve decidir da forma que considerasse pessoalmente ser a mais cristã. Tenho maiores dificuldades do que você, querida, para decidir o que Ele faria.

— É mesmo? — replicou Rachel. Levantou-se e caminhou até a janela para olhar para fora. Virginia levantou-se e ficou ao lado dela. A rua estava movimentada, e as duas jovens a observavam silenciosamente por alguns momentos. De repente, Virginia se pôs a falar de um modo como Rachel nunca tinha ouvido:

— Rachel, o que todo esse contraste de condições significa para você quando se pergunta o que Jesus faria? Fico transtornada em pensar que a sociedade em que fui criada, a mesma a que ambas dizemos pertencer, se satisfaz ano após ano em se vestir e comer e se divertir, entretendo e sendo entretida, gastando seu dinheiro em casas e em extravagâncias, e de vez em quando, para aliviar a consciência, fazendo doações sem o menor sacrifício pessoal, um dinheirinho para a caridade. Fui educada, igual a você, numa das escolas mais caras dos Estados Unidos; ingressei na sociedade como herdeira; supondo estar em uma posição muito invejável. Sinto-me perfeitamente bem; posso viajar ou ficar em casa. Faço o que me agrada. Posso satisfazer praticamente a quaisquer necessidades ou desejos; apesar disso, quando procuro sinceramente imaginar Jesus vivendo a vida que tenho vivido e esperam que eu viva, fazendo pelo resto de minha vida o que milhares de outras pessoas ricas fazem, considero-me condenada por ser uma das criaturas mais ímpias, egoístas e inúteis do mundo. Não tenho olhado por essa janela durante semanas sem um sentimento de horror para comigo mesma, enquanto observo os desfavorecidos que passam diante desta casa.

Virginia se virou e caminhou de um lado para o outro da sala. Rachel a observava e não podia conter o sentimento que se formava dentro dela sobre a definição do verdadeiro discipulado. Qual era a utilidade cristã de seu próprio talento musical? Seria o melhor para ela vender seu talento por algum pagamento mensal, participar da turnê de uma companhia lírica, vestir-se luxuosamente, usufruir a empolgação dos aplausos das plateias e obter a consagração como grande cantora? Seria isso o que Jesus faria?

Ela não estava delirando. Estava em perfeita saúde, consciente de seu grande potencial como cantora, e sabia que, se quisesse lançar-se numa carreira, teria grande benefício financeiro e se tornaria famosa. Ela certamente não estava supervalorizando sua capacidade de realizar tudo o que se pensava capaz de fazer. E quanto a Virginia — o que ela acabara de dizer abalara Rachel com grande força por causa da posição semelhante em que as duas amigas se encontravam.

Foi anunciado o almoço, e elas saíram e se reuniram à Madame Page, avó de Virginia, uma senhora bonita e altiva de sessenta e cinco anos, e ao irmão de Virginia, Rollin, um jovem que passava a maior parte do tempo num dos clubes, e que não tinha qualquer ambição, exceto uma crescente admiração por Rachel Winslow, e toda vez que ela almoçava ou jantava com os Page, se ele soubesse, sempre dava um jeito de ficar em casa.

Essas três pessoas formavam a família Page. O pai de Virginia tinha sido um banqueiro e comerciante de cereais. Sua mãe morrera dez anos antes; o pai, no ano passado. A avó, nascida e educada no Sul, possuía todas as tradições e sentimentos que acompanhavam a posse de riquezas e posição social nunca perturbadas. Era uma empresária sagaz e cautelosa acima da média. A propriedade e a riqueza da família estavam investidas, em grande parte, sob seus próprios cuidados. A parte que cabia a Virginia era, sem qualquer restrição, de sua exclusiva propriedade. Ela fora treinada por seu pai para compreender os artifícios do mundo dos negócios, e a própria avó viu-se compelida a reconhecer a capacidade da jovem para cuidar do próprio patrimônio.

Talvez não se encontraria duas pessoas, em qualquer lugar, menos capazes de compreender uma jovem como Virginia do que a Madame Page e Rollin. Rachel, que conhecia a família desde que era menina e brincava com Virginia, não podia deixar de imaginar os confrontos que Virginia teria em seu próprio lar quando ela decidisse colocar em prática o que sinceramente acreditasse que Jesus faria. Naquele dia, durante o almoço, ao lembrar-se do ardor com que Virginia falara na sala de estar, ela procurou imaginar a cena que qualquer dia ocorreria entre a Madame Page e a sua neta.

— Soube que vai se apresentar no palco, Srta. Winslow. Estou certo de que será um motivo de prazer para todos — disse Rollin durante a conversa, que não estava muito animada.

Rachel corou e sentiu certo desconforto.

— Quem foi que lhe disse? — perguntou, enquanto Virginia, que até então estava silenciosa e reservada, de repente se animou e pareceu disposta a participar da conversa.

— Oh! Comenta-se por aí nas ruas. Além disso, todos viram o empresário Crandall na igreja há duas semanas. Ele não vai à igreja para ouvir a pregação. Para dizer a verdade, conheço outras pessoas que também não vão, não quando há algo melhor para ouvir.

Rachel não corou dessa vez, mas respondeu com bastante calma e segurança.

— Você está enganado. Não vou me apresentar no palco.

— É uma grande pena. Seria um grande sucesso. Todo mundo está comentando a respeito de sua voz.

Dessa vez Rachel ficou realmente furiosa. Antes que ela dissesse qualquer coisa, Virginia interveio:

— Quem você chama de "todo mundo"?

— Quem? Todas as pessoas que ouvem a Srta. Winslow aos domingos. Em que outro momento podem ouvi-la? É uma grande pena, afirmo, que o grande público fora de Raymond não possa ouvir a voz dela.

— Vamos falar de outra coisa — disse Rachel um tanto asperamente. A Madame Page olhou para ela e disse cortesmente:

— Minha querida, Rollin nunca faria um elogio indireto. Ele é igual ao seu pai nesse sentido. Mas estamos todos curiosos em conhecer um pouco dos seus planos. Reclamamos esse direito em nome de nossa velha amizade, você sabe, e Virginia já nos falou sobre a proposta feita pela companhia artística.

— Eu imaginava que fosse de conhecimento público — disse Virginia, sorrindo do outro lado da mesa. — Foi publicado antes de ontem no *Diário*.

— Sim, sim — replicou Rachel rapidamente. — Compreendo, Madame Page. Bem, Virginia e eu estivemos conversando sobre isso. Decidi não aceitar, e foi isso o que pensei até agora.

Rachel estava consciente do fato que a conversa vinha, até este ponto, canalizando sua hesitação a respeito do convite feito pela companhia a uma decisão que satisfizesse plenamente sua própria ideia da provável atitude que Jesus tomaria. Entretanto, a última coisa que desejava no mundo era que essa decisão fosse definida de maneira tão pública como essa. De certo modo, o que Rollin Page havia dito, e seu jeito de dizer, apressaram sua decisão quanto a esse assunto.

— Poderia dizer-nos, Rachel, que razões teve para rejeitar a proposta? Parece uma boa oportunidade para uma jovem como você. Não acha que o grande público deveria ouvi-la? Penso como Rollin nesse ponto. Uma voz como a sua pertence a uma audiência maior do que Raymond e a Primeira Igreja.

Rachel Winslow era, por natureza, uma moça muito reservada. Ela evitava tornar público seus planos ou pensamentos. Entretanto, com toda a sua contenção, era possível que ela ocasionalmente se expusesse, o que era simplesmente uma expressão impulsiva, profunda, franca e sincera de seus sentimentos mais íntimos e pessoais. Ela respondia agora a Madame Page em um desses raros momentos de desenvoltura que se somava à beleza de seu caráter.

— Não tenho outro motivo além da convicção de que Jesus Cristo faria a mesma coisa — disse ela, fitando a Madame Page, com um olhar claro e sério.

A Madame Page enrubesceu e Rollin arregalou os olhos. Antes que sua avó pudesse dizer qualquer coisa, Virginia falou. A cor que lhe subia pelo rosto mostrava o quanto ela estava perturbada. A pele pálida e clara de Virginia aparentava saúde, mas geralmente contrastava de forma marcante com o tipo de beleza tropical de Rachel.

— Avó, você sabe que prometemos adotar esse padrão de conduta durante um ano. A proposta do Rev. Maxwell foi clara para todos os que a ouviram. Não conseguimos tomar nossas decisões com rapidez. A dificuldade em saber o que Jesus faria tem deixado Rachel e eu perplexas.

A Madame Page olhou fixamente para Virginia antes de dizer qualquer coisa.

— É claro que entendi a declaração do Rev. Maxwell. Ela é inteiramente impraticável. Naquele momento, tive certeza de que todos que se comprometeram também pensariam assim depois de uma dificuldade, e iriam abandoná-la por ser fantasiosa e absurda. Nada tenho a ver com os negócios da Srta. Winslow, mas — fez uma pausa e prosseguiu com uma aspereza que Rachel nunca vira — espero que você não tenha ideias tolas a esse respeito, Virginia.

— Tenho muitas ideias — replicou Virginia serenamente. — Se elas são tolas ou não depende de minha compreensão correta do que Jesus faria. Tão logo eu não descobrir, é o que farei.

— Com licença, senhoras — disse Rollin levantando-se da mesa —, essa conversa está acima de minha compreensão. Vou me retirar para fumar na biblioteca.

Ele deixou a sala de jantar e fez-se silêncio por alguns instantes. A Madame Page esperou que a criada servisse a mesa e pediu que ela se retirasse. Estava irritada e sua irritação era formidável, embora um tanto reprimida devido à presença de Rachel.

— Sou muito muitos anos mais velha do que vocês, senhoritas — disse ela, e seu estilo tradicional de portar-se parecia se elevar como uma muralha de gelo entre ela e qualquer concepção de Jesus como um sacrifício. — O que vocês prometeram, num espírito de falsa emoção, suponho, é impossível de ser executado.

— Você quer dizer, avó, de que jamais poderemos agir como nosso Senhor agiria? Ou quer dizer que se tentássemos, estaríamos ofendendo os costumes e preconceitos da sociedade? — perguntou Virginia.

— Isso não é preciso! Isso não é necessário! Além disso, como podem vocês agir com qualquer... — a Madame Page pausou, interrompeu sua frase e em seguida voltou-se para Rachel. — O que sua mãe dirá de sua decisão? Minha querida, isso não é uma bobagem? O que pensa, então, fazer de sua voz?

— Ainda não sei o que minha mãe dirá — respondeu Rachel, cautelosa em adivinhar a provável resposta da mãe. Se havia em Raymond uma mulher com grande ambição para a carreira de sua filha como cantora, essa mulher era a Sra. Winslow.

— Oh! Você certamente vai ver a situação de modo diferente depois de refletir melhor. Minha querida — continuou a Sra. Page, levantando-se —, você viverá bastante para se arrepender de não ter aceitado a oferta da companhia de concertos, ou algo semelhante.

Rachel disse algo que denunciava um indício da luta que ainda se travava dentro dela. E logo depois despediu-se, imaginando que após a sua saída deveria ocorrer uma conversa muito dolorosa entre Virginia e sua avó. Como ela soube alguns dias depois, Virginia teve uma crise terrível durante a cena com sua avó, o que apressou sua decisão final quanto ao uso de seu dinheiro e de sua posição social.

Rachel sentia-se contente por ter escapado e estar sozinha. Um plano se delineava em sua mente, e ela queria ficar só e pensar nele com muito cuidado. Mas antes de caminhar duas quadras, ficou aborrecida ao notar Rollin Page andando ao seu lado.

— Perdoe-me por perturbar seus pensamentos, Srta. Winslow, mas aconteceu de eu seguir na mesma direção que a sua, e imaginei que você não faria objeção. Aliás, caminhei aqui por um quarteirão inteiro, e você não objetou a isso.

— Não vi você — respondeu ela brevemente.

— Não me importaria se você apenas pensasse em mim de vez em quando! — disse Rollin de súbito. Ele deu uma última tragada nervosa em seu charuto, atirou-o na rua, e seguiu caminhando com o rosto muito pálido.

Rachel estava surpresa, mas não assustada. Conhecia Rollin desde a infância, e houve tempo em que ambos se tratavam pelo primeiro nome sem cerimônia. Recentemente, porém, alguma coisa nas maneiras de Rachel pôs fim a isso. Ela estava acostumada com abordagens diretas nos elogios, e às vezes até se divertia com eles. Hoje ela desejava honestamente que ele estivesse em outro lugar.

— Alguma vez você pensa em mim, Srta. Winslow? — perguntou Rollin depois de um intervalo.

— Oh, sim, com frequência — disse Rachel com um sorriso.

— Está pensando em mim agora?

— Sim. Isto é, sim, estou.

— O quê?

— Deseja que eu seja absolutamente sincera?

— Certamente.

— Bem, estava pensando que gostaria que você não estivesse aqui.

Rollin mordeu os lábios e pareceu desolado.

— Agora, olhe aqui, Rachel... oh, sei que é proibido, mas eu precisava falar em algum momento! ... Você sabe como me sinto. O que leva você a me tratar assim? Você simpatizava um pouco comigo, você sabe.

— Eu? Naturalmente nos dávamos muito bem quando crianças. Agora, porém, estamos mais velhos.

Rachel continuava a falar com o tom leve e natural que usara desde o primeiro instante que se aborreceu em vê-lo. Ela ainda estava um tanto preocupada com o seu plano, que fora perturbado pelo repentino aparecimento de Rollin.

Caminharam juntos um trecho em silêncio. A avenida estava cheia de gente. Entre as pessoas que passavam, estava Jasper Chase. Ele viu Rachel e Rollin e inclinou-se quando se cruzaram. Rollin tinha os olhos fixos em Rachel.

— Gostaria de ser Jasper Chase. Talvez assim eu tivesse alguma chance — disse ele com certo desalento.

Rachel corou involuntariamente. Não disse nada, e apressou um pouco o passo. Rollin parecia determinado a dizer alguma coisa, e Rachel sentia-se incapaz de impedi-lo. Por fim, pensou ela, ele terá de saber a verdade mais cedo ou mais tarde.

— Você conhece bem, Rachel, meus sentimentos a seu respeito. Há alguma esperança? Posso fazê-la feliz. Estou apaixonado por você há uns bons anos...

— Ora, quantos anos acha que eu tenho? — interrompeu Rachel com uma risada nervosa. Ela já estava perdendo a sua postura natural.

— Você sabe o que quero dizer — prosseguiu Rollin com obstinação. — E não é justo que você ria de mim por eu querer que você se case comigo.

— Não estou rindo! Mas é inútil você falar, Rollin — disse Rachel depois de uma pequena hesitação, dizendo o nome dele com tal franqueza e simplicidade que ele não poderia associar a isso nenhum sentido além da familiaridade pelo antiga amizade entre as famílias. — É impossível. — Ela ainda estava um pouco agitada por ser pedida em casamento em plena avenida. Mas o ruído da rua e na calçada tornaram a conversa tão reservada como se eles estivessem em casa.

— Isso seria... você acha... se me der tempo, eu me casaria.

— Não! — disse Rachel. Ela falou com firmeza. Talvez, ela pensou depois, ainda que não pretendesse ser indelicada, que tenha falado de forma rude.

Seguiram o caminho por algum tempo, sem dizerem uma única palavra. Estavam se aproximando da casa de Rachel, e ela estava ansiosa para acabar com aquela cena.

Quando saíram da avenida e entraram numa rua mais sossegada, Rollin falou abruptamente e num tom mais viril do que antes. Havia em sua voz uma nota de dignidade que era nova para Rachel.

— Srta. Winslow, peço que seja minha esposa. Há alguma esperança de que algum dia me aceitará?

— Nenhuma — respondeu ela decididamente.

— Pode me dizer por quê? — perguntou Rollin, fazendo a pergunta como se tivesse direito a uma resposta sincera.

— Porque não sinto por você o que uma mulher deve sentir pelo homem com quem ela se casar.

— Em outras palavras, você não me ama?

— Não amo e não posso.

— Por quê? — Essa era outra pergunta, e Rachel ficou um pouco surpresa por ele tê-la feito.

— Porque... — ela hesitava, com receio de falar demais na tentativa de dizer a verdade exata.

— Diga-me apenas o porquê. Você não consegue magoar-me mais do que já fez.

— Bem, não o amo nem posso amar porque você não tem nenhum propósito na vida. O que você já fez para melhorar este mundo? Você passa o seu tempo em clubes, divertindo-se, viajando e vivendo com luxo. O que há numa vida assim para atrair uma mulher?

— Não muito, eu acho — disse Rollin, com um sorriso amargo. —A pesar disso, não me considero pior do que o resto dos homens que encontro por aí. Não sou tão mau quanto alguns. Estou satisfeito por conhecer as suas razões.

Ele parou repentinamente, tirou o chapéu, inclinou-se cavalheirescamente e se afastou. Rachel entrou em casa e correu para o seu quarto, muito perturbada pelo evento que, de maneira inesperada, se intrometeu em seu dia.

Quando teve tempo de pensar em tudo, ela se viu condenada pelo próprio juízo que havia feito de Rollin Page. Que propósito tinha ela em sua vida? Havia estudado música no exterior com um dos mais famosos professores da Europa. Retornara a Raymond havia um ano e passou a cantar no coro da Primeira Igreja. Era bem paga. Até aquele domingo, duas semanas atrás, sentia-se muito satisfeita consigo e sua posição. Compartilhava as ambições de sua mãe e sonhava com grandes e contínuos triunfos no mundo musical. Que carreira havia diante dela a não ser a trajetória comum de todo cantor?

Ela se fez de novo a pergunta, e com base em sua recente resposta a Rollin, perguntou novamente se tinha, ela própria, algum grande ideal de vida. O que Jesus faria? Havia uma fortuna em sua voz. Ela sabia disso, não por uma questão de orgulho pessoal ou egoísmo profissional, mas simplesmente como um fato. E até duas semanas atrás, via-se forçada a reconhecer que tinha o propósito de usar sua voz para ganhar dinheiro e receber admiração e aplausos. Seria esse um propósito mais alto, afinal de contas, do que o vivido por Rollin Page?

Ela ficou sentada em seu quarto por um longo tempo e finalmente desceu, decidida a ter uma conversa franca com sua mãe sobre a proposta da companhia artística e o novo plano que vinha gradativamente se formando em sua mente. Tivera anteriormente uma conversa com a mãe e sabia que ela esperava que Rachel aceitasse a oferta e começasse uma brilhante carreira como cantora pública.

— Mãe — Rachel disse, indo direto ao ponto, por mais que temesse a conversa —, decidi não aceitar o convite da companhia. Tenho uma boa razão para isso.

A Sra. Winslow era uma mulher robusta, bonita, apreciadora de ter companhia, ambiciosa por assegurar uma posição distinta na sociedade, e empenhada no sucesso dos filhos, de conformidade com sua concepção de sucesso. Seu caçula, Luís, dois anos mais jovem que Rachel, estava pronto para se graduar na academia militar no verão. Ela e Rachel viviam juntas na casa. O pai de Rachel, como o de Virginia, havia morrido enquanto a família estava no exterior. E como Virginia, ela se encontrava, dada sua atual conduta de vida, em completo antagonismo com seu círculo familiar imediato. A Sra. Winslow esperou que Rachel continuasse.

— Você sabe do compromisso que assumi há duas semanas, mãe?

— A promessa do Rev. Maxwell?

— Não, a minha. Você sabe qual foi, não sabe, mãe?

— Creio que sim. É claro que todos os membros da igreja pretendem imitar a Cristo e segui-lo, o quanto isso for consistente com as atuais condições da nossa época. Mas o que tem isso a ver com sua decisão sobre a oferta da companhia de concertos?

— Tem muito a ver. Depois de perguntar "O que Jesus faria?" e de ir à fonte de autoridade para buscar sabedoria, senti-me obrigada a dizer que não creio que Ele, no meu caso, faria tal uso da minha voz.

— Por quê? Há alguma coisa errada nessa carreira?

— Não, não acho que posso dizer que há.

— Está pretendendo julgar as outras pessoas que saem para cantar dessa forma? Você pretende dizer que elas estão fazendo o que Cristo não faria?

— Mãe, quero que me compreenda. Não julgo a ninguém, não condeno qualquer cantor profissional. Estou simplesmente decidindo meu próprio caminho. Pensando em meu caso, sinto convicção de que Jesus ainda faria outra coisa.

— O que mais? — A Sra. Winslow ainda não tinha perdido o controle. Não compreendia a situação nem Rachel no meio disso tudo, mas estava ansiosa para que a trajetória da filha fosse tão distinta quanto seus dons naturais prometiam. E ela tinha confiança de que, passada essa empolgação religiosa na Primeira Igreja, Rachel retomaria sua vida pública de acordo com o desejo da família. Ela estava totalmente despreparada para o próximo comentário de Rachel.

— O que mais? Alguma coisa que seja útil à humanidade onde a presença do canto se faça necessária. Mãe, decidi usar a minha voz de um modo que deixe minha alma satisfeita por estar realizando algo maior que deliciar auditórios sofisticados, ou ganhar dinheiro, ou mesmo para atender meu próprio amor pelo canto. Vou fazer aquilo que me satisfaça quando fizer a pergunta "O que Jesus faria?". Não me sinto satisfeita, nem posso estar, quando me imagino cantando na carreira de artista de uma companhia de concertos.

Rachel falava com tanto vigor e convicção que surpreendeu sua mãe. Mas a Sra. Winslow agora estava irritada; e ela jamais escondia seus sentimentos.

— Isso é simplesmente um absurdo! Rachel, você está fanatizada. O que você pode fazer?

— O mundo é servido por homens e mulheres que têm devotado a ele seus dons. Por que eu, que fui abençoada com um dom natural, deveria colocar um preço nisso e ganhar com isso todo o dinheiro que puder? Você sabe, mãe, que me ensinou a pensar numa carreira musical sempre à luz do dinheiro e do sucesso social. Não tenho sido capaz, desde que assumi o meu compromisso há duas semanas, de imaginar Jesus se associando a uma companhia de concertos para fazer o que eu faria e viver a vida que eu viveria se aceitasse essa oferta.

A Sra. Winslow se levantou e voltou a sentar-se. Com grande esforço ela se recompôs.

— O que pretende fazer, então? Você não respondeu à minha pergunta.

— Pretendo, por enquanto, continuar cantando na igreja. Assumi o compromisso de cantar lá até à primavera. Durante a semana, vou cantar nas reuniões da Cruz Branca, lá no Retângulo.

— O quê?! Rachel Winslow! Você sabe o que está dizendo? Sabe por acaso qual é o tipo de gente que vive lá?

Rachel estremeceu diante de sua mãe. Por um instante, ela recuou e emudeceu. Depois falou com firmeza:

— Sei perfeitamente. É por isso mesmo que vou lá. O Sr. Gray e a Sra. Gray estão trabalhando ali há várias semanas. Eu soube somente esta manhã que eles precisam de cantores de igrejas para cooperarem nas reuniões que fazem. Eles usam uma tenda. Fica em uma parte da cidade que mais necessita de trabalho cristão. Vou colocar-me à disposição deles para ajudar. Mamãe! — Rachel exclamou de um modo ardente e voluntarioso como jamais fizera. — Quero fazer alguma coisa que me custe algo em termos de sacrifício. Sei que você não vai me compreender. Mas estou desejosa por sofrer por alguma coisa! Que temos feito, durante toda a nossa vida, em favor do lado sofredor e pecador de Raymond? O quanto temos renunciado a nós mesmos, ou ao nosso conforto e prazer para abençoar o lugar em que vivemos ou imitamos a vida do Salvador do mundo? Devemos seguir vivendo conforme dita a sociedade egoísta, movendo-nos nesse pequeno círculo de prazeres e entretenimento, sem jamais conhecer o sofrimento das coisas que têm preço?

— Está me pregando um sermão? — perguntou a Sra. Winslow lentamente. Rachel se levantou, e entendeu as palavras de sua mãe.

— Não. Estou pregando a mim mesma — respondeu delicadamente. Esperou um pouco, imaginando que sua mãe diria mais alguma coisa, e em seguida retirou-se da sala. Chegando ao seu quarto, pôde sentir que, pelo que tinha ouvido de sua mãe, não poderia esperar dela qualquer simpatia nem mesmo uma compreensão justa.

Ajoelhou-se. Não há exagero em afirmar que nas duas últimas semanas, desde que aparecera na igreja do pastor Maxwell aquela figura maltrapilho com chapéu desbotado, mais membros de sua congregação se puseram de joelhos em oração do que em todo o tempo anterior de seu pastorado.

Ela se levantou, e seu rosto estava banhado de lágrimas. Sentou-se por algum tempo pensativa e escreveu um bilhete para Virginia Page. O bilhete foi levado por um mensageiro, e depois ela desceu para dizer a sua mãe que ela iria com Virginia ao Retângulo naquela noite para se encontrarem o Sr. Gray e a Sra. Gray, os evangelistas.

— O Dr. West, tio de Virginia, irá conosco se ela for. Sugeri a ela que o chamasse por telefone e fosse conosco. O doutor é amigo dos Gray e participou de várias reuniões no inverno passado.

A Sra. Winslow não disse uma palavra. Seus trejeitos revelavam toda a sua desaprovação ao comportamento de Rachel, e esta sentiu a silenciosa amargura da mãe.

Por volta das dezenove horas, o doutor e Virginia apareceram, e juntos os três seguiram até o local das reuniões da Cruz Branca.

O Retângulo era o bairro mais conhecido de Raymond. Ele ficava próximo das oficinas ferroviárias e dos armazéns. O grande bairro de Raymond, composto de favelas e cortiços, congregava seus piores e mais sofridos elementos ao redor do Retângulo. Era uma área estéril utilizada no verão por companhias de circo e artistas itinerantes. Era limitado por bares, casas de jogos e por hospedarias sujas e baratas.

A Primeira Igreja de Raymond jamais abordou o problema do Retângulo. Era sórdido demais, grosseiro demais, pecaminoso demais e tenebroso demais para uma aproximação. Sejamos sinceros. Houve uma tentativa de limpar esse lugar indesejável enviando, de vez em quando, um grupo de cantores, professores da Escola Dominical e evangelistas de várias igrejas. Mas a Primeira Igreja de Raymond, como instituição, jamais agira para fazer com que o Retângulo se tornasse, cada vez menos, uma fortaleza do Diabo à medida que os anos passavam.

Foi bem no coração dessa parte de Raymond atolada em pecado que o evangelista itinerante e sua pequena e corajosa esposa levantaram uma tenda de bom tamanho e começaram as reuniões. Era primavera e as noites começavam a ficar agradáveis. Os evangelistas haviam solicitado ajuda dos cristãos da cidade, tendo recebido mais apoio do que o usual. Mas precisavam de mais música. Durante as reuniões do último domingo, o organista ficou doente. Os voluntários da cidade eram poucos, e as vozes tinham qualidade comum.

— Teremos uma reunião pequena esta noite, John — disse sua esposa ao entrarem na tenda um pouco depois das dezenove horas e começarem a ajeitar as cadeiras e acender as luzes.

— Sim, temo que sim.

O Sr. Gray era um homem pequeno e enérgico, com uma voz agradável e a têmpera de um lutador nato. Já tinha conquistado alguns amigos na vizinhança, e um dos convertidos, um homem de semblante sisudo, entrou naquele momento e se pôs a ajudar na disposição das cadeiras.

Passava das vinte horas quando Alexander Powers abriu a porta de seu escritório e foi para casa. Ia tomar um bonde na esquina do Retângulo. Mas ele foi atraído por uma voz que vinha da tenda.

Era a voz de Rachel Winslow. Ela se sobrepôs à crise moral que ele tinha quanto à questão que o havia submetido à Presença Divina em busca de resposta. Ele não havia chegado ainda a uma conclusão. Sentia-se torturado pela incerteza. Toda a conduta anterior como funcionário ferroviário fora o pior preparo possível para qualquer ato sacrificial. E ele ainda não conseguia dizer o que faria sobre o assunto.

Ouça! O que ela está cantando? Como Rachel Winslow veio parar aqui? Várias janelas se abriram na vizinhança. Alguns homens que discutiam em frente a um bar pararam para escutar. Outras pessoas se dirigiam apressadamente ao Retângulo e à tenda. Certamente Rachel nunca havia cantado assim na Primeira Igreja. Era uma voz maravilhosa. O que ela estava cantando? Novamente, Alexander Powers, superintendente das oficinas de máquinas, parou e escutou:

> *Aonde Ele me guiar, eu seguirei,*
> *Aonde Ele me guiar, eu seguirei,*
> *Aonde Ele me guiar, eu seguirei,*
>   *Irei com Ele, com Ele*
>   *Por todo o caminho.*

A vida bruta, grosseira e impura do Retângulo se agitou em uma nova existência à medida que a música, tão pura quanto eram vis os arredores, flutuava para dentro e para fora dos bares, tavernas e alojamentos imundos. Alguém passou trôpego por Alexander Powers e disse, como respondendo a uma pergunta:

— A tenda começou a funcionar hoje à noite. Isso que é música, hein?

O superintendente caminhou em direção à tenda. Então parou. Após um minuto de indecisão, voltou para a esquina e tomou o bonde para casa. Mas antes de sair do alcance da voz de Rachel, ele já havia decidido a questão do que Jesus faria.

CAPÍTULO IV

*Então Jesus disse aos discípulos:
Se alguém quiser vir após mim, negue-se
a si mesmo, tome a sua cruz e siga-me.*

MATEUS 16:24

Henry Maxwell caminhava de um lado para o outro em seu escritório. Era quarta-feira e ele começava a pensar no assunto do culto que aconteceria naquela noite. De uma das janelas de seu escritório podia avistar a alta chaminé dos galpões da ferrovia. O cume da tenda do evangelista aparecia acima dos edifícios do Retângulo. Ele olhava por essa janela cada vez que passava por ela. Poucos minutos depois, sentou-se à escrivaninha e puxou para perto uma grande folha de papel. Após refletir por alguns momentos, escreveu em grandes letras o seguinte:

ALGUMAS COISAS QUE JESUS
PROVAVELMENTE FARIA
NESTA CONGREGAÇÃO

1. Viveria de modo simples e normal, sem luxo desnecessário de um lado, e sem ascetismo excessivo do outro.

2. Pregaria corajosamente aos hipócritas da igreja, seja qual for sua importância social ou riqueza.
3. Mostraria de forma prática seu amor e simpatia pelas pessoas comuns, bem como pelas pessoas bem de vida, educadas e refinadas que formam a maioria da congregação.
4. Se identificaria de modo pessoal com as grandes causas dos desfavorecidos, que requereria abnegação e sacrifício.
5. Pregaria contra os bares em Raymond.
6. Se tornaria conhecido como amigo e companheiro da gente pecadora do Retângulo.
7. Abriria mão da viagem de verão à Europa este ano. (Viajei duas vezes ao exterior e não estou precisando descansar. Sinto-me bem e posso perfeitamente renunciar a esse prazer, usando o dinheiro para alguém que precisa de férias mais do que eu. Provavelmente existem muitas pessoas assim na cidade.)

Ele estava consciente, com uma humildade que já lhe fora estranha, de que seu perfil da provável atitude de Jesus era lamentavelmente desprovido de profundidade e poder, porém, ele procurava cuidadosamente por moldes concretos nos quais pudesse fundir sua ideia da conduta de Jesus. Quase todos os pontos que havia escrito representavam para ele uma reviravolta total nos costumes e hábitos de anos no ministério. Apesar disso, ele ainda buscava, com mais profundidade, por fontes do espírito cristão. Não procurou escrever mais nada, mas sentou-se à sua escrivaninha absorto em seu esforço de apreender, cada vez mais, o espírito de Jesus em sua própria vida. Ele havia se esquecido do tema específico para a reunião de oração, com o qual ele começara seus estudos matinais.

Estava tão absorto em seus pensamentos que não ouviu tocar a campainha; ele foi avisado pelo serviçal, que anunciou um visitante. Disse que se chamava Sr. Gray.

Maxwell caminhou até o patamar da escada e convidou Gray a subir. Gray subiu e expôs a razão de sua visita.

— Preciso de sua ajuda, Rev. Maxwell. Você obviamente ouviu falar da reunião maravilhosa que tivemos segunda-feira à noite e ontem. A Srta. Winslow fez mais com sua voz do que eu poderia, e a tenda ficou pequena para a multidão.

— Ouvi falar, sim. É a primeira vez que as pessoas de lá a ouvem cantar. Não é de admirar que tenham sido atraídas.

— Foi uma grande revelação para nós, e um evento dos mais encorajadores para nosso trabalho. Mas estou aqui para perguntar se você não poderia vir esta noite e pregar. Estou muito resfriado. Não me atrevo a confiar na minha voz de novo. Sei que estou pedindo muito a um homem tão ocupado. Mas, se não puder ir, diga francamente, e tentarei encontrar outra pessoa.

— Sinto muito, mas essa noite é minha reunião de oração semanal — começou Henry Maxwell. Então ele acrescentou: — Eu darei um jeito de ir. Pode contar comigo.

Gray ficou extremamente agradecido e se levantou para sair.

— Poderia esperar um instante, Gray, para orarmos juntos?

— Sim — disse Gray simplesmente.

Então os dois homens se ajoelharam no escritório. Henry Maxwell orou como uma criança. Gray ficou emocionado, chegando às lágrimas. Havia algo quase lamentável na maneira com que esse homem, que tinha vivido seu ministério todo numa limitada esfera de ação, rogava agora por sabedoria e força para falar às pessoas do Retângulo.

Gray levantou-se e estendeu-lhe a mão.

— Deus o abençoe, Rev. Maxwell. Tenho certeza de que o Espírito lhe dará poder esta noite.

Henry Maxwell não respondeu. Não se via capaz nem mesmo de dizer que ele esperava que assim fosse. Mas pensava em sua promessa, e isso lhe trouxe certa paz que fez bem ao seu coração e também à sua mente.

E foi assim que quando a congregação da Primeira Igreja compareceu à biblioteca naquela noite, ela teve outra surpresa. Havia um auditório inesperadamente grande. Desde aquele memorável domingo, as reuniões de oração passaram a ser frequentadas como nunca antes na história da Primeira Igreja. O Rev. Maxwell foi direto ao ponto.

— Sinto que fui chamado para ir ao Retângulo esta noite, e deixo aberto a vocês se querem prosseguir com esta reunião. Penso que, talvez, o melhor plano seria levar comigo alguns voluntários preparados para ajudar depois do encerramento do trabalho, se necessário, e os demais ficariam aqui orando para que o poder do Espírito vá conosco.

Assim, meia dúzia dos homens acompanhou o pastor, e o restante do auditório permaneceu na biblioteca. Maxwell não pôde deixar de pensar, ao deixar o recinto, que em todo o seu corpo de membros provavelmente não encontraria vinte discípulos capazes de realizar um trabalho que levasse, com sucesso, homens necessitados e pecadores ao conhecimento de Cristo. Essa ideia não permaneceu em sua mente para vexá-lo enquanto seguia seu caminho, mas era simplesmente parte de toda a sua nova concepção do significado do discipulado cristão.

Quando ele e seu pequeno grupo de voluntários chegaram ao Retângulo, a tenda já estava toda tomada de gente. Tiveram dificuldade para chegar à plataforma. Rachel estava lá com Virginia e Jasper Chase, que fora naquela noite no lugar do doutor.

Quando começou a reunião com uma canção em que Rachel cantava o solo, e as pessoas eram convidadas a se unirem a ela no coro, não havia espaço nem de um palmo na tenda. A noite estava agradável e as laterais da tenda foram levantadas, de modo que uma grande linha de rostos se estendia ao redor, olhando para dentro e formando parte do auditório. Depois do cântico e de uma oração feita por um dos pastores da cidade que estava presente, Gray explicou o motivo por que não podia falar, e com sua maneira simples, passou a direção do trabalho ao "irmão Maxwell, da Primeira Igreja".

— Quem é esse sujeito? — indagou uma voz fanhosa do lado de fora da tenda.

— O cara da Primeira. Todo o pessoal bacanudo tá aqui essa noite.

— Você disse Primeira Igreja? Eu conheço esse pastor. Meu locador senta lá no primeiro banco — disse outra voz, e houve risos porque quem falava era dono de um bar.

— Jogô a corda de savamento sobria onda escuuura! — um bêbado começou a cantar ali por perto, imitando inconscientemente o tom anasalado de um cantor itinerante local, e o fez de tal forma que uma onda de risos e de vivas se elevou ao redor dele. As pessoas que estavam na tenda se viraram na direção do ruído. Houve gritos de "Fora com ele!", "Uma chance pra Primeira!", "Música! Música! Queremos outra música!".

Henry Maxwell ficou em pé, e um grande pavor tomou conta dele. Isso era bem diferente de pregar ao público bem-vestido, respeitável e bem-educado nas alamedas. Ele começou a falar, mas a confusão aumentou. Gray foi até o meio da multidão, porém não conseguiu acalmá-la. Maxwell levantou o braço e a voz. As pessoas na tenda começaram a prestar mais atenção, mas o barulho lá fora crescia. Em poucos minutos, a audiência estava fora de seu controle. Ele se virou para Rachel com um sorriso triste.

— Cante alguma coisa, Srta. Winslow. Eles lhe darão atenção — disse, e então se sentou e cobriu a cabeça com as mãos.

Era a oportunidade de Rachel, e ela estava à altura. Virginia estava sentada ao órgão e Rachel pediu que ela tocasse os primeiros acordes do hino.

Senhor, eu sigo
Guiado por Ti
Mal vendo ainda a mão
Que me conduz.

Que se aquiete meu coração
Medo já não sinto mais
Apenas para conhecer tua vontade
A minha vontade será.

Rachel ainda não havia terminado a primeira linha e o povo na tenda estava todo voltado para ela, silencioso e reverente. Antes de encerrar a primeira estrofe, o Retângulo estava controlado e domado. Ele se deitou a seus pés como uma fera selvagem, e ela cantou até torná-lo inofensivo. Ah! Que significavam as audiências levianas, perfumadas, críticas das salas de concertos comparadas com estes desfavorecidos sujos, bêbados, impuros, encantados, que tremiam e choravam, e se tornavam cada vez mais reflexivos, de maneira estranha e triste, sob o toque da divina ministração dessa bela jovem! Quando levantou a cabeça e viu a multidão transformada, o Rev. Maxwell teve um vislumbre do que Jesus provavelmente faria com a voz de Rachel Winslow. Jasper Chase sentou-se com os olhos fixos na cantora, e seu maior desejo como um autor ambicioso se diluía diante ao pensar o que o amor de Rachel Winslow poderia, às vezes, significar para ele. E mergulhado na sombra, do lado de fora, encontrava-se a última pessoa que se poderia esperar em uma tenda de culto gospel: Rollin Page, que, empurrado de todos os lados por homens e mulheres grosseiros que fitavam o boa-pinta em roupas finas, parecia não fazer caso algum de seus arredores e, ao mesmo tempo, estava evidentemente dominado pelo poder que Rachel possuía. Tinha acabado de sair do clube. Nem Rachel nem Virginia o viram naquela noite.

A música terminou. Maxwell se levantou novamente. Dessa vez, estava mais calmo. O que Jesus faria? Falou de um modo que jamais imaginara ser capaz de falar. Quem eram aquelas pessoas? Eram almas imortais. O que era o cristianismo? Um convite aos pecadores, não aos justos, para que o arrependimento. Como Jesus falaria? O que Ele lhes diria? Maxwell não conseguiria dizer tudo o que a mensagem de Jesus abrangeria, mas estava certo quanto a parte dela. E nessa certeza, ele falou. Nunca antes sentira "compaixão pela multidão". O que fora, para ele, aquela multidão durante seus dez anos à frente da Primeira Igreja senão um fator vago, perigoso, sujo, turbulento na sociedade, fora da igreja e de seu alcance, um elemento que lhe causava, às vezes, um peso desagradável na consciência, um aspecto da vida de Raymond que era denominado nas associações como "as massas", em artigos escritos por religiosos na tentativa de mostrar por que essas "massas" não estavam sendo alcançadas. Mas naquela noite, enquanto ele encarava as massas, ele se perguntava se, no fim das contas, não era assim a multidão com que Jesus se deparava mais constantemente, e ele sentiu pelo povo o amor genuíno que é um dos melhores indicadores ao pregador de que ele está vivendo perto do coração da Vida eterna. É fácil amar um indivíduo pecador, especialmente se ele for um pitoresco ou interessante. Amar uma multidão de pecadores é uma qualidade caracteristicamente cristã.

Quando a reunião terminou, ninguém demonstrou um interesse especial. Ninguém ficou na tenda. O público rapidamente se espalhou, e os bares, que tinham dias ruins enquanto as reuniões aconteciam, voltaram às suas vendas. O Retângulo, como se quisesse recuperar o tempo perdido, retomou com vigor suas noitadas habituais. Maxwell e seu pequeno grupo, incluindo Virginia, Rachel e Jasper Chase, passou à frente da fileira de bares e tavernas, até alcançarem a esquina em que passava o bonde.

— Este lugar é terrível — disse o ministro enquanto esperavam o bonde. — Nunca percebi que Raymond tinha uma chaga tão pestilenta. Parece impossível que esta seja uma cidade cheia de discípulos de Cristo.

— Você acha que, algum dia, alguém poderá eliminar essa grande maldição do alcoolismo? — perguntou Jasper Chase.

— Tenho pensado ultimamente, como nunca fiz antes, sobre o que o povo cristão poderia fazer para erradicar a maldição dos bares. Por que não agimos conjuntamente contra isso? Por que os pastores e membros das igrejas de Raymond não se movem como um só homem contra esse comércio? O que Jesus faria? Ele ficaria calado? Ele votaria pelo licenciamento dessa causa de crimes e mortes?

Ele falava mais para si mesmo do que para os outros. Lembrava-se de que sempre votara a favor do licenciamento para a venda de álcool, assim como quase todos os membros de sua igreja. O que Jesus faria? Maxwell poderia responder a essa pergunta? Se o Mestre vivesse hoje na terra, Ele pregaria e agiria contra os bares? Como Ele pregaria e agiria? Supondo que não fosse popular pregar contra o licenciamento do álcool?

Supondo que os cristãos pensassem que tudo o que poderiam fazer seria licenciar o mal e obter uma renda com o pecado inevitável? Ou supondo que os próprios membros da igreja fossem os donos das propriedades onde eram instalados os bares — e então? Ele sabia que assim eram as coisas em Raymond. O que Jesus faria?

Maxwell subiu ao seu escritório na manhã seguinte com essa questão parcialmente resolvida. Pensou nisso o dia inteiro. Refletia ainda sobre o assunto e já havia chegado a algumas conclusões quando o *Diário de Notícias* chegou. Sua esposa o entregou e sentou-se por alguns minutos enquanto ele lia para ela.

O *Diário de Notícias* era, na ocasião, o jornal mais sensacional de Raymond. Isso significa dizer que estava sendo publicado num estilo tão extraordinário que seus assinantes nunca se viram tão atraídos por um jornal quanto agora. Inicialmente, eles notaram a ausência da matéria sobre a luta de boxe, e pouco a pouco foram notando que o *Diário* não publicava mais notícias sobre crimes com descrições detalhadas, ou escândalos da vida privada. Em seguida, perceberam que os anúncios de bebidas e cigarros foram eliminados, com outros de caráter duvidoso. A supressão da edição de domingos foi a que causou mais comentários, e agora era o estilo dos editoriais criava a maior empolgação. Uma citação da edição de segunda-feira desta semana mostrou o que Edward Norman estava fazendo para cumprir a sua promessa. O editorial tinha o seguinte título:

O LADO MORAL DAS
QUESTÕES POLÍTICAS

O editor do *Diário de Notícias* sempre defendeu os princípios do grande partido político atualmente no poder e, portanto, tem discutido todas as questões políticas do ponto de vista partidário, ou da crença de que nosso partido é o oposto de outras organizações polícias. De hoje em diante, para ser inteiramente sincero com todos os nossos leitores, o editor apresentará e discutirá todas as questões políticas do ponto de vista do certo e do errado. Em outras palavras, a primeira pergunta da redação acerca das questões políticas não será "É do interesse do nosso partido?" ou "Está de acordo com os princípios professados pelo nosso partido?", mas sim "Essa medida está de acordo com os ensinos e o espírito de Jesus, como autor do mais elevado padrão de vida que os homens já conheceram?". Ou seja, para ser perfeitamente claro, o lado moral de toda questão política e social será considerado o mais importante, e partiremos do princípio básico de que as nações, tanto quanto os indivíduos, estão sob a mesma obrigação de fazer todas as coisas para a glória de Deus como regra primária.

O mesmo princípio será adotado por nossa redação com referência aos candidatos a postos de responsabilidade e confiança na República. Sem considerar a política partidária, o editor do *Diário* fará tudo ao seu alcance para levar os melhores homens ao poder, e não apoiará conscientemente a candidatura de qualquer pessoa que seja indigna, a despeito de quanto seja endossada pelo partido. A primeira pergunta, tanto a respeito do homem como a respeito da medida, será "Ele é o homem certo para a posição? É um homem bom, com as habilitações necessárias? A medida é justa?".

O texto abrangia outros aspectos, mas citamos o suficiente para mostrar o caráter do editorial. Centenas de homens de Raymond leram e esfregaram os olhos em surpresa. Boa parte deles escreveu imediatamente ao *Diário* solicitando ao editor o cancelamento de sua assinatura. Entretanto, o jornal continuava a ser editado e era ansiosamente lido por toda a cidade. Ao cabo de uma semana, Edward Norman sabia muito bem que perdia rapidamente um grande número de assinantes. Ele enfrentou a situação calmamente, embora Clark, o editor-executivo, tenha antevisto melancolicamente a falência do jornal, em especial desde o editorial de segunda-feira.

Naquela noite, enquanto Maxwell lia para a sua esposa, pôde constatar, em quase todas as colunas, provas da obediência consciente de Norman à sua promessa. Não se viam títulos com linguagem de rua nem sensacionalistas. A matéria sob as manchetes correspondia perfeitamente a elas. Observou, em duas colunas, que o nome dos jornalistas estava assinado na lateral. E havia um progresso visível na dignidade e estilo de suas colaborações.

— Então o Norman começou a exigir que seus repórteres assinem seus trabalhos. Ele falou comigo sobre isso. É uma boa coisa. Atribui a responsabilidade a quem lhe pertence, e melhora o padrão do trabalho realizado. Uma coisa boa para o público e para os escritores.

De repente, Maxwell fez uma pausa. Sua esposa ergueu os olhos do trabalho que estava fazendo. Ele estava lendo algo com o maior interesse.

— Escute isso, Mary — disse ele, depois de um momento, com voz trêmula.

> Esta manhã, Alexander Powers, superintendente das oficinas ferroviárias desta cidade, entregou sua demissão à empresa, alegando que tinham caído em suas mãos certas provas de violação à Lei Comercial Interestadual, bem como da lei estatal recentemente criada para impedir e punir trustes de

companhias ferroviárias que beneficiem expedidores específicos. O Sr. Powers afirma, em sua carta de demissão, que não pode mais reter conscienciosamente a informação que possui contra a companhia. Ele entregou as provas à Comissão, e agora compete a ela agir.

O *Diário* deseja dar sua opinião sobre este ato do Sr. Powers. Em primeiro lugar, ele nada tem a ganhar com isso. Perdeu voluntariamente um bom emprego, quando poderia conservá-lo ao guardar silêncio. Em segundo lugar, cremos que sua ação deve receber a aprovação de todos os cidadãos honestos e atentos que desejam ver a lei obedecida e os transgressores levados à justiça. Num caso como este, em que provas contra uma companhia ferroviária são quase impossíveis de se obter, costuma-se acreditar que os empregados sempre estão em posse de fatos incriminatórios, mas não ser julgam de sua conta comunicar às autoridades que a lei está sendo transgredida. O resultado dessa evasão de responsabilidade por parte dos culpados é desmoralizar cada jovem trabalhador ligado à ferrovia. O editor do *Diário* lembra-se da declaração de um proeminente colaborador da companhia, feita há pouco tempo nesta cidade, de que quase todo atendente de certo departamento da companhia, que compreendia o volume de dinheiro que se fazia por meio de hábeis violações da Lei Comercial Interestadual, estava pronto para admirar tal sagacidade, e afirmava que faria exatamente a mesma coisa se estivesse numa posição alta o suficiente dentro dos círculos ferroviários.[1]

Não é necessário dizer que tais condições de trabalho destroem os mais nobres e elevados padrões de conduta e que nenhum moço pode viver em semelhante atmosfera de desonestidade impune sem corromper seu caráter.

Nossa opinião é que o Sr. Powers fez a única coisa que um cristão pode fazer. Prestou um serviço corajoso e útil ao Estado e ao público geral. Nem sempre é fácil determinar as relações que existem entre o cidadão e seu dever para com a sociedade. Nesse caso, não há dúvida em nossa mente de que o passo dado pelo Sr. Powers é exemplo a todo homem que crê na lei e em sua aplicação. Há ocasiões em que o indivíduo deve agir pelo povo, em maneiras que envolvem sacrifícios e grandes perdas. O Sr. Powers será incompreendido e mal interpretado; porém, não há dúvida de que seu procedimento será aprovado por todos os cidadãos que desejam ver as maiores corporações, até o mais fraco dos indivíduos, submetidas à mesma lei. O Sr. Powers fez tudo o que um cidadão leal e patriota poderia fazer. Agora, cabe à Comissão agir em consideração às provas apresentadas, as quais, entendemos, são evidências inegáveis da irregularidade de L. e T. que a lei seja aplicada, a despeito de quem são os culpados.

Henry Maxwell terminou a leitura e colocou o jornal de lado.
— Devo conversar com Powers. Isso é resultado da promessa dele.
Levantou-se, e quando estava saindo, sua esposa falou:
— Você acha, Henry, que Jesus teria feito isso?
Henry Maxwell ficou pensando. Depois respondeu de forma bem pausada.
— Sim, penso que Ele faria. De qualquer modo, Powers decidiu assim, e cada um de nós que assumiu o compromisso entende que não está decidindo qual seria a provável conduta de Jesus para outras pessoas, mas somente para si mesmo.
— E a família dele? Como a Sra. Powers e Celia vão receber a notícia?
— Da pior forma possível, sem dúvida. Essa será a cruz do Powers. Elas não vão entender o seu motivo.

Henry Maxwell saiu e andou até a quadra seguinte, onde o superintendente morava. Para seu alívio, o próprio Powers atendeu a porta.

Os dois homens cumprimentaram-se silenciosamente. Cada um compreendeu o outro num instante, sem dizer uma palavra. Nunca houve um laço de união tão forte entre o ministro e sua ovelha.

— O que pretende fazer agora? —Henry Maxwell perguntou, depois de terem conversado sobre os fatos em questão.

— Você se refere a outro emprego? Não tenho planos por enquanto. Posso voltar ao meu antigo emprego como telegrafista. Minha família não vai sofrer, exceto pelo aspecto social.

Alexander Powers falava com calma, embora triste. Henry Maxwell não precisou perguntar como sua esposa e sua filha se sentiam. Sabia muito bem que o superintendente havia sofrido mais que tudo nesse ponto.

— Há um assunto que gostaria que o senhor considerasse — disse Powers depois de uma pausa — e é o trabalho que comecei nas oficinas. Pelo que sei, a companhia não irá se opor a que ele continue. Uma das contradições do mundo das ferrovias é que elas apoiam as Associações Cristãs de Moços e outras entidades cristãs, enquanto seus próprios gerentes cometem a maioria dos atos anticristãos e ilegais o tempo todo. Naturalmente, é de bom tom que a companhia empregue homens sóbrios, honestos e cristãos. Por isso, estou certo de que o mecânico-chefe receberá a mesma cortesia que me fizeram quanto ao uso do salão. Mas o que desejo que você faça, Sr. Maxwell, é assegurar que o meu plano seja realizado. Posso contar com você? Você entendeu qual é a ideia. Você deixou uma boa primeira impressão nos homens. Vá até lá sempre que puder. Incentive o Milton Wright a fornecer alguma coisa para mobiliar e custear o café e algumas escrivaninhas. Você pode fazer isso?

— Sim — respondeu Henry Maxwell. Ele se demorou um pouco mais. Antes de se despedir, ele e o superintendente oraram juntos e se separaram com o mesmo aperto de mão silencioso que lhes parecia um novo símbolo de sua fraternidade e discipulado cristãos.

O pastor da Primeira Igreja voltou para casa profundamente consternado pelos acontecimentos da semana. Gradualmente transparecia em sua mente a verdade de que o compromisso de fazer o que Jesus faria estava desencadeando uma revolução em sua igreja e por toda a cidade. A cada dia surgiam consequências sérias da obediência àquele compromisso. Henry Maxwell não fingia saber onde isso daria. Estava, de fato, bem no início de acontecimentos que se destinavam a mudar a história de centenas de famílias, não apenas em Raymond, mas por todo o país. Enquanto pensava em Edward Norman, em Rachel e no Sr. Powers, e nos frutos que já haviam vindo de suas respectivas ações, não pôde deixar de sentir um intenso interesse no provável efeito que haveria se todas as pessoas da Primeira Igreja que aceitaram o desafio o mantivessem fielmente. Todos eles cumpririam a promessa, ou alguns retrocederiam quando a cruz se tornasse mais pesada?

Ele pensava nessa pergunta na manhã seguinte sentado em seu escritório, quando o presidente da Sociedade de Esforço Cristão pediu para vê-lo.

— Penso que não deveria importuná-lo com o meu caso — disse o jovem Morris, entrando logo no assunto —, mas pensei, Sr. Maxwell, que você poderia me aconselhar um pouco.

— Fico feliz que tenha vindo. Continue, Fred.

Henry Maxwell conhecia o jovem desde o primeiro ano do seu pastorado, e o amava e respeitava pelo serviço fiel que prestava à igreja.

— Bem, o fato é que estou desempregado. Você sabe que tenho trabalhado como jornalista no *Sentinela* matutino desde que me formei no ano passado. Acontece que no último sábado, o Sr. Burr me pediu para sair à rua domingo de manhã e apurar os detalhes do assalto àquele trem na conexão e escrever a notícia para uma edição extraordinária que sairia segunda-feira de manhã, apenas para noticiar o fato antes do *Diário*. Eu me recusei e o Sr. Burr me dispensou. Ele estava de mau humor, senão imagino que ele não teria feito isso. Ele sempre me tratou bem. Agora, você acha que Jesus teria feito o que fiz? Pergunto isso porque os outros colegas me disseram que fui tolo por não ter feito o trabalho. Quero sentir que um cristão age por motivos que parecem estranhos para os outros, às vezes, mas não são tolos. O que você acha?

— Acho que você cumpriu seu compromisso, Fred. Não posso crer que Jesus faria uma reportagem num domingo como você foi solicitado a fazer.

— Obrigado, Sr. Maxwell. Fiquei um tanto perturbado por causa disso, mas quanto mais penso, mais tranquilo me sinto.

Morris se levantou para ir embora, e Henry Maxwell também se ergueu e repousou a mão amavelmente sobre o ombro do jovem.

— O que vai fazer, Fred?

— Ainda não sei. Estou pensando em ir para Chicago ou alguma cidade grande.

— Por que não tenta um trabalho no *Diário*?

— Eles estão com a equipe completa. Nem pensei em procurá-los.

Henry Maxwell pensou por um instante.

— Venha ao *Diário* comigo, vamos saber o que Norman diz.

Alguns minutos depois, Edward Norman recebia em seu escritório o ministro e o jovem Morris, e Henry Maxwell apresentou brevemente a razão da visita.

— Posso dar-lhe um lugar no *Diário* — disse Edward Norman com seu olhar penetrante suavizado por um sorriso que o tornava agradável. — Quero jornalistas que não queiram trabalhar aos domingos. E além disso, tenho planos para um tipo especial reportagem que acredito que o jovem Morris aqui pode desenvolver, porque ele está em afinidade ao que Jesus faria.

Ele atribuiu a Morris uma tarefa definida, e Henry Maxwell retornou ao seu escritório sentindo aquele tipo de satisfação (que é de um tipo muito profundo) que um homem tem quando foi, em parte, instrumental em encontrar uma atividade para uma pessoa desempregada.

Ele tinha a intenção de voltar ao escritório, mas, a caminho de casa, passou por uma das lojas de Milton Wright. Ele pensou apenas em entrar, cumprimentar sua ovelha e abençoá-lo nas reformas que ouviu dizer que ele introduzia em suas atividades. Ao entrar no estabelecimento, porém, Milton Wright insistiu em detê-lo para falar de seus novos planos. Henry Maxwell interrogava-se se aquele era o mesmo Milton Wright que conhecera — eminentemente prático, de homem de negócios, operando de acordo com os padrões do mundo empresarial, e analisando tudo, em primeiro lugar, do ponto de vista de "Isso vai dar lucro?".

— Não é preciso dizer, Rev. Maxwell, que fui compelido a revolucionar todo o método de meus negócios desde que fiz aquela promessa. Realizei muitas coisas durante os últimos vinte anos nesta loja que estou certo de que Jesus não teria feito. Mas essa é uma pequena parcela comparada ao número de coisas que comecei a crer que Jesus faria. Meus pecados de comissão não foram tantos quanto os de omissão em minhas relações comerciais.

— Qual foi a primeira mudança que você fez? — Henry Maxwell perguntou. Ele sentia que seu sermão poderia esperar por ele no escritório. À medida que a conversa com Milton Wright prosseguia, ele tinha quase certeza de que encontrara material para um sermão sem ter que voltar para o escritório.

— Penso que a primeira mudança que tive que fazer era na minha forma de pensar em meus empregados. Cheguei aqui na segunda-feira de manhã depois daquele domingo e me perguntei: "Como seriam as relações de Jesus com esses atendentes, contadores, *office boy*, carregadores e vendedores? Ele estabeleceria com eles algum tipo de relação pessoal diferente da que venho mantendo todos esses anos?". Respondi prontamente: "Sim". Então me veio a pergunta do que eu deveria fazer. Não via como respondê-la de modo satisfatório sem reunir todos os meus funcionários e conversar com eles. Assim, mandei convites para todos e nos reunimos no almoxarifado na terça-feira à noite.

— Muitas coisas boas saíram daquela reunião. Não consigo lhe contar tudo. Procurei conversar com eles da maneira Jesus falaria. Foi difícil, pois não estava acostumado a isso, e devo ter cometido alguns deslizes. Mas você custará a acreditar, Rev. Maxwell, no efeito que a reunião causou em alguns dos homens. Antes de encerrá-la, vi mais de uma dúzia deles com lágrimas no rosto. E continuei perguntando "O que Jesus faria?", e quanto mais perguntava, mais a questão me empurrava para uma relação mais próxima e amistosa com aqueles homens que trabalham para mim todos esses anos. Cada dia surge uma coisa nova, e agora estou bem no meio de uma reformulação de toda a empresa, que vai até onde chegar o motivo que a despertou. Sou tão ignorante, em termos práticos, dos planos de cooperação e de sua aplicação nos negócios, que estou tentando obter informação de todas as fontes possíveis. Recentemente, fiz um estudo especial da vida de Titus Salt, proprietário do grande moinho de Bradford, Inglaterra, que depois construiu aquela cidade-modelo às margens do rio Aire.[2] Tem muita coisa nos planos dele que vai me ajudar. Mas ainda não cheguei a conclusões definitivas sobre todos os detalhes. Não estou muito familiarizado com os métodos de Jesus. Mas veja isso.

Milton remexeu avidamente nos escaninhos de sua escrivaninha e retirou uma folha de papel.

— Fiz um esboço de uma espécie de programa do que imagino que Jesus faria para dirigir um negócio como este. Gostaria da sua opinião sobre ele.

O QUE JESUS PROVAVELMENTE FARIA SE ESTIVESSE NO LUGAR DE MILTON WRIGHT COMO COMERCIANTE

1. Ele se engajaria com o propósito de glorificar a Deus, e não com o objetivo principal de ganhar dinheiro.
2. Todo o dinheiro que ele ganhasse não seria considerado seu próprio, e sim como um fundo a ser usado para o bem dos desfavorecidos.
3. Suas relações com os seus empregados seriam de grande afeto e apoio. Ele não pensaria neles de outra forma senão como almas a serem salvas. Esse pensamento estaria sempre acima de obter lucros em seu negócio.
4. Nunca praticaria um único ato desonesto ou duvidoso, nem tentaria, mesmo remotamente, obter vantagem sobre qualquer concorrente do mesmo ramo.
5. O princípio da generosidade e cooperação estaria presente em todos os detalhes de seu negócio.
6. Esse princípio nortearia e moldaria todo o plano de suas relações com seus empregados, com seus clientes e com o mundo dos negócios aos quais está ligado.

Henry Maxwell leu vagarosamente este plano de ação. Ele o recordou de sua própria tentativa, no dia anterior, de alinhar de forma concreta seus pensamentos sobre a provável atitude de Jesus. Estava muito pensativo quando levantou os olhos e deu com o olhar ansioso de Milton Wright.

— Você acredita que seu negócio lucraria com este plano?

— Acredito que sim. O altruísmo inteligente deve ser mais sábio do que o egoísmo inteligente, você não acha? Se um homem que trabalha como empregado começa a se sentir parte dos lucros da empresa e, mais do que isso, recebe uma atenção por parte da direção, o resultado final não será ter mais cuidado, menos desperdício, mais diligência e mais fidelidade?

— Sim, acho que sim. Porém a maioria dos comerciantes não pensa assim, não é? Estou falando de modo geral. Como você vai se relacionar com um mundo egoísta, que não tenta ganhar dinheiro de acordo com princípios cristãos?

— Isso complica o meu plano, eu sei.

— Seu plano inclui o que está se tornando conhecido como cooperação?

— Sim, até onde posso enxergar. Como já lhe disse, estou estudando os detalhes cuidadosamente. Estou totalmente convencido de que Jesus, em meu lugar, seria absolutamente abnegado. Ele amaria todos os seus empregados. Consideraria que o propósito último de todo o negócio seria a cooperação mútua, e dirigiria as coisas de tal modo que o Reino de Deus fosse nitidamente seu primeiro objetivo. Estou trabalhando nestes princípios gerais, como já adiantei. Ainda preciso de tempo para definir os detalhes.

Quando Henry Maxwell finalmente se despediu, estava profundamente impressionado com a revolução que estava em franca operação naquela empresa. À medida que atravessava a loja, percebeu sinais do novo espírito do lugar. Não havia dúvida de que o novo relacionamento de Milton Wright com seus empregados transformava tão rapidamente — em apenas duas semanas — todo o negócio. E isso podia ser visto na aparência e na conduta de seus empregados.

— Se Milton Wright continuar assim, brevemente será um dos pregadores mais influentes de Raymond — Henry Maxwell disse a si mesmo ao chegar ao seu escritório. A dúvida era quanto a ele continuar nesse caminho quando a empresa começasse a perder dinheiro, como parecia provável. Henry Maxwell orou para que o Espírito Santo, que se manifestara a Si mesmo com grande poder na companhia dos discípulos da Primeira Igreja, permanecesse com eles todos. E com essa oração em seus lábios e em seu coração, começou a preparar um sermão em que apresentaria no domingo a seu povo a questão do alcoolismo em Raymond, como agora acreditava que Jesus faria. Ele nunca pregara contra o alcoolismo dessa forma. Sabia que as coisas que diria levariam a resultados sérios. Apesar disso, continuou seu trabalho, e a cada sentença que escrevia ou esboçava era precedida da pergunta "Jesus diria isto?". Durante seu estudo, ele se pôs de joelhos. Ninguém, exceto ele, podia saber o que aquilo significava. Quando ele fizera isso para preparar seus sermões antes da mudança que agora compreendia do discipulado cristão? Da forma com que via seu ministério agora, ele não se atrevia a pregar sem pedir por sabedoria. Ele não mais pensava em uma pregação dramática e o impacto que causaria no auditório. A grande questão agora era "O que Jesus faria?".

A noite de sábado no Retângulo testemunhou algumas das cenas mais extraordinárias que o Sr. Gray e sua esposa haviam presenciado. O público aumentava a cada noite, especialmente por causa dos cânticos de Rachel. Qualquer estranho que passasse pelo Retângulo durante o dia ouviria falar das reuniões, de um modo ou de outro. Não se podia dizer que, até aquele sábado à noite, houvesse qualquer redução nos xingamentos, na impureza e nas grandes bebedeiras. Não era possível reconhecer que o Retângulo estava melhorando, nem mesmo que os cânticos amenizaram as conversas ou os modos grosseiros. O lugar se orgulhava de seu estilo "pesado". Mas, a contragosto, ia aos poucos cedendo a um poder que nunca se pôde avaliar e que não conhecia o bastante para resistir-lhe.

Gray havia recuperado a voz, e assim, naquele sábado, ele pôde falar. Por ser obrigado a não forçar a voz, foi necessário que as pessoas fizessem silêncio se quisessem ouvi-lo. Aos poucos, elas foram compreendendo que esse homem lhes estava falando havia várias semanas e devotava seu tempo e suas forças para lhes informar a respeito de um Salvador, tudo isso por amá-los sem qualquer segunda intenção. Nessa noite, a grande multidão estava tão quieta quanto o auditório educado de Henry Maxwell costumava ser. Os arredores da tenda estavam mais congestionados, e os bares estavam praticamente vazios. O Espírito Santo descera afinal, e Gray sabia que uma das grandes orações de sua vida seria respondida.

E Rachel — sua voz era a melhor, mais maravilhosa que Virginia e Jasper Chase jamais ouviram. Todos chegaram novamente juntos esta noite com o Dr. West, que dedicara todo o seu tempo disponível da semana no Retângulo, oferecendo caridade. Virginia estava ao órgão, Jasper sentava-se no banco da frente olhando para Rachel, e o Retângulo inteiro, como um só homem, balançava na direção da plataforma enquanto ela cantava:

Assim como estou, sem nenhum apelo
Mas pelo sangue que foi derramado por mim
E assim Tu me convidas a ir a ti
Oh, Cordeiro de Deus, eu vou, eu vou.

Gray disse poucas palavras. Estendeu suas mãos num gesto de convite. E pelos dois corredores da tenda, criaturas pecadoras e quebrantadas, homens e mulheres, iam cambaleantes para a plataforma. Uma mulher da rua estava perto do órgão. Virginia fitou-a e, pela primeira vez na vida da jovem rica, o pensamento do que Jesus representava para uma mulher pecadora atingiu-a com tal velocidade e poder que se assemelhava somente a um novo nascimento. Virginia deixou o órgão, foi até ela, olhou-a nos olhos e tomou-lhe as mãos. A outra moça tremia, então caiu de joelhos soluçando, com a cabeça apoiada no banco à sua frente, ainda agarrando-se a Virginia. E esta, após um momento de hesitação, se ajoelhou ao lado, e ambas as cabeças se inclinaram juntas.

Mas quando o povo se amontoou em duas fileiras ao redor da plataforma, muitos ajoelhados e chorando, um homem em trajes sociais, diferente dos outros, abriu caminho entre os bancos e se ajoelhou ao lado do bêbado que havia perturbado a reunião em que Henry Maxwell falara. Ele se ajoelhou a poucos passos de Rachel Winslow, que continuava cantando em voz baixa. E quando ela se virou por um momento e olhou em sua direção, ficou admirada ao ver Rollin Page! Por um momento, tremeu-lhe a voz. Então ela prosseguiu:

Assim como estou, tu receberás
Acolherás, perdoarás, purificarás, aliviarás
Porque Tu prometeste, eu creio
Oh, Cordeiro de Deus, eu vou, eu vou.

Sua voz era como a de um apelo divino, e o Retângulo, naquele momento, foi levado ao porto da graça redentora.

CAPÍTULO V

Se alguém quiser me servir, siga-me.

JOÃO 12:26

Era quase meia-noite quando terminou a reunião no Retângulo. Gray permaneceu ali até a manhã de domingo, orando e conversando com um pequeno grupo de convertidos que, na grande experiência de sua vida nova, se apegaram ao evangelista com tal sensação de desamparo que, para ele, era impossível deixá-los, como se dependessem dele para se salvarem da morte física. Entre esses convertidos estava Rollin Page.

Virginia e seu tio foram para casa por volta das vinte e três horas, e Rachel e Jasper Chase foram com eles até à altura da avenida em que Virginia morava. O Dr. West caminhou mais um pouco com eles até sua casa, e Jasper Chase acompanhou Rachel até a casa da mãe dela.

Passava um pouco das vinte e três horas. Ao bater meia-noite, Jasper Chase estava sentado em seu quarto, olhando os papéis sobre a escrivaninha e relembrando, com dolorosa persistência, os últimos trinta minutos.

Ele declarara seu amor a Rachel Winslow, e ela não correspondera.

Seria difícil saber o que havia de mais forte no impulso que o levara a falar com ela nessa noite. Ele cedera ao seu sentimento sem nem avaliar as consequências, tão seguro se sentia da afeição da moça por ele. Tentava recordar agora a impressão que ela lhe deixara quando falou com ela pela primeira vez.

Nunca sua beleza e força o influenciaram quanto nessa noite. Enquanto ela cantava, ele tinha os olhos e os ouvidos somente para ela. A tenda estava transbordava numa multidão confusa de rostos, e ele sabia que estava sentado lá, espremido por uma massa humana; mas nada disso tinha sentido para ele. Ele se sentiu incapaz de não falar com ela. Ele sabia que deveria falar assim que estivessem a sós.

Agora que já tinha falado, sentia que tinha feito um juízo errôneo tanto de Rachel como da situação. Ele sabia, ou pensava que sabia, que ela começara a se interessar por ele. Não era segredo entre eles que a heroína do primeiro livro de Jasper era o ideal que ele tinha de Rachel, e o herói da história era ele mesmo, e ambos se amavam no livro, e Rachel nunca fez objeção a isso. Ninguém mais sabia. Os nomes e as personagens foram desenhados com uma habilidade sutil que revelaram a Rachel, quando ele lhe deu um exemplar do livro, a existência de seu amor por ela, e Rachel não se ofendeu. Isso se passara fazia quase um ano.

Nesta noite, ele relembrava a cena entre os dois, com cada inflexão e cada movimento fixados em sua memória. Recordava-se até de que tinha começado a falar com ela naquele ponto da avenida em que, poucos dias antes, tinha encontrado Rachel caminhando com Rollin Page. Naquele dia, tentava imaginar o que Rollin estaria dizendo.

— Rachel — Jasper dissera, e era a primeira vez que a tratava pelo primeiro nome —, eu não sabia até esta noite o quanto a amo. Por que ocultar por mais tempo o que você vê em meus olhos? Você sabe que a amo como a própria vida. Não conseguiria esconder por mais tempo, mesmo que quisesse.

O primeiro indício de recusa foi sentir em seu braço que o braço dela tremeu. Ela permitiu que ele falasse, sem fitá-lo nem lhe desviar o rosto. Ela olhava em frente, e sua voz era triste, porém firme e calma quando falou.

— Por que você fala nisso agora? Eu não posso suportar, depois do que vimos esta noite.

— Bem... o que... — gaguejou o jovem e ficou em silêncio.

Rachel desenlaçou seu braço do braço de Jasper, mas continuou a caminhar perto dele.

Então ele exclamou com a angústia de quem começa a perceber uma grande perda onde esperava uma grande alegria.

— Rachel! Você não me ama? Meu amor por você não é tão sagrado quanto qualquer coisa na própria vida?

Ela deu alguns passos em silêncio depois disso. Passaram por um poste de iluminação. Seu rosto era pálido e belo. Ele fez um movimento para tomar seu braço. Ela se afastou um pouco dele.

— Não — respondeu ela. — Houve um tempo... não posso responder isso... você não deveria ter tocado nisso hoje.

Ele sentiu a resposta nessas palavras. Ele era bastante sensível. Nada menos que uma resposta calorosa ao seu próprio amor o satisfaria. Ele não se via implorando a ela.

— Algum dia, quando eu for merecedor? — ele perguntou em voz baixa; mas ela parece não ter ouvido, e ambos se separaram na casa dela, e ele se lembrava nitidamente de que nem um boa-noite foi dito.

Agora, à medida que repassava essa cena tão breve, mas significativa, ele não se perdoava por sua tola precipitação. Não contara com a percepção tensa e apaixonada que Raquel tinha de seus próprio sentimentos diante das cenas na tenda, que eram tão novas à sua mente. Mas ele não a conhecia o suficiente, mesmo agora, para entender o motivo de sua recusa. Quando o relógio da Primeira Igreja soou uma hora, ele se achava ainda sentado à escrivaninha, olhando a última página do manuscrito de seu livro inacabado.

Rachel subiu para o quarto e encarava os eventos da noite com emoções conflitantes. Ela teria alguma vez amado Jasper Chase? Sim. Não. Por um momento, ela sentiu que a felicidade de sua vida corria risco em consequência de sua decisão. Em outro momento, sentiu um estranho alívio por ter agido como agiu. Havia nela uma profunda emoção dominando-a. A resposta daquelas criaturas miseráveis na tenda ao canto dela, a presença pronta e maravilhosa do Espírito Santo, a afetaram como nunca. No momento que Jasper a chamou pelo nome e ela percebeu que ele declarava seu amor por ela, ela sentiu uma repugnância, como se ele devesse respeitar os eventos sobrenaturais que tinham acabado de testemunhar. Ela sentia que não era o momento de ser tomado por nada que não fosse a glória divina daquelas conversões. O pensamento de que, enquanto ela cantava com a única paixão na alma de tocar a consciência daquela tenda cheia de pecados, Jasper Chase tenha sido movido somente para tê-la para si, chocou-a como se houvesse irreverência de sua parte, tanto quanto da parte dele. Ela não conseguia explicar por que se sentia assim, mas supunha que se ele não tivesse falado com ela nesta noite, ela poderia ainda sentir por ele o mesmo que sempre sentira. Qual era esse sentimento? O que ele representava para ela? Ela cometera um erro? Foi à sua estante e tirou o livro que Jasper lhe havia dado. Seu rosto corou quando repassou certas páginas que já havia lido várias vezes, sabendo que Jasper tinha escrito para ela. Leu as mesmas passagens de novo. De alguma forma, elas não conseguiram tocá-la com força. Fechou o livro e deixou-o sobre a escrivaninha. Pouco a pouco, sentiu que seus pensamentos estavam agitados com a visão que ela testemunhara na tenda. Aqueles rostos, homens e mulheres, tocados pela primeira vez pela glória do Espírito — que coisa maravilhosa era a vida, afinal de contas! A regeneração completa revelada no olhar dos desfavorecidos, embriagados, vis, pervertidos, ajoelhando-se para se entregarem a uma vida de pureza e semelhança a Cristo — oh, era certamente uma prova da existência de algo sobrenatural no mundo! E o rosto de Rollin Page ao lado daquele infeliz vindo da sarjeta — lembrava-se como se o visse agora, Virginia chorando e abraçando o seu irmão pouco antes de ela deixar a tenda, e o Sr. Gray ajoelhado ali, e aquela moça que Virginia recebera em seu coração, encostando nela o rosto enquanto falava algo ao seu ouvido. Todas essas imagens desenhadas pelo Espírito Santo nas tragédias humanas, elevadas às alturas no local mais abandonado de Raymond, avivavam-se agora na memória de Rachel, uma lembrança tão recente que seu quarto parecia naquele momento conter todos os atores dessas cenas e seus movimentos.

— Não! Não! — disse ela em voz alta. — Ele não tinha o direito de se dirigir a mim daquele jeito! Ele devia ter respeitado o lugar em que nossos pensamentos deveriam estar! Estou certa de que não o amo. Não o suficiente para lhe dar minha vida!

E depois de ter falado assim, a experiência da tenda naquela noite avultava de novo em sua lembrança, ofuscando todas as demais coisas. A prova mais marcante do tremendo fator espiritual que agora adentrava o Retângulo talvez fosse o fato de Rachel sentir — mesmo quando o grande amor de um homem forte se aproximou dela — que a manifestação espiritual a movia com uma agitação muito maior do que qualquer coisa que Jasper pessoalmente sentisse por ela, ou ela por ele.

A população de Raymond despertou na manhã de domingo para uma consciência cada vez mais clara dos efeitos que começavam a revolucionar muitos dos hábitos costumeiros da cidade. A atitude de Alexander Powers na questão das fraudes na ferrovia causou sensação não somente em Raymond, mas em todo o país. As mudanças diárias de Edward Norman na condução de seu jornal chocaram a comunidade e provocaram mais comentários do que qualquer evento político recente. Os cânticos de Rachel Winslow nas reuniões do Retângulo alvoroçaram a sociedade e despertaram a curiosidade de todos os seus amigos. A atitude de Virginia Page, sua presença todas as noites com Rachel, sua ausência nos círculos frequentados por seus conhecidos ricos e populares, forneceram um enorme material abundante para fofocas e dúvidas. Além desses fatos, que diziam respeito a essas pessoas bem conhecidas, houve por toda a cidade, em muitos lares, bem como nos círculos comerciais e sociais, acontecimentos estranhos. Quase cem pessoas da igreja de Henry Maxwell assumiram o compromisso de fazer seja o que for somente depois de se perguntar "O que Jesus faria?", e o resultado era, em muitos casos, atitudes inacreditáveis. A cidade estava alvoroçada como nunca acontecera antes. E como ápice dos eventos da semana, ocorrera a grande manifestação espiritual no Retângulo, e o anúncio, que chegou às pessoas antes do horário do culto, de aproximadamente cinquenta pessoas dentre os piores indivíduos da vizinhança que haviam se convertido, junto com Rollin Page, o conhecido frequentador da sociedade e dos clubes.

Após a sucessão de tudo isso, era de se esperar que a Primeira Igreja de Raymond se reunisse no culto matutino em tal condição que a tornava rapidamente sensível a qualquer grande verdade.

Talvez nada surpreendesse o povo mais que a grande transformação que sobreviera ao ministro desde o dia em que lhes propôs imitar o exemplo de Jesus. Suas dramáticas pregações já não impressionavam o auditório. Aquela postura complacente, contente, desenvolta daquele homem bem apessoado e daquele rosto agradável ao púlpito deram lugar a um comportamento que não poderia ser comparado ao antigo modo do pregador. Seu sermão se tornara uma mensagem. Não era mais pregado. Era entregue ao público com tal amor, tal sinceridade, tal paixão, tal desejo, tal humildade que exalavam seu entusiasmo sobre a verdade e não davam ao orador nenhum destaque além de ser a voz viva de Deus. Suas orações eram diferentes daquelas que o público se acostumara a ouvir. Eram frequentemente quebradas, e uma vez ou outra proferidas em frases com erros gramaticais. Quando foi que Henry Maxwell se entregou tanto em uma oração a ponto de cometer esse tipo de deslize? Ele sempre fora orgulhoso de sua dicção e formulação das orações, tanto quanto dos sermões. Seria possível que agora desprezasse tanto o elegante refinamento de uma oração pública que decidiu propositalmente se condenar por sua antiga maneira precisa de orar? É mais provável que ele não pensasse mais em nada disso. Seu grande anseio de verbalizar as necessidades e desejos de seu povo o tornaram inconsciente de erros ocasionais. A verdade é que nunca suas orações foram tão eficazes quanto agora.

Há ocasiões em que um sermão tem valor e poder devidos às condições da audiência, e não por nada novo, admirável ou eloquente nas palavras ou argumentos apresentados. Tais condições encontraram Henry Maxwell nessa manhã, enquanto pregava contra os bares, conforme o propósito que tomara na semana anterior. Ele não dispunha de qualquer novas declarações para apresentar sobre a influência nociva dos bares em Raymond. Que novos fatos havia? Não possuía ilustrações surpreendentes do poder dos bares nos negócios ou na política.

O que poderia dizer além do que já fora dito tantas vezes pelos oradores do movimento da temperança? O efeito de sua mensagem nessa manhã devia sua força ao fato incomum de ser uma pregação contra os bares, em conjunto com os acontecimentos que haviam sacudido a população. Durante todos os dez anos de seu pastorado, ele nunca mencionara os bares como algo a ser visto como um inimigo, não somente dos pobres e tentados, mas também da vida comercial do lugar e da própria igreja. Falava agora com uma liberdade que parecia medir sua profunda convicção de que Jesus falaria assim. Ao terminar, exortou os presentes a considerarem a vida nova que se iniciava no Retângulo. As eleições para autoridades municipais se aproximavam. A questão das licenças para funcionamento de bares seriam um tema das campanhas. O que seria das pobres criaturas cercadas pelo inferno da bebida, justamente quando começavam a experimentar a alegria da libertação do pecado? Quem poderia dizer o que dependia da atitude deles? Haveria algo a ser dito pelo cristão que era discípulo, empresário, profissional liberal e cidadão em favor da continuidade das licenças para esses estabelecimentos que produziam crime e vergonha? Não era a coisa mais cristã que poderiam fazer agir como cidadãos nesse assunto, combatendo os bares nas urnas, elegendo bons homens para os cargos públicos do município e limpando a cidade? O quanto as orações contribuíram para melhorar Raymond, enquanto os votos e as ações favoreceram o lado dos inimigos de Jesus? O que Jesus faria? Que discípulos imaginariam que Ele se recusasse a sofrer e carregar sua cruz nessa empreitada? O quanto os membros da Primeira Igreja haviam sofrido na tentativa de imitar a Jesus? O discipulado cristão era tão-somente uma conveniência, um costume, uma tradição? De onde vinha o sofrimento? Não era necessário, para andar nos passos de Jesus, subir ao Calvário e também ao Monte da Transfiguração?

Seu apelo estava mais forte do que ele imaginava. Não é exagero dizer que a tensão espiritual dos membros da Primeira Igreja atingiu aqui o ponto mais alto. A imitação de Jesus, que se iniciou com alguns voluntários da igreja, agia como um fermento em toda a comunidade, e Henry Maxwell se surpreenderia, mesmo nesse estágio inicial de sua nova vida, se pudesse medir a extensão do desejo de parte de seu povo em tomar a cruz. Enquanto falava nessa manhã, antes de encerrar com um candente apelo para o milenar discipulado do Mestre, muitos homens e mulheres diziam, como falou Rachel a sua mãe, "Quero fazer algo que me custe algum sacrifício"; "Anseio por sofrer por alguma causa". Realmente, Mazzini estava certo ao dizer "Nenhum apelo é tão poderoso, no fim, quanto o chamado: 'Vinde e sofrei'".[1]

O culto terminou, o grande auditório saiu, e Henry Maxwell mais uma vez se encontrava com o grupo reunido na biblioteca, como nos dois domingos anteriores. Ele havia solicitado que permanecesse todos os que haviam feito a promessa de discipulado, e quaisquer outros que quisessem se juntar ao grupo. A reunião pós-culto tornava-se agora uma necessidade. Quando entrou e viu as pessoas, seu coração disparou. Havia pelo menos duzentas pessoas presentes. Nunca o Espírito estivera tão manifesto. Ele sentiu falta de Jasper Chase. Mas todos os outros estavam presentes. Pediu a Milton Wright que orasse. O próprio ar parecia carregado de possibilidades divinas. Quem seria capaz de resistir a tal batismo de poder? Como puderam eles viver todos esses anos sem isso?

Aconselharam-se mutuamente e houve muitas orações. Henry Maxwell marcou aquela reunião como a origem de alguns dos acontecimentos mais sérios que, mais tarde, se tornaram parte da história da Primeira Igreja de Raymond. Quando finalmente voltaram para casa, todos estavam impressionados com a alegria do poder do Espírito Santo.

Donald Marsh, diretor da Faculdade Lincoln, acompanhou Maxwell na caminhada para casa.

— Cheguei a uma conclusão, Maxwell — disse Marsh, falando lentamente. — Encontrei minha cruz, que por sinal é bem pesada, mas nunca me sentirei satisfeito enquanto não carregá-la de fato.

Maxwell ficou em silêncio e o diretor prosseguiu.

— O seu sermão hoje deixou claro para mim o que faz tempo tenho sentido ser o meu dever. O que Jesus faria em meu lugar? Tenho repetido essa pergunta desde que assumi o compromisso. Tentei me satisfazer com a ideia de que Ele simplesmente faria o que eu tenho feito, cuidando das atividades universitárias, dando aulas de Ética e Filosofia. Mas não consegui evitar o sentimento de que Ele faria alguma coisa mais. E esse algo mais é o que não quero fazer. Sem dúvida, isso me fará sofrer. E me deixa atemorizado, com toda a minha alma. Você consegue adivinhar o que é?

— Sim, acho que sei — Henry Maxwell respondeu. — É a minha cruz também. Quase preferiria fazer qualquer outra coisa.

Donald Marsh pareceu surpreso, e em seguida, aliviado. Falou então com tristeza, mas com grande convicção.

— Maxwell, você e eu pertencemos a uma classe de profissionais que tem sempre evitado os deveres da cidadania. Vivemos segregados em nosso mundinho acadêmico, fazendo aquilo que nos agrada e nos afastando de muitos deveres desagradáveis que pertencem à vida do cidadão. Confesso envergonhado que tenho evitado intencionalmente minha responsabilidade pessoal para com a cidade. Reconheço que nossas autoridades municipais são um grupo de homens corruptos, sem princípios, influenciados em grande parte pela indústria do álcool e totalmente egoístas no que se refere ao interesse público. No entanto, todos esses anos, eu, com quase cada professor da faculdade, tenho vivido satisfeito em deixar que outros homens dirijam o município, e vivo em meu pequeno mundo, sem qualquer aproximação nem simpatia com o mundo real das pessoas. "O que Jesus faria?" Tenho até mesmo evitado uma resposta sincera. Mas isso já não é possível. Meu dever é me envolver pessoalmente na próxima eleição, participar das eleições primárias,[2] usar o peso de minha influência, qualquer que ele seja, para indicar e eleger homens dignos, e mergulhar nesse redemoinho terrível de fraudes, subornos, conchavos políticos e pró-álcool como existe atualmente em Raymond. Por meu gosto, preferiria meter-me na boca de um canhão do que fazer isso. Tenho pavor porque detesto tocar no assunto. Eu daria praticamente qualquer coisa para poder responder: "Não creio que Jesus faria qualquer coisa do tipo". Entretanto, estou persuadido cada vez mais de que Ele faria. É aí que entra o meu sofrimento. Não doeria nem metade se eu tivesse que perder meu emprego ou minha casa. Abomino o contato com essa problemática municipal. Preferia mil vezes a continuar quieto na minha vida acadêmica, com minhas aulas de Ética e Filosofia. Mas o chamado me veio tão claramente que não posso fugir: "Donald Marsh, siga-me. Cumpra seu dever como cidadão de Raymond até o ponto em que sua cidadania lhe custe algo. Ajude a limpar esse grande estábulo municipal, mesmo que seja necessário sujar um pouco os seus sentimentos aristocráticos". Maxwell, essa é a minha cruz. Devo carregá-la ou negar meu Senhor.

— Você acaba de falar também por mim — afirmou Maxwell com um sorriso amarelo. — Por que deveria eu, somente pelo fato de ser ministro, me esconder atrás de meus sentimentos refinados e, como um covarde, me recusar a tocar, exceto em um possível sermão, no dever de um cidadão? Estou alheio às práticas da vida política desta cidade. Nunca participei ativamente da nomeação de bons candidatos. E há centenas de ministros como eu. Como classe, não praticamos na vida cívica os deveres e privilégios que pregamos no púlpito. O que Jesus faria? Cheguei a um ponto em que, como você, sou direcionado a responder a questão de uma forma. Meu dever é claro. Devo sofrer. Todo o meu trabalho na igreja, todas as minhas pequenas provações e os autossacrifícios são como nada se comparados a deixar meus hábitos acadêmicos e intelectuais serem invadidos por essa luta aberta, violenta e pública em busca de uma vida íntegra na cidade. Eu iria e viveria no Retângulo pelo resto da minha vida, e trabalharia nos cortiços a troco de nada, e isso me seria melhor do que pensar em me envolver numa luta pela reforma dessa cidade dirigida pelo álcool. Isso custaria menos. Mas, do mesmo modo que você, não posso evitar a minha responsabilidade. A resposta à pergunta "O que Jesus faria?", neste caso, não me traz paz exceto quando digo "Jesus quer que eu faça a parte de cidadão cristão". Marsh, como você diz, nós, profissionais liberais, ministros, professores universitários, artistas, literatos, acadêmicos, temos sido, quase invariavelmente, covardes políticos. Temos negligenciado os deveres sagrados da cidadania, seja por ignorância, seja por egoísmo. Certamente Jesus, em nossa época, não teria esse comportamento. Não podemos fazer menos que tomar essa cruz e segui-lo.

Os dois caminharam em silêncio durante algum tempo. Finalmente o diretor Marsh falou.

— Não precisamos agir isoladamente nessa questão. Nós certamente encontraremos companhia e apoio, mesmo em números, entre todos os homens que assumiram o compromisso. Vamos organizar as forças cristãs de Raymond para a batalha contra o álcool e a corrupção. Temos de entrar nas primárias com uma força que seja capaz de fazer mais do que um protesto. É fato que a indústria do álcool se alarma covardemente e facilmente, apesar de sua ilegalidade e corrupção. Vamos planejar uma campanha que tenha sentido porque será organizada em justiça. Jesus usaria grande sabedoria nesta questão. Ele empregaria meios adequados. Ele faria grandes planos. Vamos fazer isso. Se temos de carregar essa cruz, vamos fazê-lo bravamente, como homens.

Eles conversaram demoradamente sobre o assunto e se encontraram de novo no dia seguinte no escritório de Henry Maxwell para desenvolver os planos. As eleições preliminares da cidade estavam marcadas para sexta-feira. Nos círculos políticos de Raymond corriam rumores de eventos estranhos e inéditos para o cidadão comum. A eleição direta dos candidatos ainda não havia sido adotada pelo Estado, então as eleições primárias foram convocadas em uma assembleia pública no tribunal.

Os cidadãos de Raymond jamais se esquecerão daquela assembleia. Foi tão diferente de qualquer reunião política já realizada em Raymond que não havia nem termos de comparação. Os cargos eletivos eram de prefeito, vereador, chefe de polícia, tabelião e tesoureiro municipal.

A edição vespertina do *Diário de Notícias* de sábado publicou uma matéria completa sobre as primárias, e no editorial Edward Norman expôs seus comentários com a objetividade e a convicção que os cristãos de Raymond aprendiam a respeitar profundamente, por serem tão sinceras e altruísta. Parte do editorial é também parte da história.

Pode-se afirmar que jamais na história de Raymond houve uma eleição primária semelhante à da última noite no tribunal. Foi, antes de tudo, uma grande surpresa para os políticos da cidade, que estavam habituados a conduzir os negócios da cidade como se fossem donos dela, e os demais fossem simplesmente ferramentas ou números. O que surpreendeu grandemente os políticos ontem à noite foi o fato de que um grande número de cidadãos de Raymond que nunca se engajara nos assuntos da municipalidade participaram das primárias e a controlaram, nomeando alguns dos melhores homens para os cargos a serem preenchidos na próxima eleição.

Foi uma excepcional lição de boa cidadania. O diretor Marsh da Faculdade Lincoln, que nunca havia participado de uma primária da cidade, e cujo rosto nem sequer era conhecido da maior parte dos políticos distritais, pronunciou um dos melhores discursos já ouvidos em Raymond. Foi quase ridículo ver o rosto dos homens que, por muitos anos, faziam o que bem entendiam, quando o diretor Marsh se levantou para falar. Muitos deles perguntaram: "Quem é ele?". O choque se acentuou à medida que a primária prosseguia e ficava claro que o velho conchavo de dirigentes da cidade estava em minoria. O Henry Maxwell, pastor da Primeira Igreja; Milton Wright; Alexander Powers; os professores Brown, Willard e Park, da Faculdade Lincoln; Rev. John West; Dr. George Maine da Igreja do Peregrino; Dean Ward da Santa Trindade, e dezenas de empresários e profissionais liberais renomados, a maioria deles membros de igrejas, estavam presentes, e não demorou para perceber que todos haviam ido até lá com um propósito definido e imediato de nomear os melhores homens possíveis. Muitos destes nunca foram vistos em uma primária. Eram completamente desconhecidos dos políticos.

Mas evidentemente ganharam dos métodos dos políticos e foram capazes, pelo esforço organizado e unido, de nomear toda a chapa.

Tão logo se tornou claro que a primária estava fora de seu controle, o conchavo habitual se retirou desgostoso e designou outra chapa. O *Diário de Notícias* apenas chama a atenção de todos os cidadãos respeitáveis para o fato de que esta última chapa contém o nome de indivíduos pró-álcool, e traçou-se uma linha clara e definida entre o governo corrupto e estereotipado da cidade, que conhecemos há anos, e uma administração municipal limpa, honesta, capaz e empresarial, tal como qualquer bom cidadão deve desejar. Não é necessário lembrar o povo de Raymond que a questão da escolha local será discutida nas eleições. Essa será a discussão mais importante na chapa. A crise dos assuntos de nossa cidade foi comunicada. A questão está posta diante de nós. Continuaremos sob a lei do álcool, do suborno e da incompetência desavergonhada, ou como disse o diretor Marsh em seu nobre discurso, iremos nos levantar como bons cidadãos para iniciar uma nova ordem, limpando nossa cidade do pior oponente à honestidade municipal e fazendo o que estiver em nosso alcance através do voto para purificar nossa vida cívica?

O *Diário* está completa e indiscutivelmente ao lado do novo movimento. Daqui para a frente, faremos o que for possível para eliminar os bares e destruir sua força política. Defenderemos a eleição dos homens indicados pela maioria dos cidadãos reunidos nas primeiras primárias, e convocamos todos os cristãos, membros da igreja e defensores da justiça, pureza, temperança e do lar para apoiarem o diretor Marsh e os demais cidadãos que iniciaram uma reforma há muito desejada em nossa cidade.

O diretor Marsh leu este editorial e agradeceu a Deus por Edward Norman. Ao mesmo tempo, entendeu claramente que todos os outros jornais de Raymond estavam com a outra chapa. Ele nunca subestimou a importância e a seriedade da luta que apenas havia começado. Não era segredo que o *Diário* havia sofrido perdas consideráveis desde que passou a ser dirigido pelo padrão "O que Jesus faria?". A pergunta agora era: "Os cristãos de Raymond apoiariam?". Eles possibilitariam a Norman manter um jornal cristão diário? Ou seu desejo pelo que é considerado "notícia" (em termos de crime, escândalo, lutas políticas partidárias e um desgosto por patrocinar uma reforma tão notável no jornalismo) os influenciaria a abandonar o jornal e recusar-lhe apoio financeiro? Essas eram, de fato, as perguntas que o próprio Edward Norman fazia ao escrever o editorial de sábado. Ele sabia muito bem que sua ação expressa naquele editorial lhe custaria muito nas mãos de muitos empresários de Raymond. E ainda assim, enquanto movia sua caneta pelo papel, ele fazia outra pergunta: "O que Jesus faria?". Essa pergunta havia se tornado agora parte de sua vida. Era maior do que qualquer outra.

Contudo, pela primeira vez em sua história, Raymond tinha visto profissionais liberais, professores escolares, professores universitários, médicos e ministros se envolverem na atividade política e se colocarem definitiva e decisivamente em franca oposição às forças do mal que controlaram por tanto tempo a máquina do governo municipal. O fato em si era assombroso. O diretor Marsh reconheceu humildemente que nunca experimentara o que o direito cívico pode realizar. O trabalho daquela sexta-feira à noite marcou para ele e seu grupo uma nova definição da ideia gasta do "acadêmico na política". Para ele e para os que estavam sob sua influência, a partir de então, a educação incluiria uma parcela de sofrimento. O sacrifício deveria agora entrar no fator de desenvolvimento.

No Retângulo, naquela semana, a maré da vida espiritual elevou-se, sem demonstrar qualquer sinal de retroceder. Rachel e Virginia foram todas as noites. Virginia chegava rapidamente a uma conclusão a respeito de uma parte substancial de sua fortuna. Havia conversado sobre isso com Rachel, e ambas concordaram que se Jesus dispusesse de uma grande quantia de dinheiro, Ele poderia utilizar parte disso da forma que Virginia havia planejado. De qualquer modo, elas sentiram que o que quer que Jesus fizesse naquele caso teria seria tão variado quanto eram diferentes as pessoas e as circunstâncias. Não poderia haver um modo cristão fixo e único de usar o dinheiro. A regra que regulava seu uso era a utilidade altruísta.

Enquanto isso, a glória do poder do Espírito ocupava seus melhores pensamentos. Noite após noite daquela semana testemunhou milagres tão grandes quanto caminhar sobre o mar ou alimentar uma multidão com uns poucos pães e peixes. Que milagre maior que um desfavorecido regenerado? A transformação dessas vidas rudes, brutas, inebriadas em seguidores arrebatados e devotados a Jesus sempre enchia Rachel e Virginia com o sentimento que as pessoas devem experimentado quando viram Lázaro sair do túmulo. Era uma experiência profundamente animadora para elas.

Rollin Page ia a todas as reuniões. Não havia dúvida da mudança que ele experimentara. Parecia estar pensando o tempo todo. Inegavelmente, ele não era a mesma pessoa. Conversava com Gray mais do que com qualquer outra pessoa. Não evitava Rachel, mas não dava sinais visíveis de querer renovar as antigas relações com ela. Rachel teve até dificuldade de expressar a Rollin seu prazer pela nova vida que ele começava a conhecer. Ele parecia estar esperando se ajustar aos seus relacionamentos anteriores antes de essa nova vida começar. Ele não havia se esquecido desses relacionamentos. Mas ainda não era capaz de acomodar sua consciência aos novos.

O fim de semana encontrou o Retângulo em luta feroz entre duas poderosas forças que se opunham. O Espírito Santo estava batalhando com toda a sua força sobrenatural contra o demônio dos bares que, havia tanto tempo, agarrava com ciúmes seus escravos. Se os cristãos de Raymond pudessem compreender de uma vez por todas o que essa briga significava para as almas recentemente despertadas para uma nova vida, não seria possível que as eleições resultassem no velho sistema de licenças para a venda de álcool. Mas isso ainda estava por vir. O pesadelo do contexto diário de muitos dos convertidos pouco a pouco abria caminho no conhecimento de Virginia e Rachel, e todas as noites, enquanto voltavam para o centro da cidade às suas belas residências, vinham com o coração terrivelmente pesado.

— Muitas dessas criaturas cairão de novo — dizia Gray com uma tristeza tão profunda que o levava às lágrimas. — O ambiente tem uma força poderosa sobre o caráter das pessoas. É impensável que essas pessoas possam sempre resistir, tendo por todo o lado a visão e o cheiro dessa bebida diabólica. Ó Senhor! Até quando os cristãos apoiarão, com seu silêncio e seus votos, a pior forma de escravidão conhecida nos Estados Unidos?

Ele fazia a pergunta sem muita esperança de uma resposta imediata. Houve um raio de esperança na ação das primárias de sexta-feira à noite; mas nem sequer ousava arriscar qual seria o resultado. As forças pró-álcool eram organizadas, ativas, agressivas, e foram alvoroçadas em um ódio incomum pelos acontecimentos da última semana na tenda e na cidade. As forças cristãs agiriam unidas contra os bares? Ou se dividiriam por causa de seus interesses comerciais, ou pelo fato de não terem o hábito de se arregimentarem, como as forças do álcool sempre fizeram? Só o tempo diria. Enquanto isso, os bares se agigantavam sobre o Retângulo como uma víbora venenosa, silvando e serpenteando, pronta para injetar seu veneno letal em qualquer parte desprotegida.

Na tarde de sábado, enquanto Virginia estava saindo de casa para ver Rachel e conversar sobre os seus novos planos, passou ali uma carruagem levando três de suas amigas famosas. Virginia foi até a calçada e ficou ali conversando com elas. Não se tratava de uma visita, mas de um convite para que Virginia fosse com elas às alamedas. Uma banda se apresentaria lá. O dia estava muito lindo para ficar dentro de casa.

— Onde você tem estado todo esse tempo, Virginia? — perguntou-lhe uma das amigas, batendo alegremente no ombro dela com uma sombrinha de seda vermelha. — Ouvimos dizer que você tem ido a um espetáculo. Fale-nos sobre isso.

Virginia enrubesceu, mas, depois de alguma hesitação, contou-lhes francamente algo de sua experiência no Retângulo. As garotas na carruagem ficaram realmente interessadas.

— Querem saber de uma coisa, meninas? Vamos sujar as mãos com Virginia hoje à tarde em vez de ir ao concerto da banda. Nunca fui ao Retângulo. Ouvi dizer que é um lugar terrível, com muita coisa pra se ver. Virginia seria a nossa guia, e assim teremos um passeio muito — ia ela dizer "divertido", mas o olhar de Virginia a fez trocar a palavra por "interessante".

Virginia ficou irritada. De início, disse a si mesma que jamais iria lá sob essas condições. As outras duas garotas pareciam ter a mesma ideia da que fizera a proposta. Elas fizeram coro com sua companheira e insistiram que Virginia as levasse lá.

De repente, ela viu nessa fútil curiosidade das garotas uma oportunidade. Elas nunca tinham visto o pecado e a miséria de Raymond. Por que não ver, ainda que seus motivos para ir até lá fossem simplesmente o de passearem à tarde?

— Muito bem, irei com vocês, disse Virginia. Vocês devem obedecer às minhas ordens e me deixar levá-las aonde possam ver o máximo possível — disse ela, entrando na carruagem e sentando-se ao lado da garota que havia sugerido o passeio ao Retângulo.

— Não seria melhor levar um policial junto? — perguntou uma das jovens com um riso nervoso. — Lá não é muito seguro, vocês sabem.

— Não há perigo algum — respondeu Virginia secamente.

— É verdade que seu irmão Rollin se converteu? — perguntou a primeira garota, olhando para Virginia com curiosidade. Durante a viagem ao Retângulo, ficou a impressão de que as três amigas a olhavam com uma atenção especial, como se ela fosse muito peculiar.

— Sim, é verdade. Eu mesma o vi na primeira noite em que as pessoas se aglomeraram, no sábado passado — respondeu Virginia, sem saber muito bem como explicar aquela cena.

— Ouvi dizer que ele tem ido aos clubes falar com os velhos amigos, tentando pregar para eles. Não é engraçado? — disse a garota da sombrinha de seda vermelha.

Virginia não respondeu, e as três amigas ficaram sérias enquanto a carruagem entrava na rua que levava ao Retângulo. À medida que se aproximavam do local, elas se sentiam cada vez mais nervosas. O aspecto e o cheiro e os sons que se tornaram familiares para Virginia chocaram os sentidos dessas garotas refinadas e delicadas da sociedade como um espetáculo horrível. Quanto mais adentravam o bairro, o Retângulo parecia encarar com uma grande expressão inebriada, encharcada de álcool, a bela carruagem carregada de jovens damas muito bem-vestidas. "Sujar as mãos" nunca foi moda entre a sociedade de Raymond, e esta era, talvez, a primeira vez que esses dois mundos se encontravam dessa forma. As jovens sentiam que, em vez de verem o Retângulo, eram elas que estavam sendo objeto de curiosidade. Estavam assustadas e enojadas.

— Vamos voltar, já vimos o suficiente — disse a moça sentada ao lado de Virginia.

Naquele momento, estavam exatamente em frente a uma famosa casa de jogos e bar. A rua era estreita e as pessoas lotavam a calçada. De repente, da porta do bar saiu uma jovem cambaleante.

— Assim como estou, sem nenhum apelo — ela cantava entre soluços embriagados que pareciam indicar que ela reconhecia em partes sua lastimável condição. Ao passar por ela a carruagem, deu uma risadinha para as moças, levantando o rosto de modo que Virginia a viu bem perto de si. Era o rosto da moça que se ajoelhara soluçando naquela noite, com Virginia ajoelhada ao seu lado, orando por ela.

— Pare! — gritou Virginia, dirigindo-se ao cocheiro, que observava o ambiente. A carruagem parou, e num instante ela havia descido e se dirigido à moça segurando-lhe o braço. — Loreen! — disse ela, e isso foi tudo. A moça a olhou no seu rosto, e sua próprio rosto assumiu uma expressão de horror. As jovens na carruagem estavam atônitas. O proprietário do bar havia saído à rua e estava olhando a cena com as mãos nos quadris. E o Retângulo, das janelas, dos terraços, das calçadas imundas, das sarjetas e das ruas, parou e, com indisfarçável admiração, olhou as duas jovens. Sobre a cena, o morno sol da primavera derramava a sua luz dourada. E um leve sopro da música do concerto no parque flutuou sobre o Retângulo. O concerto havia começado, e os ricos de Raymond estavam se exibindo nas alamedas da cidade.

CAPÍTULO VI

*Não penseis que vim trazer paz à terra;
não vim trazer paz, mas espada. Porque
vim causar hostilidade entre o homem e seu
pai, entre a filha e a mãe, entre a nora e a
sogra; assim, os inimigos do homem serão
os de sua própria família.*

MATEUS 10:34-36

*Portanto, sede imitadores de Deus, como filhos
amados; e andai em amor como Cristo.*

EFÉSIOS 5:1-2

Quando Virginia desceu da carruagem e foi até Loreen, ela não tinha qualquer ideia do que fazer ou de qual seria o resultado da sua ação. Ela simplesmente viu uma alma que tinha provado a alegria de uma vida melhor escorregando de novo para seu velho inferno de vergonha e morte. E antes que ela tocasse o braço da jovem bêbada, havia feito uma única pergunta: "O que Jesus faria?". Esta pergunta havia se tornado para ela, como para muitos outros, um hábito de vida.

Ela olhava ao redor agora, enquanto amparava Loreen, e toda a cena lhe era cruelmente vívida. Ela pensou primeiro nas jovens da carruagem.

— Podem ir, não esperem por mim. Vou levar a minha amiga para casa — disse com bastante calma.

A jovem com a sombrinha vermelha aparentemente engasgou quando ouviu a palavra "amiga" ser dita por Virginia. Ela ficou calada. As outras duas estavam aturdidas.

— Podem ir! Não posso voltar com vocês — insistiu Virginia.

O cocheiro começou a tocar os cavalos lentamente. Uma das jovens inclinou-se um pouco para fora da carruagem.

— Não podemos... isto é... você precisa da nossa ajuda? Não poderíamos...

— Não, não! — exclamou Virginia. — Vocês não podem me ajudar em nada.

A carruagem partiu e Virginia ficou sozinha com a sua protegida.

Ela olhou para cima e ao redor. Muitos rostos da multidão se mostravam compadecidos. Nem todos eram cruéis ou brutais. O Espírito Santo abrandara boa parte do Retângulo.

— Onde ela mora? — perguntou Virginia.

Ninguém respondeu. Mais tarde, quando teve tempo para repensar na cena, ocorreu-lhe que o Retângulo demonstrou uma delicadeza em seu triste silêncio que teria feito jus às alamedas da cidade.

Pela primeira vez passou-lhe pela mente que aquele ser imortal, jogado como um náufrago nas praias deste inferno terrestre chamado álcool, não tinha um canto que pudesse chamar de lar.

A jovem repentinamente desvencilhou-se de Virginia. Ao fazer isso, quase a derrubou.

— Não ponha a mão em mim! Me deixe! Me deixe ir pro inferno! Lá é o meu lugar! O Diabo está me esperando! Olha ele ali! — exclamou ela com voz rouca. Voltou-se e apontou o dedo trêmulo para o dono do bar. A multidão riu.

Virginia se aproximou dela e a envolveu com o braço.

— Loreen — disse com firmeza —, venha comigo. Você não pertence ao inferno. Você pertence a Jesus e Ele vai salvá-la. Venha.

De repente, a pobre moça começou a chorar. Ela ficou parcialmente lúcida com o choque de encontrar Virginia.

Virginia olhou novamente à sua volta.

— Onde o Sr. Gray mora? — perguntou. Sabia que o evangelista se hospedava em algum lugar perto da tenda.

Um conjunto de vozes lhe indicaram o lugar.

— Venha, Loreen, quero que você venha comigo até o Sr. Gray — disse ela, ainda segurando a criatura cambaleante e trêmula, que continuava a gemer e soluçar e, agora, se agarrava a Virginia com o mesmo ímpeto que a repelira.

Assim as duas atravessaram o Retângulo em direção à pensão do Sr. Gray. A cena parecia impressionar seriamente o Retângulo, que nunca levava as coisas a sério quando estava bêbado. Mas agora era diferente. O fato de uma das moças mais bem-vestidas de Raymond estar cuidando de uma das figuras mais conhecidas do Retângulo, que vivia cambaleando sob a influência do álcool, era um fato admirável o bastante para dar certa importância e dignidade à própria Loreen. O episódio de Loreen caminhar trôpega pela sarjeta era sempre motivo de risos e zombaria no Retângulo. Mas Loreen cambaleante, sendo amparada por uma jovem dama dos círculos sociais da cidade, era outra coisa. O Retângulo via a cena com seriedade e com uma ponta de admiração respeitosa.

Quando finalmente chegaram à pensão do Sr. Gray, a mulher que atendeu ao chamado de Virginia informou que o Sr. Gray e sua esposa estavam fora e não voltariam antes das seis horas da tarde.

Virginia não planejara nada além de fazer um apelo aos Gray para tomar conta de Loreen por algum tempo, ou para encontrarem um lugar seguro para alojá-la até que ficasse sóbria. Agora estava parada na pensão, depois de ouvir a mulher, sem saber o que fazer. Loreen se deixou cair pelos degraus um tanto estonteada e mergulhou a cabeça entre os braços. Virginia olhou aquela figura miserável com um sentimento que, ela temia, poderia se converter em aversão.

Finalmente, passou-lhe pela mente uma ideia a que não podia resistir. O que a impediria de levar Loreen para a sua casa? Por que essa criatura desabrigada e desgraçada, exalando álcool, não poderia ser tratada na casa da própria Virginia, em vez de ser confiada a estranhos em algum abrigo ou casa de caridade? Virginia realmente sabia muito pouco a respeito de tais lugares. Na verdade, provavelmente havia duas ou três instituições desse gênero em Raymond; era de se duvidar, porém, que qualquer uma delas aceitasse alguém no estado atual de Loreen. Mas essa não era a questão de Virginia agora. "O que Jesus faria com Loreen?" era com o que Virginia se deparava, e ela finalmente respondeu tocando novamente a moça.

— Venha, Loreen. Você vai para casa comigo. Vamos tomar o bonde ali na esquina.

Loreen trocou os pés e, para surpresa de Virginia, não causou nenhum problema. Ela esperava alguma resistência ou que ela teimosamente se recusasse a andar. Quando chegaram à esquina e tomaram o bonde, este estava quase lotado de passageiros que se dirigiam ao centro da cidade. Virginia tinha dolorosa consciência dos olhares que observaram ela e sua companhia quando entraram no bonde. Mas seu pensamento se dirigia mais e mais para a cena seguinte com sua avó. O que a Madame Page diria quando visse Loreen?

Loreen já estava agora quase sóbria. Mas entrava num estado de letargia. Virginia viu-se forçada a segurar firme o seu braço.

De vez em quando ela pendia contra Virginia, apoiando-se em seu ombro, e enquanto ambas subiam a avenida, os transeuntes curiosos viravam a cabeça para olhá-las. Quando subiu os degraus da bela casa, Virginia respirou com alívio, mesmo diante da perspectiva do encontro com a avó, e quando a porta fechou e se viu na ampla sala de estar com sua protegida sem lar, estava pronta para o que pudesse acontecer.

A Madame Page estava na biblioteca. Ouvindo Virginia chegar, se dirigiu-se à sala. Virginia apoiava Loreen, que arregalava os olhos diante da rica magnificência do ambiente ao seu redor.

— Avó — Virginia disse sem hesitação e com muita clareza —, trouxe aqui uma de minhas amigas do Retângulo. Ela está em dificuldade e não tem casa. Vou cuidar dela aqui por algum tempo.

A Madame Page olhava espantada, ora para Virginia ora para Loreen.

— Você disse que era uma de suas amigas? — perguntou com uma voz seca e sarcástica que magoou Virginia mais do que qualquer outra coisa que já tivesse sentido.

— Sim, foi o que eu disse. — O rosto de Virginia corou, mas ela pareceu se lembrar do versículo que o Sr. Gray mencionara num de seus últimos sermões: "Amigo de publicanos e pecadores". Com certeza, Jesus faria isso que ela estava fazendo.

— Você sabe o que é essa garota? — perguntou a Madame Page em um sussurro irritado, aproximando-se de Virginia.

— Sei muito bem. Ela é uma rejeitada. Você não precisa me dizer, avó. Sei disso melhor que você. Ela está bêbada neste momento. Mas é também uma filha de Deus. Eu a vi de joelhos, arrependida. Vi também o inferno entender suas garras horríveis atrás dela de novo. E pela graça de Cristo, sinto que o mínimo que posso fazer é salvá-la desse perigo. Avó, chamamos a nós mesmas de cristãs. Aqui está uma pobre e perdida criatura humana, sem um lar, resvalando para uma possível perdição eterna, e nós temos mais do que o bastante. Trouxe-a aqui e aqui ela ficará.

A Madame Page fulminou Virginia com o olhar e cerrou os punhos. Tudo isso era contrário ao seu código de conduta social. Como a sociedade perdoaria tal convivência com a escória das ruas? O que as ações de Virginia custariam à família em termos de críticas e perda de status e toda essa longa lista de relacionamentos necessários que as pessoas de riqueza e posição devem apresentar para os líderes da sociedade? Para a Madame Page, a sociedade representava mais do que a igreja ou qualquer outra instituição. Era um poder a ser temido e obedecido. A perda da boa vontade social era algo a se temer mais do que qualquer outra coisa, exceto a perda da própria riqueza.

Ela se manteve ali, firme e austera, e confrontou Virginia, alterada e determinada. Virginia pôs seu braço em volta de Loreen e calmamente olhava sua avó diretamente no rosto.

— Você não fará isso, Virginia! Pode mandá-la para um abrigo de mulheres desamparadas. Podemos pagar todas as despesas. Não podemos nos dar ao luxo, por amor à nossa reputação, de abrigar essa pessoa.

— Avó, não desejo fazer qualquer coisa que a desagrade, mas vou manter Loreen aqui esta noite e por mais tempo, se eu achar necessário.

— Então você responderá pelas consequências! Eu não fico na mesma casa com uma miserável... — A Madame Page se descontrolara totalmente. Virginia a interrompeu antes que completasse a frase.

— Avó, esta casa é minha. É sua também por todo o tempo que lhe convier ficar. Mas nesta questão, devo fazer o que sinceramente creio que Jesus faria em meu lugar. Estou disposta a suportar tudo o que a sociedade possa dizer ou fazer. A sociedade não é meu Deus. Ao lado desta pobre alma perdida, considero sem qualquer valor a opinião da sociedade.

— Pois bem, então não vou ficar aqui — disse a Madame Page. Voltou-se impetuosamente e caminhou até o fim da sala. Depois voltou e falou com uma ênfase que denotava a sua intensa agitação e emoção. — Você pode se lembrar para sempre que tirou sua avó de casa por causa de uma mulher bêbada. — Em seguida, sem esperar resposta de Virginia, se virou novamente e subiu as escadas.

Virginia chamou uma criada, e logo Loreen foi atendida. Ela decaía rapidamente a uma condição precária. Durante a breve cena na sala, ela se agarrou com tal força Virginia que o braço desta ficou marcado pelos dedos da moça.

Virginia não sabia se sua avó deixaria ou não a casa. Ela possuía abundantes recursos; estava perfeitamente bem e vigorosa, e era capaz de cuidar de si mesma. Tinha irmãs e irmãos que viviam no sul, e desenvolvera o hábito de passar com eles várias semanas ao ano. Neste sentido, portanto, Virginia não estava nem um pouco preocupada com o bem-estar de sua avó; mas a conversa foi dolorida para ela. Entretanto, lembrando-se disso em seu quarto, antes de descer para o chá, não encontrou razão para se arrepender. "O que Jesus faria?" Não havia dúvida em sua mente de que havia feito a coisa certa. Se tinha errado, foi em seu julgamento, e não em seu coração. Quando soou a campainha para o chá, ela desceu e sua avó não apareceu. Mandou que uma criada fosse ao quarto, mas ela disse que a Madame Page não estava lá. Instantes depois, Rollin chegou. Trouxe a notícia de que a avó tinha tomado o trem vespertino para o sul. Foi até à estação para se despedir de alguns amigos e, por acaso, encontrou a avó ao ir embora. Ela contou-lhe por que ia viajar.

Virginia e Rollin se encararam com rostos tristes e sérios ao redor da mesa.

— Rollin — disse Virginia, e pela primeira vez desde a conversão dele, percebeu que coisa maravilhosa significava a mudança de vida de seu irmão —, você reprova o que fiz? Estou errada?

— Não, querida, não penso que você tenha errado. Essa situação é muito difícil para nós. Mas se você pensa que a segurança e a salvação daquela pobre criatura dependem do seu cuidado pessoal, era a única coisa que você poderia fazer. Ah, Virginia! E pensar que durante todos estes anos temos desfrutado nossa bela casa e todo este conforto egoisticamente, esquecidos das multidões de pessoas como essa mulher! Com certeza, Jesus, em nosso lugar, faria o que você fez.

Assim, Rollin confortou a irmã e conversou com ela naquela tarde. De todas as maravilhosas mudanças que Virginia testemunhara até então, desde que assumira seu compromisso, nada a afetou com tamanho poder quanto o pensamento da mudança de vida de Rollin. Verdadeiramente, esse homem em Cristo era uma nova criatura. As coisas velhas passaram. Eis que tudo se fez novo nele.

O Dr. West foi à noite, atendendo ao pedido de Virginia, e providenciou tudo o que era necessário para a jovem rejeitada. Ela estava embriagada quase até ao delírio. O melhor que se poderia fazer agora era cuidar dela em silêncio, observá-la com atenção e dar-lhe afeto. Assim, num belo quarto, tendo numa parede um quadro de Cristo caminhando à beira-mar — quadro este em que seus olhos capturavam diariamente algo novo de seu significado oculto —, Loreen estava acomodada, sem saber como tinha chegado àquele porto acolhedor. Virginia se movia para perto do Mestre, mais do que nunca, à medida que seu coração se abria àquela náufraga que fora arremessada, dilacerada, aos seus pés.

Enquanto isso, o Retângulo aguardava com interesse incomum o resultado das eleições. Gray e sua esposa choraram pelas pobres criaturas que, depois de uma luta terrível contra a tentação da bebida que as cercava todo dia, frequentemente cansavam da luta e, como Loreen, deixavam-se cair rodopiando no fervente abismo de sua condição anterior.

Na Primeira Igreja, a reunião após o culto já se tornara regular. Henry Maxwell entrou na biblioteca no domingo seguinte às eleições primárias e foi saudado com tal entusiasmo que o fez estremecer, a princípio, pela sua sinceridade. Notou novamente a ausência de Jasper Chase, mas os demais ali estavam presentes, e pareciam muito unidos por um laço de comunhão que demandava e desfrutava confidências mútuas. O sentimento comum era de que o espírito de Jesus era um espírito que confessava, com abertura e franqueza, as experiências vividas. Para Edward Norman, parecia ser a coisa mais natural do mundo contar aos integrantes do grupo todos os detalhes sobre seu jornal.

— O fato é que perdi uma boa quantia durante os últimos três meses. Não consigo dizer quanto. Diariamente estou perdendo muitos assinantes.

— Quais são as alegações dos assinantes para suspender as assinaturas? — perguntou Henry Maxwell. Os demais acompanhavam com curiosidade.

— Há muitas razões diferentes. Alguns dizem que desejam um jornal que publique todas as notícias, se referindo, com isso, aos detalhes dos crimes, sensacionalismo como lutas de boxe, escândalos e fatos escabrosos de vários tipos. Outros foram contra a suspensão da edição de domingo. Perdi centenas de assinantes por causa disso, apesar de ter feito um bom acerto com muitos dos assinantes antigos, dando-lhes uma edição extra bem mais alentada aos sábados do que recebiam na antiga edição de domingos. Minha maior perda vem da queda dos anúncios e da posição que me senti obrigado a assumir diante das questões políticas. Essa última posição me custou mais do que qualquer outra. A maior parte dos meus assinantes é intensamente partidária. Posso muito bem dizer a vocês, com toda a franqueza, que, se continuar o plano que acredito sinceramente que Jesus apoiaria em relação aos temas políticos, e o tratamento deles de um ponto de vista moralista e não-partidário, o *Diário* não terá condições de pagar suas despesas operacionais, a menos que venha a depender de um único fator em Raymond.

Ele fez uma pausa, e a sala estava muito quieta. Virginia parecia prestar especial atenção. Seu rosto se iluminara com curiosidade. Era como o interesse de alguém que tem seriamente a mesma coisa que Edward Norman agora mencionaria.

— Esse fator é o elemento cristão de Raymond. Digamos que *Diário* tenha perdido enormemente com o cancelamento de pessoas que não se interessem por um jornal cristão, e de outras que simplesmente veem no jornal um fornecedor de todo tipo de matéria que as divirta e lhes interesse. Haverá um número suficiente de cristãos genuínos em Raymond que se unam para apoiar um jornal que Jesus provavelmente publicaria? Ou será que os hábitos das pessoas estão de tal forma arraigados em sua preferência pelo jornalismo padrão de modo que elas não assinariam um jornal a menos que ele seja desprovido totalmente do propósito cristão e moral? Devo também dizer, nesse grupo de comunhão, que devido às recentes complicações em meus negócios fora do jornal, perdi uma parte considerável de minha fortuna. Tive de aplicar a mesma regra da provável conduta de Jesus a certas transações com outros homens que não adotam a mesma regra à conduta deles, e o resultado tem sido um grande desfalque financeiro. Como entendo a promessa que fizemos, não devemos fazer qualquer pergunta do tipo "Vale a pena?" ou "Isso é lucrativo?", mas todas as nossas ações se baseiam na única pergunta "O que Jesus faria?". Agir de acordo com essa regra de conduta tem significado, para mim, perder quase todo o dinheiro que acumulei com meu jornal. Não é preciso entrar em particularidades. Não tenho dúvida agora, depois das três semanas de experiência que vivi, que muitos homens perderiam grandes somas de dinheiro sob o atual sistema de negócios se essa regra de Jesus fosse aplicada honestamente. Menciono aqui meus prejuízos por ter plena fé no sucesso final de um jornal diário conduzido nas linhas que tracei recentemente, e planejo aplicá-las a todos os meus recursos financeiros para obter sucesso no fim. No momento, como disse, a menos que os cristãos de Raymond, os membros da igreja e os que professam a fé em Jesus apoiem o jornal com assinaturas e anúncios, não poderei continuar a publicá-lo da forma como está.

Virginia fez uma pergunta. Ela seguira a confissão do Sr. Norman com o maior interesse.

— Você quer dizer que um jornal cristão precisa ser financiado por uma soma vultosa para se manter, como se fosse, por exemplo, uma universidade cristã?

— É exatamente o que eu quis dizer. Planejei introduzir no *Diário* uma variedade de matéria, numa forma tão atraente e interessante, que mais do que compensaria a ausência de qualquer matéria não cristã em suas páginas. Porém, esse plano exigiria um grande investimento. Estou confiante de que um jornal cristão nos moldes que Jesus aprovaria, contendo somente o que Ele publicaria, pode ser feito para obter sucesso financeiro se for planejado de acordo com as diretrizes corretas. Mas demandaria muito dinheiro fazer isso.

— Em quanto você está pensando? — perguntou Virginia tranquilamente.

Edward Norman olhou-a entusiasmado, e seu rosto corou um instante, enquanto a ideia da proposta de Virginia lhe cruzou a mente. Ele a conhecia desde menina na escola dominical, e havia mantido íntimas relações comerciais com o pai dela.

— Eu diria que meio milhão de dólares, numa cidade como Raymond, seria bem aplicado para formar um jornal como o que tenho em mente — respondeu Norman. Sua voz tremeu um pouco. O olhar entusiasmado no semblante grisalho de Edward Norman iluminou-se com uma expectativa refreada, porém totalmente cristã, das grandes realizações no mundo jornalístico, da forma que antevira nos últimos segundos.

— Então — disse Virginia, falando como se já tivesse considerado plenamente a ideia — estou pronta a investir esse valor no jornal sob a única condição, naturalmente, de que ele se mantenha na linha já começada.

— Graças a Deus! — disse Maxwell em voz baixa. Edward Norman estava pálido. Os demais olhavam para Virginia. Ela tinha mais alguma coisa a dizer.

— Queridos amigos — continuou ela, e havia em sua voz uma tristeza que causou em todos uma impressão que, quando pensaram nisso mais tarde, tornou-se mais profunda —, não quero que nenhum de vocês credite a mim um gesto de grande generosidade ou filantropia. Nos últimos dias, cheguei à compreensão de que o dinheiro que tenho considerado meu não me pertence, mas sim a Deus. Se eu, como sua administradora, vir alguma forma sábia de investir o dinheiro dele, não é motivo de vanglória nem de agradecimentos da parte de ninguém eu simplesmente ter sido honesta na administração que fiz dos fundos que Ele me pediu para usar em sua glória. Tenho pensado neste mesmo plano há um tempo. O fato, queridos irmãos, é que em nossa próxima luta contra o alcoolismo em Raymond — e ela está apenas começando —, vamos precisar do *Diário* como um ferrenho combatente do lado cristão. Todos vocês sabem que os outros jornais defendem os bares. Enquanto eles existirem, a obra de resgatar e restaurar as almas moribundas no Retângulo estará terrivelmente em desvantagem. O que o Sr. Gray pode fazer com as reuniões evangélicas quando metade dos seus convertidos é composta de pessoas que bebem, tentados e provocadas diariamente pelos bares que estão em cada esquina? Devemos ter um jornal cristão. Permitir que o *Diário* fracasse é desistir diante do inimigo. Tenho grande confiança na capacidade do Sr. Norman. Não conheço seus planos, porém, tenho a mesma confiança que ele tem em fazer o jornal ter sucesso se for rodado em uma escala grande o bastante. Não posso acreditar que a inteligência cristã no jornalismo é inferior à inteligência não cristã, mesmo no sentido de fazer o jornal se pagar financeiramente. Por isso, aqui está minha razão para investir este dinheiro — de Deus, não meu — num agente poderoso para fazer o que Jesus faria. Se pudermos manter esse jornal por um ano, ficarei desejosa de ver esse dinheiro ser usado nessa experiência. Não me agradeçam. Não considerem minha promessa algo maravilhoso. O que tenho feito com o dinheiro de Deus todos esses anos, senão satisfazer aos meus próprios desejos egoístas, físicos e pessoais? O que posso fazer com o resto dele, senão tentar compensar de alguma forma o que roubei de Deus? É assim que vejo as coisas agora. Creio que é isso que Jesus faria.

Sobre a biblioteca se moveu aquela onda invisível, mas distintamente perceptível, da presença divina. Ninguém falou por um momento. Henry Maxwell, parado em um ponto para o qual todos os olhares se fixavam, experimentou algo que nunca sentira antes — uma estranha viagem do século dezenove para o primeiro, quando os discípulos tinham tudo em comum, e um espírito de comunhão provavelmente se movia livremente entre eles, de forma que a Primeira Igreja de Raymond nunca havia experimentado. O quanto a membresia dessa igreja tinha experimentado dessa fraternidade em interesses diários antes que esse pequeno grupo começasse a fazer o que Jesus faria? Era com dificuldade que ele pensava em sua presente era e seu contexto. Esse era o pensamento de todos. Havia entre eles uma implícita camaradagem que jamais sentiram antes. Ela se manifestou enquanto Virginia falava e durante o silêncio que se seguiu. Se algum deles a tentasse definir, provavelmente as palavras seriam estas: "Se durante o cumprimento à minha promessa, eu tiver alguma perda ou problema no mundo, poderei contar com a simpatia e comunhão genuína e prática de qualquer cristão presentes nesta sala, que assumiu, como eu, o compromisso de fazer toda e qualquer coisa de acordo com a regra 'O que Jesus faria?'".

Tudo isso era comunicado pela distinta onda do poder espiritual. Ela causava o efeito que um milagre físico teria causado nos primeiros discípulos, dando-lhes o sentimento de confiança no seu Senhor, que lhes permitia enfrentar perdas e martírio com coragem e, até mesmo, alegria.

Dessa vez, antes de irem embora, houve várias confidências como a de Edward Norman. Alguns jovens disseram que perderam o emprego em razão de cumprirem honestamente a promessa. Alexander Powers falou rapidamente que a Comissão prometera agir o mais rápido possível. Ele já estava trabalhando no seu antigo posto de telégrafo. Era um fato significativo que, desde que renunciou à sua posição, nem sua esposa nem a filha apareceram em público. Ninguém senão ele sabia a amargura causada pela incompreensão que sua família tinha daquela causa maior. Mas muitos dentre os discípulos presentes à reunião carregavam fardos semelhantes. Tratava-se de problemas que não podiam ser comentados. Henry Maxwell, conhecendo as pessoas de sua igreja, tinha quase certeza de que a obediência ao compromisso provocaria, no coração das famílias, divergências e até inimizade e ódio. Verdadeiramente, "os inimigos do homem serão os de sua própria família" quando a regra de Jesus é obedecida por alguns e desobedecida por outros. Jesus é um grande fator de divisão na vida. Deve-se andar ou ao lado dele, ou passar de atravessado por seu caminho.

No entanto, mais do que qualquer outro sentimento dessa reunião, elevou-se a maré de comunhão entre eles. Henry Maxwell observava e tremia ao pensar quando ela atingisse o ponto mais alto, o qual, ele sabia, ainda não fora alcançado. Quando chegassem lá, aonde isso os levaria? Ele não sabia, mas não estava alarmado demais. Ele somente observava, com crescente admiração, os resultados daquela simples promessa, à medida que era mantida em todas aquelas vidas. Esses resultados já eram sentidos em toda a cidade. Quem poderia prever a influência que causaria até o fim do ano?

Uma forma prática dessa comunhão se mostrou nas promessas que Edward Norman recebeu em apoio ao seu jornal. Ele foi cercado pelo grupo quando a reunião terminou, e o pequeno grupo compreendeu perfeitamente a resposta ao apelo que ele fizera pedindo a ajuda dos discípulos cristãos em Raymond. O valor de um jornal como o *Diário* nos lares e em favor da boa cidadania, especialmente na crise atual em que a cidade se encontrava, não podia ser avaliado. Ainda estava por se ver o que poderia ser feito agora que o jornal recebera um investimento tão liberal. Mas era também verdade, como Edward Norman insistiu, que somente o dinheiro não daria poder a um jornal. Ele deveria receber o apoio e a simpatia dos cristãos de Raymond antes de ser considerado uma das grandes forças cristãs da cidade.

A semana que se seguiu a essa reunião de domingo foi uma das mais agitadas de Raymond. Era a semana da eleição. Donald Marsh, fiel à sua promessa, tomou sua cruz e carregou-a virilmente, mas não sem estremecimento, gemidos e até lágrimas, pois suas convicções mais profundas foram atingidas, e ele se retirou da reclusão acadêmica em que vivia por muitos anos, sentindo uma dor e uma angústia que lhe custaram mais do que qualquer outra coisa que já fizera como seguidor de Cristo. Estavam com ele uns poucos professores da faculdade que também fizeram a promessa na Primeira Igreja. A experiência e os sofrimentos deles eram como os do diretor; seu afastamento dos deveres como cidadãos tinha sido igual ao dele. O mesmo era verdade quanto a Henry Maxwell, que mergulhou no horror da luta contra o álcool e seus aliados, com um pavor doentio do encontro diário com ela. Pois ele nunca carregado uma cruz tão pesada. Ele vacilava sob esse peso, e nos rápidos intervalos em que voltava do trabalho e buscava a tranquilidade do seu escritório para descansar, o suor lhe descia pela testa, e ele sentia o real terror de quem marcha na direção de horrores inéditos e desconhecidos. Mais tarde, ao olhar para trás, ele ficava maravilhado com sua experiência. Ele não era covarde; mas sentia o calafrio que qualquer homem com seus hábitos sentiria se fosse confrontado repentinamente com um dever que traz consigo a necessidade de fazer coisas tão desconhecidas que seus detalhes revelam sua ignorância e o enchem com a vergonha da humilhação.

    Quando chegou o sábado, o dia da eleição, a agitação atingiu o ápice. Fez-se uma tentativa de fechar todos os bares. O sucesso foi apenas parcial. Bebeu-se muito durante todo o dia. O Retângulo fervia, inchava, blasfemava e exibia seu pior lado para os olhos da cidade. Gray havia continuado suas reuniões durante a semana, e os resultados foram maiores do que ele se atreveu a esperar. Quando chegou o sábado, ele sentiu que alcançara o ponto crítico em seu trabalho. O Espírito Santo e Satanás do álcool pareciam se levantar para um conflito desesperado. Quanto maior o interesse nas reuniões, maior era a ferocidade e a vileza do lado de fora. Os donos dos bares não escondiam mais seus sentimentos. Faziam-se ameaças abertas de violência. Uma vez, durante a semana, Gray e seu pequeno grupo de ajudantes foram atacados com objetos de vários tipos ao saírem da tenda tarde da noite. A polícia enviou uma força especial, e Virginia e Rachel estavam sempre sob a proteção de Rollin ou do Dr. West. O poder do canto de Rachel não havia diminuído. Antes, a cada noite, parecia aumentar em intensidade e realidade a presença do Espírito.

    Gray tinha, em princípio, hesitado em realizar uma reunião naquela noite. Mas ele tinha uma simples regra de ação, pela qual sempre se guiava. O Espírito parecia guiá-lo no sentido de continuar a reunião, e assim a noite de sábado correu como de costume.

    A agitação na cidade atingiu seu apogeu quando os locais de votação se fecharam às dezoito horas. Nunca houvera antes uma disputa assim em Raymond. O tópico das licenças jamais fora uma questão em circunstâncias como essas. Tais elementos, de modo algum, se alinharam um contra o outro antes. Tampouco se ouvira dizer que o diretor da Faculdade Lincoln, o pastor da Primeira Igreja, o deão da Catedral, os profissionais liberais que viviam em suas ricas casas na alameda, compareceram pessoalmente aos postos de votação e, por sua presença e seu exemplo, representavam a consciência cristã da cidade. Os políticos tradicionais se abismavam com o que viam. Mas esse espanto não os impediu de agir. A luta se acalorava a cada hora; quando bateram as dezoito horas, nenhum dos lados foi fora capaz de dar qualquer certeza quanto ao resultado. Todos concordaram que nunca houvera uma eleição como aquela em Raymond, e ambos os lados esperavam a proclamação do resultado com o maior interesse.

A reunião da tenda encerrou-se depois das vinte e duas horas. Em vários aspectos, foi uma reunião estranha e extraordinária. Henry Maxwell esteve lá novamente a pedido de Gray. Ele estava completamente exaurido em virtude dos trabalhos do dia, mas o apelo de Gray veio a ele de tal forma que não pôde resistir. Donald Marsh também estava presente. Ele nunca havia estado no Retângulo, e seu interesse foi motivado pelo que notara da influência do evangelista sobre a pior parte da cidade. O Dr. West e Rollin chegaram com Rachel e Virginia; e Loreen, que continuava hospedada na casa de Virginia, estava presente junto ao órgão, perfeitamente ajuizada, sóbria, com humildade e receio de si mesma que a mantiveram perto de Virginia como um cão fiel. Durante todo o culto, Loreen permaneceu sentada, cabisbaixa, chorando parte do tempo, soluçando quando Rachel cantou "Eu era uma ovelha desgarrada", agarrando-se com anseio quase visível, tangível, à única esperança que tinha encontrado, ouvindo as orações e os apelos e as confissões ao redor de si como alguém que era parte de uma nova criação, mas ainda temerosa de seu direito de plenamente tomar parte dela.

A tenda esteve completamente cheia. Numa ou noutra ocasião, houve alguma perturbação lá fora. O alvoroço cresceu à medida que a noite avançava, e Gray achou prudente não prolongar o culto. De momento a momento, um ruído como de uma grande multidão adentrava a tenda. Os resultados das eleições começavam a chegar, e o Retângulo esvaziara cada pensão, espelunca e barraco, indo para as ruas.

A despeito das distrações, o canto de Rachel impedia a multidão da tenda de debandar. Houve doze ou mais conversões. Finalmente o povo ficou irrequieto e Gray encerrou o trabalho, permanecendo um tempo com os convertidos.

Rachel, Virginia, Loreen, Rollin e o doutor, o diretor Marsh e Maxwell saíram juntos, com a intenção de se dirigirem diretamente aonde costumavam tomar o bonde. Ao saírem da tenda, perceberam de pronto que o Retângulo estava a ponto de cair em uma briga de bêbados, e enquanto abriam caminho no meio à multidão naquelas ruas estreitas, começaram a notar que eram, eles mesmos, objetos de grande atenção.

— Ali está ele, o sujeito de chapéu alto! Ele é o líder! — gritou uma voz rouca. O diretor Marsh, com sua figura altiva, imponente, se destacava no pequeno grupo.

— Como foram as eleições? Ainda é cedo para saber o resultado, não é mesmo? — ele perguntou em voz alta e um homem respondeu.

— Dizem que o segundo e o terceiro distritos votaram quase em peso pelo fim das licenças. Se for verdade, os homens do whisky foram derrotados.

— Graças a Deus! Tomara que seja verdade! — exclamou Henry Maxwell. — Marsh, estamos em perigo aqui. Você percebe nossa situação? É preciso levar as moças a um lugar seguro.

— É verdade — disse Marsh preocupado. Naquele momento, uma chuva de pedras e outros objetos caiu sobre eles. A rua e a calçada estreitas em frente a eles estavam totalmente cobertas dos piores elementos do Retângulo.

— Isso é muito sério — disse Maxwell. Com Marsh, Rollin e o Dr. West, ele avançou abrindo caminho no meio da turba, Virginia, Rachel e Loreen seguindo de perto, escoltadas pelos homens, que agora repararam no perigo que corriam. O Retângulo estava embriagado e revoltado. Ele via em Donald Marsh e Henry Maxwell dois dos líderes na disputa eleitoral, os quais provavelmente lhe haviam roubado seus amados bares.

— Abaixo os aristocratas! — gritou uma voz fina, que era mais de mulher do que de homem.

Seguiu-se uma chuva de lama e pedras. Rachel lembrou-se mais tarde que Rollin saltou à frente dela e recebeu na cabeça e no peito alguns golpes que certamente a teriam atingido se ele não tivesse se colocado como escudo.

E precisamente então, antes que a polícia os alcançasse, Loreen saltou sobre Virginia e a empurrou para o lado, olhando para cima e gritando. Foi tão repentino que ninguém teve tempo de ver o rosto de quem fizera aquilo. Mas da janela de um cômodo no segundo andar daquele mesmo bar de onde Loreen saíra uma semana antes, alguém havia jogado uma pesada garrafa. Virginia se virou e no mesmo instante se ajoelhou ao lado dela. Os policiais, àquela altura, haviam alcançado o pequeno grupo.

Donald Marsh levantou o braço e gritou por cima dos urros que se elevavam daquela horda selvagem.

— Parem! Vocês mataram uma mulher!

A notícia parcialmente trouxe lucidez à multidão.

— É verdade? — perguntou Henry Maxwell, enquanto o Dr. West se ajoelhava do outro lado de Loreen, amparando-a.

— Ela está morrendo! — disse o Dr. West brevemente.

Loreen abriu os olhos e sorriu para Virginia. Virgina limpou o sangue do rosto dela e se curvou para beijá-la. Loreen sorriu novamente e, no minuto seguinte, sua alma entrou no Paraíso.

Entretanto, essa é apenas uma mulher dentre os milhares mortos pelo demônio do álcool. Afastem-se agora, ó homens e mulheres pecadores dessa rua imunda! Deixem que essa forma, augusta e morta, seja carregada por entre suas fileiras entorpecidas, agora sóbrias. Ela era uma de suas próprias filhas. O Retângulo estampo nela o sinal da besta. Graças a Ele que morreu pelos pecadores que a outra imagem de uma nova alma agora brilha fora do pálido barro de Loreen. Afastem-se! Abram espaço! Deixem-na passar reverentemente, seguida e rodeada pelo grupo aterrorizado e choroso de cristãos. Vocês a mataram, vocês, bêbados assassinos! E ainda assim, ainda assim, ó Estados Unidos cristão, quem matou essa mulher? Afastem-se! Silêncio! Uma mulher foi assassinada. Quem? Loreen. Filhas das ruas. Pobre bêbada, vil pecadora! Ó Senhor Deus, até quando? Sim. A bebida a matou. Isto é, os eleitores nos Estados Unidos cristão que permitem o álcool. E somente o Dia do Juízo revelará quem foi o assassino de Loreen.

CAPÍTULO VII

Quem me seguir jamais andará em trevas.

JOÃO 8:12

O corpo de Loreen jazia na mansão dos Page, na avenida. Era domingo de manhã, e o ar fresco e adocicado, que começava a soprar sobre a cidade o perfume das flores que se abriam nos bosques e nos campos, passou sobre o caixão, vindo das janelas abertas no fundo da grande sala de estar. Os sinos da igreja badalavam, e as pessoas que passavam pela avenida para irem ao culto dirigiam olhares curiosos e inquiridores para a grande casa, e prosseguiam falando sobre os acontecimentos recentes que, de modo estranho, fizeram a história da cidade.

Na Primeira Igreja, Henry Maxwell, trazendo no rosto as marcas do episódio em que estivera na véspera, encarava uma enorme congregação, e falou a ela com tal paixão e tal poder, provenientes das profundas experiências do dia anterior, que seu público sentiu por ele algo daquela antiga sensação de orgulho que uma vez tivera por seu dramático pregador. Sua atitude, porém, não era a mesma. E em todo o seu apaixonado apelo nesta manhã havia um tom de tristeza e reprovação e severa condenação que fez muitos dos membros empalidecerem com autoacusações ou indignações internas.

Pois Raymond despertara naquela manhã para o fato de que a cidade escolhera licenciar o álcool no fim das contas. O rumor no Retângulo de que segundo e o terceiro distritos votaram contra as licenças era falso. É verdade que a vitória foi apertada. Mas o resultado era o mesmo que teria se a vitória fosse esmagadora. Raymond havia votado por mais um ano de bares. Os cristãos de Raymond foram condenados pelo resultado. Mais de cem cristãos, discípulos professos, deixaram de comparecer aos postos de votação, e um número maior que este votou a favor dos homens do álcool. Se todos os membros das igrejas de Raymond tivessem votado contra o álcool, hoje este seria um fora da lei, ao invés de ser o rei coroado da municipalidade. Pois essa era a realidade em Raymond havia anos. Os bares comandavam. Ninguém negava isso. O que Jesus faria? E a mulher que fora brutalmente abatida pela mesma mão que a ajudara avidamente a construir sua ruína terrestre? Que dizer dela? Não era apenas a consequência lógica de todo o terrível sistema de licença que dava por mais um ano o direito de abrir as portas ao bar que a recebera com tanta frequência e tramou sua degradação — o próprio lugar de onde foi atirada a arma que a matou. Esse mesmo sistema dava a esse bar, pela lei que o povo cristão de Raymond apoiou com seus votos, o direito de talvez amanhã, condenar à destruição terrena e eterna centenas de Loreens, antes que o ano chegasse ao seu sangrento fim?

Tudo isso, dito com uma voz que reverberava e tremia e se quebrava em soluços angustiosos causados pelo resultado, Henry Maxwell despejou sobre sua congregação naquela manhã de domingo. E homens e mulheres choravam enquanto ele falava. Donald Marsh, sentava-se ali, esquecido de sua habitual postura imperturbável, elegante, altiva, magnífica e autoconfiante; a cabeça enterrada ao peito; as grossas lágrimas rolando pelo rosto, inconsciente do fato de que, nunca antes, ele havia exibido suas emoções tão ostensivamente em um culto público. Perto dele, Edward Norman sentava-se com o rosto barbeado e intenso voltado para a frente, mas os lábios tremiam e ele se agarrava ao encosto do banco da frente com um sentimento que atingia com força sua compreensão da verdade, enquanto Maxwell a falava. Ao longo da última semana, nenhum homem cedera tanto nem sofrera tanto para influenciar a opinião pública como Norman. O pensamento de que a consciência cristã fora despertada tarde demais ou fracamente caía com o peso de uma acusação sobre o coração do editor. E se ele tivesse começado a agir como Jesus muito tempo antes? Quem poderia dizer o quanto se teria alcançado até este momento? E no coro, Rachel Winslow, com o rosto apoiado no parapeito de carvalho, aceitava um sentimento que ela ainda não permitira lhe dominar; mas este a tornava tão inadequada para o seu papel que, quando Henry Maxwell concluiu e ela tentou cantar o solo final após a oração, sua voz embargou e, pela primeira vez na vida, ela se viu obrigada a se sentar chorando e incapaz de prosseguir.

Na igreja, em meio ao silêncio que seguiu essa cena, os soluços e o som de choro aumentaram. Quando antes a Primeira Igreja havia cedido a tal batismo de lágrimas? Onde estava sua liturgia habitual, precisa, formal, convencional, jamais perturbada por qualquer emoção vulgar, jamais sensibilizada por exacerbações descontroladas? Mas as convicções mais íntimas do povo vinham sendo tocadas ultimamente. Viviam, havia tanto tempo, em seus sentimentos superficiais que quase se esqueceram das fontes profundas da vida. Agora que a superfície foi agitada, eles entendiam melhor o sentido de seu discipulado.

Henry Maxwell não convidou, nessa manhã, voluntários para se juntarem ao grupo que já havia prometido fazer o que

Jesus faria. Mas quando a congregação finalmente se foi, e ele entrou na biblioteca, um único relance de olhos bastava para lhe mostrar que o grupo original de seguidores havia crescido consideravelmente. A reunião foi sensível, ela brilhava com a presença do Espírito, estava avivada com uma determinação forte e definitiva de deflagrar uma guerra contra o poder do álcool em Raymond que destruiria seu reinado. Desde o primeiro domingo, quando o primeiro grupo de voluntários se comprometeu a agir como Jesus, as diferentes reuniões vinham sendo caracterizadas por diferentes impulsos e impressões. Hoje, todo o grupo parecia dirigido para esse único e grande propósito. Foi uma reunião cheia de orações quebrantadas, de contrições, confissões de um forte desejo por uma vida nova e melhor para a cidade. E o tempo todo corria um clamor uníssono pela libertação das garras do álcool e de suas terríveis consequências.

Mas se a Primeira Igreja estava profundamente agitada em razão dos acontecimentos da última semana, o Retângulo também se sentia estranhamente abalado do seu jeito. A morte de Loreen não era, em si mesma, um fato preponderante. Era a sua ligação recente com as pessoas da cidade que a deram proeminência e cercaram sua morte com uma importância extraordinária. Todos no Retângulo sabiam que Loreen, naquele momento, jazia na mansão dos Page, na avenida. Relatos exagerados da magnificência do caixão já lhes proporcionava matéria para fofocas ávidas. O Retângulo estava curioso para saber os detalhes do funeral. Seria público? O que a Srta. Page pretendia fazer? O Retângulo nunca tivera relações, ainda que distantes, com a aristocracia da alameda. As oportunidades para criar laços não eram frequentes. Gray e sua esposa foram cercados por curiosos, querendo saber o que os amigos e conhecidos de Loreen fariam para lhe prestar suas últimas homenagens.

Ela tinha muitos conhecidos, e muitos dos convertidos eram seus amigos.

Foi assim que, na segunda-feira à tarde, na tenda, realizou-se o culto fúnebre de Loreen diante de uma numerosa audiência que lotou a tenda e se derramou fora da tenda, ultrapassando todo o público que já esteve lá. Gray fora à casa de Virginia e, depois de discutir o assunto com ela e com Henry Maxwell, os preparativos foram feitos.

— Fui sempre contrário a grandes enterros públicos — disse Gray, cuja simplicidade de caráter era uma de suas maiores forças —, mas o pedido das pobres criaturas que conheciam Loreen é tão insistente que não sei como negar o desejo deles de vê-la e prestar ao seu pobre corpo alguma honra. O que você acha, Rev. Maxwell? Vou seguir sua opinião nesse assunto. Estou certo de que qualquer coisa que você e a Srta. Page julgarem melhor será o certo a fazer.

— Penso do mesmo modo — respondeu o Rev. Maxwell. — Na maioria das circunstâncias, sinto grande desgosto pelo que parece ser uma exibição. Mas agora parece diferente. O povo do Retângulo não viria aqui para um culto. Creio que a atitude mais cristã é deixá-los ter o culto na tenda. Você concorda, Virginia?

— Sim — disse Virginia entristecida. — Pobre alma. Só sei que ela deu sua vida pela minha! Certamente não podermos e não iremos usar a ocasião para fazer uma exibição vulgar. Vamos permitir que os amigos dela tenham seus desejos atendidos. Não vejo mal nenhum nisso.

Assim, foram tomadas as providências, com alguma dificuldade, para que o culto se realizasse na tenda; e Virginia com seu tio e Rollin, acompanhados por Henry Maxwell, Rachel e o diretor Marsh, além do quarteto da Primeira Igreja, foram lá e testemunharam uma das cenas mais singulares de suas vidas.

Aconteceu de, naquela tarde, um correspondente de um jornal famoso estar passando por Raymond a caminho de uma convenção de editores em uma cidade vizinha. Ele ouviu falar do importante enterro na tenda e compareceu lá naquela tarde. A narrativa que fez do evento foi escrita em estilo descritivo que chamou a atenção de muitos leitores no dia seguinte. Um fragmento de sua narrativa pertence a essa parte da história de Raymond.

Realizou-se um culto fúnebre muito singular e incomum, nesta tarde, na tenda de um evangelista, Rev. John Gray, num bairro de favelas conhecido como "Retângulo". A ocasião foi causada pelo assassinato de uma mulher durante um conflito eleitoral no último sábado. Ao que consta, ela havia de convertido recentemente durante as reuniões do evangelista e foi assassinada quando retornava de uma das reuniões em companhia de outros convertidos e de algumas amigas. Ela era uma clássica bêbada da rua, mas apesar disso, o culto realizado na tenda foi tão impressionantes quanto qualquer um que testemunhei nas catedrais metropolitanas em honra dos cidadãos mais ilustres.

Em primeiro lugar, um hino dos mais admiráveis estava sendo entoado por um coro bem ensaiado. Claro, por ser um estranho no lugar, fiquei profundamente espantado em ouvir, em uma reunião como esta, vozes semelhantes às que se esperaria ouvir nas grandes igrejas ou salas de concerto. A parte mais memorável da música foi um solo apresentado por uma jovem belíssima, uma certa Srta. Winslow, que, se bem me lembro, é a jovem cantora convidada por Crandal, dirigente da "Ópera Nacional", e que, por alguma razão, recusou a proposta para se apresentar no palco. Ela tem um modo de cantar realmente admirável, e todos choravam antes de ela ter cantado uma dúzia de palavras. Na realidade, esse não é um efeito tão estranho em um funeral, mas a voz, em si, era uma raridade. Soube que a Srta. Winslow canta na Primeira Igreja, e poderia exigir qualquer salário como cantora profissional. Provavelmente, logo ouviremos falar dela. Uma voz como essa ganhará reputação aonde quer que vá.

Afora a música, o culto foi notável. O evangelista de um estilo aparentemente muito simples e modesto pronunciou algumas palavras e foi seguido por um senhor de boa aparência, o Rev. Henry Maxwell, pastor da Primeira Igreja de Raymond. O Rev. Maxwell falou do fato de que a falecida estava preparada para morrer, mas ele falou, de modo especialmente sensível, sobre os efeitos da indústria do álcool na vida de homens e mulheres como aquela. Sendo uma cidade ferroviária e centro dos grandes serviços de fretes da região, Raymond é cheia de bares. Percebi, pelas palavras do ministro, que ele foi apenas recentemente que ele mudara sua opinião a respeito da licença para esses bares. Ele fez afirmações muito contundentes, e ainda assim, de forma alguma, elas foram inapropriadas para um funeral.

O que aconteceu a seguir foi talvez a parte mais inesperada desse culto estranho. As mulheres presentes na tenda, ou pelo menos boa parte delas, junto ao caixão, começaram a cantar, com uma voz lamentosa, o hino "Fui uma ovelha desgarrada".

Em seguida, enquanto prosseguia o cântico, uma fila de mulheres se levantou e passou lentamente pelo caixão, e enquanto caminhavam, cada uma delas colocava uma flor sobre ele. Depois, se sentaram, e outra fileira passou, deixando suas flores. Durante todo o tempo, o cântico continuou, suave como chuva sobre uma tenda quando sopra um vento gentil. Foi uma das cenas mais singelas, porém mais tocantes que já testemunhei. As laterais da tenda estavam erguidas, e centenas de pessoas que não conseguiram entrar estavam em pé do lado de fora, todas silenciosas como a morte, e havia admirável tristeza e solenidade entre essas pessoas de aparência rude. Havia centenas dessas mulheres, e fui informado de que muitas delas tinham se convertido recentemente nas reuniões. Faltam-me palavras para descrever o efeito daquele cântico. Nenhum homem cantou. Ouviam-se somente vozes femininas, tão suaves e ao mesmo tempo tão nítidas que o efeito era comovente.

A cerimônia se encerrou com outro solo da Srta. Winslow, que cantou "Havia noventa e nove". Então o evangelista pediu a todos que baixassem a cabeça enquanto ele orava. Para não perder meu trem, fui obrigado a deixar a tenda durante a oração, e a última coisa que vi, enquanto o trem passava pelos galpões, foi uma grande multidão saindo da tenda e abrindo um corredor, enquanto o caixão era conduzido por seis mulheres. Há muito tempo não via semelhante quadro em nossa República tão desprovida de poesia.

Se o funeral de Loreen impressionou um estranho como este, que passava por ali, não é difícil imaginar as emoções profundas daqueles que estiveram ligados intimamente à sua vida e à sua morte. Nada entrara no Retângulo até então que o movera tão profundamente quanto o corpo de Loreen naquele caixão. E o Espírito Santo pareceu abençoar com poder especial o uso daquele corpo inerte. Pois naquela mesma noite, na reunião, Ele atraiu dezenas de almas perdidas, a maioria de mulheres, para o aprisco do Bom Pastor.

Deve-se dizer aqui que as afirmações de Henry Maxwell em relação à reabertura do bar relacionado à morte de Loreen se provaram verdadeiras. O estabelecimento ficou formalmente fechado pela segunda e terça-feira, enquanto as autoridades detiveram o proprietário, acusado de assassinato. Mas nada pôde ser provado contra ninguém, e antes do sábado daquela mesma semana, o bar estava funcionando normalmente como sempre esteve. Ninguém nunca foi punido, nos tribunais terrenos, pelo assassinato de Loreen.

Nenhuma pessoa em toda Raymond, inclusive no Retângulo, sentiu mais agudamente a morte de Loreen do que Virginia. Para ela era como uma perda pessoal. Aquela breve semana em que Loreen esteve em sua casa abriu o coração de Virginia para uma nova vida. Ela falava disso com Rachel um dia depois do funeral. Ambas estavam sentadas na sala de estar da mansão dos Page.

— Vou fazer alguma coisa com meu dinheiro para ajudar aquelas mulheres a ter uma vida melhor. — Virginia olhou para o fundo da sala de estar, onde, no dia anterior, estivera o corpo de Loreen. — Tracei um plano que me parece bom. Já conversei sobre ele com Rollin. Ele também vai direcionar uma boa parte do dinheiro dele para o mesmo plano.

— Virginia, quanto dinheiro você tem para investir dessa forma? — perguntou Rachel. Ela nunca teria feito semelhante pergunta de caráter pessoal. Agora, parecia tão natural falar francamente sobre dinheiro quanto sobre qualquer assunto que pertencesse a Deus.

— Posso dispor atualmente de pelo menos 450 mil dólares. Rollin tem muito mais. Um dos maiores arrependimentos que ele tem hoje é o de ter dissipado, por causa de seus hábitos extravagantes antes de sua conversão, metade da fortuna que o pai lhe deixou. Nós dois estamos ansiosos para fazer os reparos que estiverem ao nosso alcance. "O que Jesus faria com esse dinheiro?" Queremos responder essa pergunta de forma sincera e sábia. Estou confiante de que o dinheiro que devo investir no *Diário* está de acordo com a vontade de Deus. É necessário ter um jornal cristão em Raymond – especialmente agora que devemos enfrentar a influência dos bares –, assim como é importante ter uma igreja ou uma faculdade cristã. Então, estou satisfeita de que os quinhentos mil dólares, os quais o Sr. Norman saberá usar tão bem, serão um poderoso fator de influência em Raymond para fazer o que Jesus faria.

— Com respeito ao outro plano, Rachel, desejo que você trabalhe comigo. Rollin e eu vamos adquirir uma boa propriedade no Retângulo. A área em que a tenda está atualmente se encontra em litígio há muitos anos. Temos intenção de ficar com todo o terreno logo que os tribunais decidirem a questão. Faz algum tempo que venho estudando as diferentes possibilidades de colônias sociais[1] e de métodos de trabalho cristão, individual ou institucional, *in loco*, bem no centro dos bairros carentes das grandes cidades. Não sei se já posso dizer qual seria o tipo de trabalho mais sábio e eficaz que pode ser feito em Raymond. Mas é isto o que sei: meu dinheiro – quero dizer, o dinheiro que Deus deseja que eu use – pode construir hospedarias inteiras, abrigos para mulheres pobres, alojamentos para garçonetes e atendentes, segurança para muitas e muitas garotas perdidas como Loreen. Mas não quero ser simplesmente uma despenseira desse dinheiro. Que Deus me ajude! Quero me colocar nos problemas. Mas você sabe, Rachel, tenho o tempo todo a sensação de que tudo o que esse dinheiro ilimitado e esses sacrifícios pessoais ilimitados podem fazer, na realidade, não irão amenizar muito a terrível condição no Retângulo enquanto os bares estiverem estabelecidos lá legalmente. Penso que isso é verdade para qualquer trabalho cristão sendo realizado hoje em qualquer grande cidade. Os bares fornecem problemas mais rapidamente do que as colônias ou abrigos ou missões de resgate podem solucionar.

Virginia se levantou de repente e começou a caminhar pela sala. Rachel respondeu com desalento, mas com um tom de esperança na voz.

— Tudo isso é verdade. Mas, ah, Virginia, quanta alegria e poder maravilhosos podem vir desse dinheiro! E os bares não podem permanecer sempre aqui. Virá o tempo em que as forças cristãs da cidade triunfarão.

Virginia parou perto de Rachel, e seu rosto pálido e preocupado se iluminou.

— Eu também acredito nisso. O número dos que têm prometido fazer o que Jesus faria está aumentando. Se tivermos, digamos, quinhentos desses discípulos em Raymond, os bares estão condenados. Mas agora, querida, quero que você veja sua parte nesse plano de capturar e salvar o Retângulo. Sua voz é um grande poder. Tenho tido muitas ideias ultimamente. Uma delas é a seguinte: você poderia organizar, entre as moças, um instituto musical. Dê a esses o benefício de serem ensinadas por você. Ali há vozes esplêndidas em estado bruto. Alguém já ouviu algo semelhante àquele cântico que ouvimos ontem com aquelas mulheres? Rachel, que bela oportunidade! Você terá o melhor em órgãos e orquestras que o dinheiro pode prover, e o que a música não é capaz de fazer para ganhar almas para uma vida mais alta, melhor e mais pura?

Antes que Virginia parasse de falar, o rosto de Rachel parecia transfigurado ante a perspectiva do trabalho de sua vida. A ideia fluiu em seu coração e sua mente como uma enxurrada, e a torrente de suas emoções transbordou em lágrimas que não podiam ser contidas. Era exatamente o que ela sonhava fazer. Representava algo que ela sentia estar de acordo como uso correto de seu próprio talento.

— Sim — disse ela, levantando-se e envolvendo Virginia com seus braços, e as duas garotas, na animação de seu entusiasmo, caminhavam pela sala. — Sim, ficarei feliz em dedicar minha vida a esse tipo de serviço. Creio que Jesus gostaria que eu usasse a minha vida dessa forma. Virginia, que milagres não se realizariam entre os desfavorecidos se tivéssemos uma alavanca tão poderosa para mover as coisas quanto um dinheiro consagrado!

— Acrescente a isso o entusiasmo pessoal consagrado, como o seu, e é certo que realizaremos grandes coisas — disse Virginia, sorrindo. E então, antes que Rachel pudesse responder, Rollin entrou.

Ele se mostrou hesitante, e fez menção de passar da sala para a biblioteca quando Virginia o chamou e lhe fez algumas perguntas relativas ao seu projeto.

Rollin voltou e se sentou, e juntos os três discutiram seus planos futuros. Rollin parecia estar inteiramente à vontade na presença de Rachel enquanto Virginia estava com eles. Apenas seu trato com ela não era frio, mas sucinto. O passado parecia completamente absorvido pela sua maravilhosa conversão. Ele evidentemente não o esquecera, mas parecia totalmente envolvido, no momento, pelos propósitos de sua nova vida.

Pouco depois, alguém chamou Rollin, e Rachel e Virginia começaram a falar de outras coisas.

— A propósito, o que aconteceu com Jasper Chase? — perguntou Virginia inocentemente, mas Rachel corou e Virginia acrescentou com um sorriso: — Suponho que está escrevendo outro livro. Será que ele vai colocar você nesse novo livro, Rachel? Sabe, sempre desconfiei que ele fez exatamente isso na primeira história.

— Virginia — disse Rachel com a franqueza que sempre existiu entre as duas amigas —, Jasper Chase me disse outra noite que ele... na verdade, ele me pediu em casamento... ou teria pedido, se...

Rachel parou e se sentou com as mãos fechadas no colo e seus olhos verteram lágrimas.

— Virginia, eu acreditava há algum tempo que eu o amava como ele disse que me ama. Mas quando ele falou, meu coração se repeliu e lhe respondi o que eu deveria dizer. Eu lhe disse não. Desde então, nunca mais o vi. Foi naquela noite das primeiras conversões no Retângulo.

— Fico feliz por você — disse Virginia calmamente.

— Por quê? — perguntou Rachel um tanto espantada.

— Porque nunca gostei realmente de Jasper Chase. Ele é muito frio e não gosto de julgá-lo, mas sempre desconfiei de sua sinceridade em assumir o compromisso conosco na igreja com os demais.

Rachel olhou pensativa para Virginia.

— Na verdade, jamais lhe dei meu coração, estou certa disso. Ele mexeu com minhas emoções e eu admirava seu talento como escritor. Às vezes, pensava muito nele. Imagino que, talvez, se ele tivesse falado comigo em qualquer outra circunstância, e não na que ele escolheu, eu poderia facilmente me convencer de que o amava. Mas agora não.

De novo Rachel parou repentinamente, e quando ergueu os olhos para Virginia, havia lágrimas em seu rosto. Virginia foi até ela e a abraçou carinhosamente.

Quando Rachel deixou a casa, Virginia se sentou na sala de estar, pensando na confidência que a amiga acabara de fazer. Havia ainda alguma coisa a ser dita, Virginia tinha certeza, por causa do jeito de Rachel, mas não ficou magoada por Rachel omitir algo. Ela apenas estava consciente de que havia mais na mente de Raquel do que ela lhe havia revelado.

Rollin entrou em seguida, e de braços dados com Virginia, andavam pela longa sala de estar, como começaram a fazer recentemente.

Foi fácil que a caminhada deles chegasse, por fim, em Rachel, dado o lugar que ela ocuparia nos planos que estavam sendo delineados para a compra da propriedade no Retângulo.

— Você já conheceu uma garota realmente dotada de poder para cantar, disposta a dar a sua vida para as pessoas, como Rachel? Ela vai dar aulas de música na cidade, ter alunos particulares para ter sua renda, e então vai beneficiar as pessoas do Retângulo com sua cultura e sua voz.

— Sem dúvida, é um belo exemplo de abnegação — replicou Rollin, um tanto contida.

Virginia olhou-o astutamente.

— Mas você não acha que é um exemplo admirável? Poderia você imaginar... — e aqui, Virginia citou vários nomes de cantoras de ópera famosas — fazendo alguma coisa desse tipo?

— Não, não poderia — Rollin respondeu brevemente. — Tampouco posso imaginar a Srta. — e citou o nome da jovem da sombrinha de seda vermelha que pedira a Virginia para levar as garotas ao Retângulo — fazendo o que você vem fazendo, Virginia.

— Não mais do que posso imaginar o Sr. — Virginia falou o nome de um jovem líder da sociedade — indo aos clubes e fazendo o seu trabalho, Rollin.

Os dois caminharam em silêncio por toda a extensão da sala.

— Voltando a Rachel — continuou Virginia. —Rollin, por que você a trata dessa maneira distante, sucinta? Acho, Rollin, me perdoe se o estou magoando, que ela está chateada com isso. vocês costumavam se dar bem. Não acho que Rachel tenha gostado dessa mudança.

Rollin parou de repente. Parecia profundamente agitado. Recolheu o braço que dava à Virginia e caminhou até o fim da sala. Então voltou para junto dela, com as mãos para trás e falou.

— Você não descobriu meu segredo, Virginia?

Virginia olhava estupefata, então seu rosto se coloriu de forma incomum, mostrando que ela havia entendido.

— Nunca amei outra pessoa a não ser Rachel Winslow — agora Rollin falava calmo o bastante. — Aquele dia que ela esteve aqui, quando vocês falaram de ela ter recusado o convite da companhia de concertos, pedi que ela fosse minha esposa. No meio da avenida. Ela me recusou, como eu sabia que faria. E ela me disse que a razão era porque eu não tinha propósito na vida, o que era verdade. Agora que tenho um propósito, agora que sou um novo homem, você não percebe, Virginia, como é impossível que eu diga alguma coisa? Devo minha conversão ao canto de Rachel. No entanto, naquela noite, enquanto ela cantava, posso afirmar com toda a sinceridade que nunca pensei na voz dela a não ser como a mensagem de Deus. Acredito que todo o amor que eu sentia pessoalmente por ela, naquele momento, se tornou um amor pessoal por Deus e por meu Salvador. — Rollin ficou em silêncio, depois voltou a falar com mais emoção. — Eu ainda estou apaixonado por ela, Virginia. Mas não acho que ela jamais me amará.

Ele parou e olhou para sua irmã, com um sorriso triste.

— Não sei quanto a isso — disse Virginia para si mesma. Ela notava o belo rosto de Rollin, quase livre dos vestígios daquela vida dissoluta, os seus lábios firmes mostrando virilidade e coragem, os olhos límpidos olhando-a com franqueza, sua forma forte e graciosa. Rollin era agora um homem agora. Por que Rachel não poderia amá-lo no momento? É certo que os dois eram feitos um para o outro, especialmente agora que o propósito na vida de ambos era movido pelas mesma fonte cristã.

Ela disse algo assim para Rollin, mas ele não ficou muito consolado. Quando terminaram a conversa, ela tinha a impressão de que Rollin pretendia continuar o trabalho que escolhera, alcançando homens elegantes nos clubes, e sem evitar Rachel, não procuraria ocasiões para encontrá-la. Ele não confiava em seu poder de controlar seus sentimentos. E Virginia podia ver que ele temia até mesmo pensar em uma segunda rejeição, caso deixasse Rachel saber que seu amor por ela continuava o mesmo.

No dia seguinte, ela foi à redação do *Diário* para ver Edward Norman e acertar os detalhes de sua participação no jornal em sua nova configuração. Henry Maxwell esteve presente na reunião, e os três concordaram que, o que quer que Jesus fizesse detalhadamente como editor de um jornal diário, Ele seria guiado pelos mesmos princípios gerais que direcionaram sua conduta como Salvador do mundo.

— Procurei colocar por escrito, de forma concreta, algumas das coisas que me parecem ser o que Jesus faria — disse Edward Norman. Ele leu uma folha que estava em cima de sua mesa, e Henry Maxwell se recordou mais uma vez de sua própria tentativa de colocar por escrito o que concebia como as prováveis ações de Jesus, e também da tentativa de Milton Wright em seus negócios.

— Chamei isso de "O que Jesus faria como Edward Norman, diretor de um jornal diário em Raymond?".

1. Ele nunca permitiria em seu jornal uma frase ou ilustração que fosse considerada ruim, grosseira ou impura, em qualquer sentido.
2. Ele provavelmente conduziria o conteúdo político do jornal a partir da perspectiva do patriotismo apartidário,

considerando sempre todas as questões políticas à luz da relação delas com o bem comum, observando o princípio de "O que é correto?", e jamais do princípio de "O que é de acordo com o interesse desse ou daquele partido?". Em outras palavras, Ele trataria todas as questões políticas do ponto de vista do progresso do Reino de Deus na terra.

Edward Norman interrompeu a leitura de seu programa por um instante.

— Entendam que essa é minha interpretação da provável ação de Jesus nas questões políticas de um jornal diário. Não estou julgando outros editores que tenham uma concepção diferente da minha. Estou tentando simplesmente responder de forma honesta a "O que Jesus faria se fosse Edward Norman?". Para mim a resposta é o que está escrito aqui.

3. O fim e o alvo de um jornal dirigido por Jesus seria fazer a vontade de Deus. Isto é, seu propósito principal ao ter um jornal não seria enriquecer-se ou obter influência política, mas seu propósito primeiro e predominante seria o de conduzir o jornal de tal forma que se tornasse evidente a todos seus leitores que Ele tenta buscar primeiramente o Reino de Deus por meio de seu jornal. Esse propósito seria tão diferenciado e inquestionável quanto o propósito de um ministro ou um missionário ou qualquer mártir abnegado a serviço da obra cristã em qualquer lugar.
4. Seriam recusados todos os anúncios de caráter duvidoso.
5. A relação de Jesus com os empregados do jornal seria a mais cordial.

— Até aqui — Norman disse, erguendo os olhos de novo — sou da opinião de que Jesus usaria alguma forma de cooperação que equivaleria à ideia de coparticipação em um negócio em que todos se movessem juntos para um mesmo resultado grandioso. Estou trabalhando em um plano assim, e estou certo de que será bem-sucedido. De qualquer forma, uma vez que se introduza o elemento do amor pessoal em um negócio como esse, elimina-se o princípio egoísta de fazê-lo para o benefício pessoal de um homem ou de uma empresa. Eu não vejo outro caminho senão o interesse e amor mútuos entre editor, repórteres, impressores e os demais que participam da vida do jornal. E esse interesse seria expressado não apenas em amor e simpatia mútuos, mas na partilha dos lucros do jornal.

6. Como diretor de um jornal diário hoje, Jesus daria ampla cobertura ao trabalho do mundo cristão. Dedicaria uma página às questões de reforma legal, de problemas sociológicos, de trabalho institucional da igreja e de outros movimentos semelhantes.
7. Ele faria todo o possível em seu jornal para combater o álcool como um inimigo da raça humana e uma parte desnecessária de nossa civilização. Ele não levaria em conta a opinião pública nesse tópico nem, claro, os efeitos disso em sua lista de assinantes.

Edward Norman de novo levantou os olhos.
— Expresso aqui minha sincera convicção sobre este ponto. Não pretendo, evidentemente, julgar os cristãos que editam outros tipos de jornal. Mas segundo compreendo Jesus, creio que Ele usaria apenas a influência do seu jornal para erradicar totalmente o álcool da vida política e social da nação.

8. Jesus não publicaria jornal aos domingos.

9. Ele publicaria as notícias do mundo que as pessoas precisam saber. Dentre as coisas que as pessoas não precisam saber, e que não seriam publicadas, estariam brutais lutas de boxe, longas narrativas de crimes, escândalos da vida particular ou qualquer outro evento humano que, de uma forma ou de outra, conflite com o primeiro ponto mencionado neste esboço.
10. Se Jesus pudesse usar em um jornal a soma de dinheiro de que disponho, Ele provavelmente procuraria os melhores cristãos e cristãs para cooperar com Ele em termos de colaboradores. Esse será o meu propósito, como devo demonstrar a vocês nos próximos dias.
11. A despeito dos detalhes que surjam à medida que o jornal se desenvolve em segundo o plano, o maior princípio que o guiou será sempre promover o Reino de Deus no mundo. Esse princípio amplo e geral deverá nortear todos os detalhes.

Edward Norman terminou a leitura do plano. Ele estava muito pensativo.

— Apenas esbocei algumas diretrizes básicas. Tenho centenas de ideias para tornar o jornal poderoso, nas quais ainda não pensei devidamente. Isto aqui é uma simples sugestão. Tenho conversado sobre isso com outros editores. Alguns me disseram que terei apenas uma folhinha de escola dominical, fraca e bobinha. Se eu conseguir algo tão bom quanto uma escola dominical, será ótimo. Por que os homens, quando querem dizer que alguma coisa é fraca sempre usam a escola dominical como referência, quando deveriam saber que a escola dominical é atualmente uma das influências mais poderosas na civilização deste país? Mas o jornal não será necessariamente fraco por ser bom. As coisas boas são mais poderosas do que as más. A questão para mim é mais em relação ao apoio dos cristãos de Raymond. Temos aqui na cidade mais de vinte mil membros de igreja. Se metade deles apoiar o *Diário*, a vida dele está garantida. Qual você acha, Maxwell que é a probabilidade de conseguir esse apoio?

— Não sei o bastante sobre isso para dar uma resposta inteligente. Acredito no jornal de todo o meu coração. Se ele circular durante um ano, como disse a Srta. Virgínia, não se poderá dizer o que ele pode alcançar. A questão mais importante será publicar um jornal que seja o mais parecido possível com o que consideramos que Jesus publicaria e colocar nele todos os elementos de cérebro, força, inteligência e bom-senso cristãos, e atrair respeito pela ausência de intolerância, fanatismo, limitação e o que mais seja contrário ao espírito de Jesus. Tal jornal deve exigir o melhor que ação e pensamento humanos são capazes de dar. As maiores mentes do mundo teriam seus poderes esgotados para publicar um diário cristão.

— Sim — disse Norman com humildade. — Cometerei muitos erros, sem dúvida. Preciso de uma grande dose de sabedoria. Mas quero fazer o que Jesus faria. "O que Ele faria?" Tenho me perguntado isso todo dia, e continuarei a fazer assim, aceitando os resultados.

— Penso que começamos a compreender — disse Virginia — o sentido do mandamento "crescei na graça e no conhecimento de nosso Senhor e Salvador Jesus Cristo". Estou certa de que não sei tudo o que Ele faria especificamente, senão à medida que eu o conheça melhor.

— Isso é verdade — disse Henry Maxwell. — Estou começando a entender que não posso interpretar a provável atitude de Jesus até que conheça melhor como é seu espírito. Para a minha mente, a maior pergunta em toda a vida humana resume-se em saber "O que Jesus faria?", como se, quando perguntamos isso, procuramos responder com base em um conhecimento crescente do próprio Jesus. Precisamos conhecer Jesus antes de podermos imitá-lo.

Quando se fechou o acordo entre Virginia e Edward Norman, ele passou a dispor da soma de quinhentos mil dólares, para serem usados exclusivamente na fundação de um diário cristão. Quando Virginia e Henry Maxwell se retiraram, Norman fechou a porta do escritório e, sozinho com a Presença Divina, pediu como uma criança a ajuda de seu Pai Todo-poderoso. Durante sua oração, ajoelhado diante de sua meda, pensava na promessa: "Se algum de vós tem falta de sabedoria, peça a Deus, que a concede livremente a todos sem criticar, e lhe será dada". Por certo, sua oração seria respondida, e o Reino avançaria através deste instrumento do poder de Deus, esta imprensa poderosa, que se degradou tão amplamente ao uso da avareza e da ambição do homem.

Dois meses se passaram. Eles foram cheios de ação e resultados na cidade de Raymond, e especialmente na Primeira Igreja. Apesar da chegada do calor do verão, as reuniões dominicais dos discípulos que assumiram o compromisso de agir como Jesus continuaram com entusiasmo e poder. Gray havia completado seu trabalho no Retângulo, e um observador ocasional que por ali passasse não notaria qualquer diferença nas antigas condições, embora houvesse uma mudança verdadeira em centenas de vidas. Mas os bares, tavernas, casebres e casas de jogos continuavam funcionando, derramando sua vileza sobre a vida de novas vítimas que substituíam aquelas resgatadas pelo evangelista. E o Diabo Satanás recrutava seu exército rapidamente.

Henry Maxwell não viajou para o exterior. Em lugar disso, tomou o dinheiro que havia economizado para a viagem e discretamente organizou as férias de verão de uma família inteira que vivia no Retângulo, a qual nunca havia deixado o distrito dos cortiços. O pastor da Primeira Igreja jamais esquecerá a semana que passou com aquela família, fazendo os preparativos. Ele foi ao Retângulo num dia quente, quando o terrível calor dos cortiços se fazia sentir, e acompanhou a família à estação, e então foi com eles a um lindo lugar na costa, na casa de uma senhora cristã. Aqueles moradores do cortiço, espantados, respiraram pela primeira vez em anos o ar fresco e salgado e sentiram soprar sobre si, perfumada pelos pinheiros, a fragrância de um novo tempo de vida.

Um era um bebê doente, com a mãe. Outros três eram filhos, um deles paralítico. O pai — que esteve muito tempo desempregado a ponto de, como depois confessou a Maxwell, pensar em suicídio — se sentou com a criancinha em seus braços durante toda a viagem, e quando Maxwell se preparava para retornar a Raymond, depois de acomodar a família, o homem deu-lhe um aperto de mão de despedida, e engasgou enquanto falava e finalmente chegou às lágrimas, deixando Maxwell um tanto embaraçado. A mãe, uma mulher cansada, desgastada, que perdera três filhos no ano anterior durante a epidemia de febre no Retângulo, sentou-se na janela do trem o caminho todo, sorvendo as delícias do mar, e do céu e dos campos. Tudo aquilo lhe parecia um milagre. E Henry Maxwell, retornando a Raymond no final daquela semana, sentindo ainda mais o calor abrasador e sufocante por ter experimentado um pouco da brisa do oceano, agradeceu a Deus pela alegria que testemunhou, se envolveu em seu discipulado com um coração humilde, experimentando quase que pela primeira vez na vida esse tipo especial de sacrifício. Pois ele jamais se abstivera de suas férias de verão, para longe do calor de Raymond, quer sentindo-se cansado, quer não.

— Na realidade — dizia ele em resposta às várias indagações por parte de sua igreja —, não sinto necessidade de tirar férias este ano. Estou muito bem e prefiro ficar aqui. — Era com uma sensação de alívio que ele conseguia esconder de todos, exceto de sua esposa, o que havia feito para a outra família. Ele sentia a necessidade de fazer qualquer coisa do tipo sem dizer aos outros nem receber a aprovação deles.

Assim chegou o verão, e Henry Maxwell cresceu no conhecimento do seu Senhor. A Primeira Igreja continuava influenciada pelo poder do Espírito. Maxwell se maravilhava com a permanência dele. Sabia muito bem que, desde o início, nada senão a presença do Espírito impedira a igreja de se despedaçar pela notável provação pela qual passara em seu discipulado. Mesmo agora, havia muitos membros que não assumiram o compromisso e que consideravam todo o movimento, como Sra. Winslow considerava, um tipo de interpretação fanática do dever cristão, e desejavam a volta da velha condição de normalidade. Enquanto isso, todo o corpo de discípulos estava sob a influência do Espírito, e Henry Maxwell seguiu seu caminho naquele verão, realizando o trabalho de sua congregação com grande alegria, continuando suas reuniões com trabalhadores ferroviários, conforme prometera a Alexander Powers, e crescendo a cada dia no conhecimento do Mestre.

Numa tarde de agosto, após um dia de frescor depois de um longo período de calor, Jasper Chase cainhou à janela de seu apartamento na avenida e olhou para fora.

Sobre a sua mesa havia uma pilha de manuscritos. Desde a noite em que falara com Rachel Winslow, ele não mais a encontrara. Sua natureza singularmente sensível, a ponto de se irritar quando contrariado, parecia o impelir a um isolamento que era intensificado por seus hábitos de escritor.

 Durante todo o calor do verão, ele estivera escrevendo. Seu livro estava quase terminado. Lançara-se à construção dele com uma força febril que ameaçava abandoná-lo a qualquer momento, deixando-o desamparado. Não se esqueceu do compromisso assumido com os outros membros da Primeira Igreja. Tal compromisso assomou frequentemente ao seu espírito durante toda a sua escrita, e especialmente depois que recebeu o não de Rachel. Ele se perguntou mil vezes: "Jesus faria isso? Ele escreveria essa história?". Tratava-se de um romance social, escrito num estilo que fazia sucesso. Não tinha outro propósito senão o de entreter. A moral da história não era ruim, tampouco era cristã em qualquer aspecto positivo. Jasper Chase sabia que tal história venderia. Ele estava consciente de que possuía poderes, à sua maneira, que a sociedade estimava e admirava. O que Jesus faria? A pergunta o perturbava nos momentos mais inoportunos. Ele se irritava com isso. O padrão de Jesus como escritor era muito idealista. É claro que Jesus usaria seu talento para produzir uma obra útil, ou benéfica, ou com propósito. Para que ele, Jasper Chase, escrevia este livro? Ora, pelo mesmo objetivo que quase todos os escritores escreveram, ou seja, dinheiro e fama como escritor. Não era segredo para ele que escrevia essa nova história com esse objetivo. Ele não era pobre, por isso não era tentado a escrever por dinheiro. Mas ele ansiava por fama mais do que qualquer outra coisa. Ele tinha de escrever essa espécie de assunto. A pergunta o atormentava ainda mais do que a recusa de Rachel. Iria ele quebrar seu compromisso?

 Enquanto olhava pela janela, Rollin Page saiu do clube, do outro lado da avenida. Jasper notou seu porte nobre e o rosto bonito enquanto descia a avenida. Retornou à sua mesa e folheou algumas páginas. Em seguida, voltou à janela. Rollin caminhava já na outra quadra e Rachel caminhava a seu lado. É provável que ele a alcançara assim que ela saiu da casa de Virginia, naquela tarde.

Jasper observou as duas figuras até desaparecerem na multidão em seu caminho. Então retornou à sua mesa e começou a escrever. Quando terminou a última página do último capítulo do livro, já estava escurecendo. O que Jesus faria? Ele finalmente respondeu à pergunta, negando seu Senhor. As trevas cresceram em seu quarto. Ele havia escolhido deliberadamente a sua carreira, motivado por seu desapontamento e sua perda.

"Jesus, porém, respondeu-lhe: Ninguém que ponha a mão no arado e olhe para trás é apto para o reino de Deus."

CAPÍTULO VIII

Que te importa? Segue-me tu!

JOÃO 21:22

Quando Rollin desceu a avenida naquela tarde em que Jasper o observava de sua janela, ele não estava pensando em Rachel Winslow e não esperava encontrá-la em lugar algum. Ele se deparou com ela de repente, quando ela dobrava a esquina da avenida, e o coração dele bateu mais forte ao vê-la. Caminhava ao lado dela agora, regozijando-se finalmente em um curto momento de seu amor terreno que não conseguia remover de sua vida.

— Estive agora há pouco na sua casa para ver Virginia — disse Rachel. — Ela me contou que já está quase tudo pronto para a transferência da propriedade do Retângulo.

— Sim. Foi um processo entediante no tribunal. Virginia lhe mostrou todos os planos e especificações dos prédios?

— Temos olhado vários deles. Fico espantada em como Virginia conseguiu reunir todas essas ideias para esse trabalho.

— Virginia agora sabe mais a respeito de Arnold Toynbee,[1] a East End de Londres[2] e o trabalho de igrejas institucionais[3] nos Estados Unidos do que muitos profissionais que trabalham nas favelas. Ela passou quase todo o verão à procura de informações. — Rollin se sentia mais à vontade à medida que conversavam sobre esse trabalho para os desfavorecidos. Era um terreno seguro de que compartilhavam.

— O que você andou fazendo durante todo o verão? Quase não o vi — perguntou subitamente Rachel, e logo o rosto dela se aqueceu com esse ligeiro rubor de tons tropicais, como se sua pergunta implicasse em um grande interesse por Rollin, ou de grande pesar por não tê-lo visto mais vezes.

— Tenho andado ocupado — disse Rollin.

— Fale-me disso — insistiu Rachel. — Você fala tão pouco. Tenho o direito de perguntar?

Ela perguntou com muita franqueza, virando-se para Rollin com genuíno interesse.

— Sim, certamente — respondeu Rollin com um sorriso amável. — De fato, não tenho certeza de poder falar muita coisa. Venho tentando encontrar uma forma de alcançar os homens que eu conhecia, e levá-los a uma vida melhor.

Parou de repente, aparentando receio de continuar. Rachel não se aventurou a sugerir nada.

— Faço parte do mesmo grupo a que você e Virginia pertencem — continuou Rollin, retomando a conversa. — Assumi o compromisso de fazer o que creio que Jesus faria, e é na tentativa de responder a essa pergunta que estou fazendo meu trabalho.

— É isso que não entendo. Virginia me falou do primeiro ponto. É maravilhoso pensar que você está mantendo essa promessa conosco. Mas o que você pode fazer com os homens do clube?

— Você me fez uma pergunta direta e não tenho como deixar de responder — disse Rollin, sorrindo de novo. — Perguntei a mim mesmo naquela noite na tenda, você está lembrada — ele falava rapidamente e sua voz tremia um pouco — que propósito poderia ter em minha vida para redimi-la, para satisfazer ao meu ideal de discípulo cristão. E quanto mais pensava nisso, mais era direcionado ao lugar em que sabia que deveria tomar minha cruz. Já pensou que, entre todos os seres negligenciados em nosso sistema social, nenhum é mais esquecido que os moços esbanjadores que enchem os clubes e desperdiçam seu tempo e dinheiro, como eu fazia antes? As igrejas cuidam dos pobres, criaturas miseráveis como aquelas do Retângulo; se empenham para atingir os operários; é amplamente composta pela classe média; enviam dinheiro e missionários para os povos pagãos; mas os jovens elegantes e desregrados na própria cidade, os homens dos clubes, estão fora de todos os planos de evangelização. No entanto, nenhuma classe de pessoas precisa tanto disso. Disse a mim mesmo: "Conheço esses homens, suas qualidades boas e más. Já fui um deles. Não sou adequado para alcançar o povo do Retângulo. Não sei como, mas acho que poderia alcançar alguns desses homens e rapazes que têm dinheiro e tempo para gastar". É o que tenho procurado fazer. Quando me perguntei, como você, "O que Jesus faria?", essa foi minha resposta. Ela se transformou também em minha cruz.

 A voz de Rollin estava tão baixa nesta última frase, que Rachel teve dificuldade de ouvi-lo no meio do ruído ao redor deles. Mas ela sabia o que ele dissera. Ela queria lhe perguntar quais eram os métodos dele. Mas não sabia como perguntar. Seu interesse pelos planos dele era mais que mera curiosidade. Rollin Page estava agora tão diferente daquele homem sofisticado que a pedira em casamento, que não podia deixar de pensar nele e falar com ele como se fosse alguém que acabara de conhecer.

 Saindo da avenida, entraram na rua em que morava Rachel. Era a mesma rua em que Rollin perguntara a por que ela não poderia amá-lo. Ambos ficaram repentinamente acanhados à medida que seguiam. Rachel não havia se esquecido daquele dia, e Rollin nem poderia. Ela finalmente quebrou o longo silêncio, encontrando as palavras que lhe faltaram antes.

— Em seu trabalho com os homens do clube, com seus antigos conhecidos, como eles reagem a você? Como você inicia a conversa com eles? O que eles dizem?

Rollin ficou em silêncio quando Rachel falou. Ele respondeu um instante depois.

— Bem, isso depende da pessoa. Muitos deles acham que está me faltando um parafuso na cabeça. Continuo membro do clube e, dessa forma, estou em uma boa posição. Tento ser sábio e não procurar críticas desnecessárias. Mas você ficaria surpresa em saber quantos deles respondem aos meus apelos. Você talvez nem acredite que, há algumas noites, doze deles se abriram e engajaram em uma conversa sobre religião. Já tive a grande alegria de ver alguns deles abandonar maus hábitos e começar uma vida nova. "O que Jesus faria?", continuo me perguntando. A resposta vem pouco a pouco, porque estou descobrindo o caminho. E descobri uma coisa. Os homens não estão me evitando. Penso que isso é um bom sinal. Outra coisa: deixei alguns deles interessados no trabalho do Retângulo, e quando iniciarmos, eles irão contribuir de alguma forma para potencializar o trabalho. E além de tudo, descobri uma forma de salvar alguns jovens amigos de se afundarem em apostas.

Rollin falava com entusiasmo. Seu semblante estava transformado por seu interesse no assunto que, agora, se tornara uma parte de sua vida real. Rachel notou novamente o tom firme, viril e saudável de sua fala. Com isso, tudo o que ela percebia era uma seriedade profunda, subjacente, que sentia o peso da cruz, mesmo enquanto a carregava com alegria. O que ela disse em seguida foi com um sentimento imediato de justiça para com ele e sua nova vida.

— Você está lembrado de que o censurei um dia por não ter um propósito pelo qual valesse a pena viver? — perguntou ela, e quando Rollin reuniu o suficiente de autocontrole para encará-la, o rosto dela lhe pareceu mais belo do que nunca. — Quero dizer, sinto que preciso dizer, fazendo-lhe justiça agora, que o honro por sua coragem e por sua obediência ao seu compromisso. A vida que você está vivendo agora é muitíssimo nobre.

Rollin estremeceu. Sua agitação era incontrolável. Rachel não pôde deixar de notar. Caminharam mais um pouco em silêncio. Por fim, Rollin falou.

— Obrigado. Ouvi-la dizer isso significa mais do que posso expressar. — Seu olhar fixou-se no rosto dela por um momento. Ela leu o amor dele por ela naqueles olhos. Mas ele nada disse.

Quando se separaram, Rachel entrou e casa, sentando-se em seu quarto, pôs o rosto entre as mãos e falou consigo mesma.

— Estou começando a sentir o que significa ser amada por um homem nobre. Devo amar Rollin Page, afinal. O que estou dizendo?! Rachel Winslow você se esqueceu...

Ela se levantou e andou de um lado para o outro. Estava muito emocionada. Entretanto, era-lhe evidente que sua emoção não era remorso nem tristeza. De alguma forma, havia em seu coração uma alegria nova e encantadora. Ela estava passando a viver uma nova experiência e, mais tarde naquele dia, ela se alegrava com intensa e sincera satisfação de que, em sua vida como seguidora de Cristo, havia espaço para aquela crise sentimental. Na verdade, fazia parte do discipulado, pois se começava a amar o Rollin Page, havia sido o homem cristão que ganhara seu afeto. O outro jamais poderia tê-la movido a essa grande mudança.

Rollin, por sua vez, enquanto voltava para casa, abrigava uma esperança que lhe fora desconhecida desde o dia em que

Rachel lhe dissera não. Nessa esperança ele continuou com seu trabalho à medida que os dias passavam, e em momento algum ele teve mais êxito em alcançar e salvar seus conhecidos do que depois daquele encontro fortuito com Rachel Winslow.

O verão se fora e Raymond, mais uma vez, lidava com o rigor do inverno. Virginia pôde realizar parte de seu plano de "capturar o Retângulo", como ela dizia. Mas a construção de casas no campo, a transformação de seu aspecto desagradável e árido em um atraente parque — tudo aquilo que fazia parte de seus planos —, era um trabalho grande demais para ser completado no outono que se seguiu à compra da propriedade. Mas um milhão de dólares nas mãos de uma pessoa verdadeiramente determinada a fazer com ele o que Jesus faria deveria operar maravilhas para os menos favorecidos em pouco tempo, e Henry Maxwell, passando pela área do novo projeto um dia depois do almoço com os operários da oficina, ficou admirado ao ver o quanto havia sido feito efetivamente.

Porém voltava para casa pensativo, e não pôde se esquivar da questão dos bares, um problema contínuo que demandava sua atenção. Quanto havia sido feito pelo Retângulo, afinal? Mesmo levando em conta o esforço de Virginia, e Rachel e do Sr. Gray, onde ele poderia ser contabilizado de maneira visível? Certamente, dizia consigo, o trabalho iniciado e conduzido pelo Espírito Santo, com sua maravilhosa manifestação de poder na Primeira Igreja e nas reuniões da tenda, teve efeito na vida de Raymond. Mas à medida que caminhava diante de bares e mais bares e notava as pessoas entrando e saindo deles; à medida que observava os antros amaldiçoados, aparentemente tão numerosos quanto antes, e notava a brutalidade, a decadência, a miséria e a degradação nos incontáveis rostos de homens e mulheres e crianças, ele se sentiu nauseado. Viu-se questionando, o quanto um milhão de dólares seria capaz de limpar desse esgoto? Enquanto esses bares realizassem seu trabalho mortal, porém legitimado, a fonte viva de aproximadamente toda miséria humana que eles tentavam aliviar não permaneceria intocada? Que poderia fazer até mesmo um discipulado abnegado, como o de Virginia e Rachel, para diminuir as correntezas do vício, enquanto aquela grande mina de vício e crime fluísse com as mesmas profundidade e a força de antes? Não estariam praticamente desperdiçando a bela vida dessas jovens mulheres ao atirá-las nesse esse inferno terreno, uma vez que cada alma arrancada dos bares, às custas do sacrifício delas, levaria outras duas a necessitarem de socorro?

Ele não conseguia fugir da questão. Era a mesma que Virginia apresentara a Rachel ao declarar que, em sua opinião, nada realmente poderia ser feito até que os bares fossem tirados do Retângulo. Henry Maxwell voltou naquela tarde para seu trabalho congregacional com convicções ainda maiores quanto ao assunto das licenças.

Mas se os bares eram um fator no problema da vida em Raymond, não menos o eram a Primeira Igreja e seu pequeno grupo de discípulos que se comprometeram a fazer o que Jesus faria. Henry Maxwell, postado bem no centro do movimento, não estava em condições de julgar o poder do grupo como alguém de fora talvez tenha julgado. Mas a própria Raymond sentia o toque desse novo discipulado e mudava de muitas formas, sem se aperceber de todas as causas para isso.

O inverno havia passado e o ano terminara — o ano que Henry Maxwell fixara como o tempo em que deveriam manter a promessa de fazer o que Jesus faria. O domingo que marcou esse primeiro ano foi, por muitas razões, o dia mais extraordinário que a Primeira Igreja já tivera. Foi mais importante do que os discípulos na Primeira Igreja imaginavam. O ano entrara para a história de maneira tão rápida e séria que as pessoas ainda não eram capazes de compreender tudo o que significava. E o próprio dia que marcou o fim de um ano inteiro desse discipulado foi caracterizado por tais revelações e confissões que os participantes imediatos dos eventos não puderam avaliar o valor do que fora realizado nem a relação de suas dificuldades com outras igrejas e cidades do país.

Sucedeu que na semana anterior a esse domingo, esteve em Raymond o Dr. Rev. Calvin Bruce, da Igreja da Nazareth Avenue, Chicago, que viera visitar alguns velhos amigos e aproveitou para ver seu antigo colega de seminário, Henry Maxwell. Ele esteve presente na Primeira Igreja, mostrando-se um espectador vivamente atento e interessado. Seu relato sobre os eventos em Raymond, especialmente daquele domingo, podem trazer mais luz sobre toda a situação do que qualquer descrição ou registro de outras fontes. Segue-se aqui o relato do Dr. Bruce.

[Carta do Dr. Rev. Calvin Bruce, da Igreja da Nazareth Avenue, Chicago, ao Dr. Rev. Philip S. Caxton, da cidade de Nova York.]

Meu caro Caxton:
É domingo de noite, mas estou tão acordado e perplexo com o que vi e ouvi que me senti levado a lhe escrever agora um relato da situação em Raymond, da forma como pude observá-la, e por que ela atingiu seu ápice hoje. Essa é minha única desculpa para escrever uma carta tão longa nesta ocasião.

Você se recorda de Henry Maxwell no seminário. Creio que você me falou, na última vez que o visitei em Nova York, que não o via desde que nos formamos. Ele era um rapaz refinado, acadêmico, você deve se lembrar, e quando foi chamado pela Primeira Igreja de Raymond, um ano depois de deixar o seminário, eu disse à minha esposa: "Raymond fez uma ótima escolha. Vão ficar satisfeitos com Maxwell como pregador!". Ele está aqui há onze anos, e entendo que, até o ano passado, ele manteve o curso normal de seu ministério, satisfazendo e atraindo uma boa congregação para sua pregação matinal. Sua igreja é tida como a maior e mais próspera de Raymond. É frequentada pelas melhores pessoas da cidade, e muitas estão arroladas lá. O quarteto era famoso por sua música, especialmente por sua soprano, Srta. Winslow, de quem terei mais a dizer; e em resumo, segundo compreendo os fatos, Maxwell estava em uma condição confortável, com um bom salário, um lugar agradável, com uma congregação não muito exigente de gente refinada, rica e respeitável — o tipo de igreja e congregação que a maioria dos jovens do seminário, na nossa época, considerava muito atraente.

Mas há exato um ano, Maxwell veio à igreja no domingo de manhã e, ao encerrar o culto, fez a mais surpreendente proposta de que os membros de sua igreja se voluntariassem a, durante um ano, nada fazerem sem primeiro perguntar "O que Jesus faria?", e depois de ter respondido a isso, fariam o que, de acordo com sua mais honesta opinião, Ele faria, independentemente dos possíveis resultados.

Os efeitos dessa proposta, segundo foi aceita e mantida por alguns membros da Primeira Igreja de Raymond, têm sido tão notáveis que, como já é de seu conhecimento, atraiu a atenção do país todo para o movimento. Falo em "movimento" porque, pelo que pude ver hoje, a experiência realizada em Raymond provavelmente irá se repetir em outras igrejas e causar uma revolução nos métodos eclesiásticos, mas especialmente em uma nova concepção do discipulado cristão.

Em primeiro lugar, Maxwell me contou que ficou surpreso com a receptividade que teve a sua proposta. Alguns dos membros mais proeminentes da igreja assumiram o compromisso de agir como Jesus. Entre eles estavam Edward Norman, editor do *Diário de Notícias,* que causou uma enorme sensação na imprensa; Milton Wright, um dos principais comerciantes em Raymond; Alexander Powers, cuja atitude no episódio das ferroviárias contra as leis comerciais interestadual causou um choque há cerca de um ano; a Srta. Page, uma das principais herdeiras na sociedade local, que tem dedicado ultimamente toda a sua fortuna, segundo entendi, para o jornal cristão e para a melhoria de um bairro carente conhecido como "Retângulo"; e a Srta. Winslow, cuja fama como cantora é agora nacional, mas que, em obediência ao que julgou ser a provável atitude de Jesus, devotou seu talento para trabalhar voluntariamente entre moças e mulheres que compõem a maior parte da pior e mais abandonada população de Raymond.

A essas pessoas muito bem conhecidas se associou um grupo cada vez maior de cristãos da Primeira Igreja e, nos últimos meses, de outras igrejas em Raymond. Uma parte considerável desses voluntários que se comprometeu a agir como Jesus é originária das Sociedades de Esforço Cristão. Os jovens afirmam que já haviam incluído em seus grupos o mesmo princípio, com as palavras: "Prometo ao Senhor Jesus que me esforçarei para fazer o que Ele quiser que eu faça". Essa não é exatamente a proposta de Maxwell, que é de que os discípulos tentem fazer o que Jesus provavelmente faria no lugar do discípulo. Mas os resultados de uma perfeita obediência a qualquer dos dois compromissos, diz ele, seriam praticamente iguais, e ele não se surpreende de que a maior parte dos voluntários que se uniu ao novo discipulado seja da Sociedade de Esforço Cristão.

Tenho certeza de que sua pergunta será: "Quais foram os resultados dessa empreitada? O que se obteve, ou como isso mudou de alguma forma a vida cotidiana da igreja ou da comunidade?".

Você já sabe de parte dos resultados devido aos relatos sobre Raymond que se espalharam por todo país. Mas seria preciso vir até aqui e testemunhar parte das mudanças na vida de indivíduos, e especialmente a mudança na vida da igreja, para compreender o que está implicado em seguir tão literalmente os passos de Jesus. Contar isto tudo seria escrever uma longa história, ou uma série de histórias. Não tenho condições para fazer isso, mas talvez possa lhe dar uma ideia do que aconteceu aqui a partir do que me contaram meus amigos e o próprio Henry Maxwell.

O resultado da promessa feita na Primeira Igreja tem sido duplo. Ele trouxe um espírito de comunhão cristã que, como me disse Maxwell, nunca houve antes, e que agora lhe dá a impressão de ser muito próximo ao que deve ter sido a comunhão das igrejas apostólicas; e isso dividiu a igreja em dois grupos distintos. Os que não fizeram a promessa consideram os outros como tolos e literais em suas tentativas de imitar o exemplo de Jesus. Alguns destes saíram da igreja e não comparecem mais, ou se desassociaram de vez de qualquer igreja. Outros se converteram em elemento interno de contendas, e ouvi rumores de uma tentativa da parte destes de forçar Maxwell a renunciar. Não sei se esse elemento é muito forte na igreja. Ele tem sido posto em cheque por uma continuidade maravilhosa de poder espiritual que vem desde o primeiro domingo em que se assumiu o compromisso, um ano atrás, e também pelo fato de que muitos dos membros mais proeminentes da igreja se identificaram com o movimento.

O efeito sobre Maxwell é impressionante. Eu já o ouvi pregar em nossa Associação Estadual há uns quatro anos. Ele me impressionou na ocasião com uma capacidade considerável de pregar de forma dramática, do que parecia ter alguma consciência. Seu sermão era bem escrito e repleto do que os alunos no seminário costumam chamar de "passagens finas". Algo que agrada o grande público. Esta manhã foi a primeira vez que ouvi Maxwell pregar novamente desde então. Vou falar mais disso adiante. Ele não é o mesmo homem. Ele me dá a impressão de alguém que passou por uma crise revolucionária. Ele me disse que essa alteração é simplesmente uma nova definição do discipulado cristão. Ele certamente mudou muitas das suas velhas opiniões. Sua posição na questão dos bares é inteiramente o oposto da que adotava um ano atrás. Vi que ele fez uma mudança completa em toda a sua forma de pensar no ministério, na pregação e na congregação. Até onde pude entender, a ideia que o move agora é a de que o cristianismo de nossa época deve representar uma imitação mais literal de Jesus, principalmente em termos de sofrimento. No curso da conversa, citou-me várias vezes o versículo de Pedro: "Para isso fostes chamados, pois Cristo também sofreu por vós, deixando-vos exemplo, para que sigais os seus passos", e ele parece convencido de que hoje nossas igrejas necessitam, mais do que qualquer outra coisa, de alguma forma desse fator do sofrimento por Jesus.

    Não sei até que ponto posso concordar com ele, mas, meu estimado Caxton, é certamente espantoso notar os resultados dessa ideia da maneira que se impuseram sobre esta cidade e esta igreja.

    Você vai me perguntar sobre os resultados individuais na vida de quem assumiu o compromisso e procuraram sinceramente ser fiéis a ele. Esses resultados são, como já lhe disse, parte de uma história particular, não podendo ser narrado em detalhes. Outros eu lhe posso contar, para que veja que esse estilo de discipulado não é mero sentimento uma ostentação para o público.

Consideremos, por exemplo, o caso de Alexander Powers, que era superintendente das oficinas ferroviárias L & T. Quando ele agiu de acordo com as provas que incriminavam a companhia, perdeu sua posição e, mais que isso, soube por meio de meus amigos aqui, sua família e suas relações sociais mudaram tanto que a família não aparece mais em público. Eles se retiraram dos círculos sociais em que eram antes tão proeminentes. A propósito, Caxton, entendo que a Comissão, por uma razão ou outra, adiou uma decisão sobre o caso, e agora há boatos de que a companhia ferroviária L & T passará em breve às mãos de um curador. O Presidente da companhia, que, segundo as provas que Powers recebeu, era o principal acusado, demitiu-se, e as complicações decorrentes disso indicam a falência da empresa. Enquanto isso, o superintendente voltou ao seu antigo emprego de telegrafista. Encontrei-o ontem na igreja. Ele, como Maxwell, deu-me a impressão de um homem que passou por uma crise em seu caráter. Não pude deixar de imaginá-lo como um bom participante da igreja do primeiro século, quando os discípulos tinham tudo em comum.

Ou tome o caso do Sr. Norman, editor do *Diário de Notícias*. Ele arriscou sua fortuna inteira para obedecer àquilo que acreditou ser a provável atitude de Jesus e revolucionou toda a condução do jornal, sujeitando-se à falência. Mando-lhe um exemplar do jornal de ontem. Gostaria que o lesse com muita atenção. Para mim, é um dos jornais mais interessantes e notáveis já impressos nos Estados Unidos. Está aberto a críticas, mas o que um mero homem poderia ousar fazer nessa linha que não fosse sujeito a críticas? Considerado em seu conjunto, o jornal está tão superior às concepções comuns acerca do que deve ser um jornal diário que fico assombrado com o resultado. Ele me disse que o jornal está sendo lido cada vez mais pelos cristãos da cidade. Ele tem bastante confiança em um sucesso final.

Leia seu editorial sobre a questão econômica, e também sobre a próxima eleição em Raymond, quando o tópico da licença para a venda de bebidas virá novamente à cena. Os dois artigos traduzem muito bem os pontos de vista de Norman. Ele me disse que nunca começa um editorial ou, na verdade, qualquer outra parte do trabalho sem antes perguntar "O que Jesus faria?". Os resultados são visíveis.

Há, então, Milton Wright, o comerciante. Fui informado de que ele revolucionou a tal ponto seus negócios que nenhum homem é atualmente mais amado em Raymond. Seus próprios atendentes e funcionários têm por ele uma estima comovente. Durante o inverno, ele ficou de cama, gravemente enfermo, e dezenas de atendentes se voluntariaram para assisti-lo ou ajudá-lo da maneira que fosse possível, e sua volta à loja foi recebida com grande festa. Tudo isso é resultado do elemento de amor pessoal, introduzido nos negócios. Esse amor não é apenas palavra, mas o próprio negócio sendo conduzido em um sistema de cooperação, que não é um reconhecimento condescendente dos subalternos, mas a partilha real de todos os aspectos do negócio. Na rua, muitos homens olham para Milton Wright como se ele fosse um lunático. É um fato, porém, que embora ele tenha perdido em alguns pontos, desenvolveu seus negócios e hoje é respeitado e honrado como um dos melhores e mais bem-sucedidos comerciantes de Raymond.

E tem a Srta. Winslow. Ela decidiu dar seu grande talento aos pobres e desafortunados da cidade. Seus planos incluem um Instituto Musical, que terão como destaque os coros e as classes de música vocal. Ela está entusiasmada com esse projeto de vida. Com sua amiga Srta. Page, planejou um curso de música que, se for executado, sem dúvida fará muito em prol das vidas da população daquele bairro. Não sou tão velho, meu caro Caxton, para não me interessar pelo lado romântico de muitos aspectos que têm sido trágicos aqui em Raymond, e devo lhe informar que está bem claro que a Srta. Winslow deve se casar na próxima primavera com o irmão da Srta. Page, o qual era antes um líder da sociedade e frequentador de clubes, mas que se converteu na tenda onde sua futura esposa atuava ativamente. Desconheço os detalhes desse pequeno romance, mas imagino que haja uma historinha envolvida nele, e a leitura dela seria interessante, se ao menos soubéssemos qual é.

São essas apenas algumas ilustrações dos resultados nas vidas que mantiveram a promessa. Poderia ter falado também do diretor Marsh, da faculdade Lincoln. Ele se formou em minha universidade, e o conheci rapidamente quando eu cursava o último ano. Ele teve participação ativa na recente comoção municipal, e sua influência na cidade é considerada um grande fator de importância nas próximas eleições. Ele me deu a impressão, como todos os outros discípulos deste movimento, de ter lidado com questões complexas e ter carregado verdadeiras cargas que lhe causaram, e ainda causam, aquele sofrimento de que Henry Maxwell fala, um sofrimento que não elimina, mas parece intensificar uma alegria prática e positiva.

Mas estou prolongando esta carta, e com isso talvez o esteja cansando. Não posso ocultar o sentimento de fascinação que aumentou com minha estadia por aqui. Quero lhe dizer algo da reunião que houve hoje na Primeira Igreja.

Como já disse, ouvi Maxwell pregar. A pedido dele, bem insistente, preguei no domingo passado, e hoje foi a primeira vez que o ouvi desde aquela vez na Associação, quatro anos atrás.

Seu sermão nesta manhã era tão diferente do outro quanto se tivesse sido preparado e pregado por alguém de outro planeta. Fiquei profundamente comovido. Creio que chorei em algum momento. Como eu, outras pessoas na congregação pareciam comovidas. Seu texto era: "Que te importa? Segue-me tu!". Foi um apelo extraordinariamente impressionante feito aos cristãos de Raymond para obedecer aos ensinamentos de Jesus e seguir seus passos, sem se importar com que os outros fariam. Não posso nem mesmo lhe dar o esboço do sermão. Demoraria muito. Encerrado o culto, houve a costumeira reunião pós--culto, que se tornou uma característica da Primeira Igreja. Dessa reunião participam todos os que assumiram o compromisso de agir como Jesus, e o tempo é gasto em comunhão, confissão, perguntas quanto ao que Jesus faria em casos especiais, e oração para que o grande guia da conduta de cada discípulo seja o Espírito Santo.

Maxwell me convidou a comparecer a essa reunião. Nada, em toda a minha vida ministerial, Caxton, me moveu como essa reunião. Nunca senti de modo tão poderoso a presença do Espírito Santo. Foi uma reunião de lembranças, com uma comunhão das mais amáveis. Senti-me irresistivelmente levado, em pensamento, aos primeiros anos do cristianismo. Havia algo em tudo aquilo que era apostólico em sua singeleza e imitação de Cristo.

Fiz algumas perguntas. Uma que pareceu provocar mais interesse que as demais foi a respeito da extensão do sacrifício do discípulo em termos de propriedade particular. Henry Maxwell me disse que, até agora, ninguém interpretou o espírito de Jesus de modo a abandonar suas posses terrenas, a dar suas riquezas nem a imitar, de maneira literal, os cristãos de ordens, como, por exemplo, a de São Francisco de Assis.

Contudo, todos concordam que se algum discípulo sentir que, em seu caso particular, Jesus agiria dessa forma, só haveria uma resposta à pergunta. Maxwell admitiu francamente que ele ainda tinha dúvidas, até certo ponto, de qual seria a provável atitude de Jesus quando a questão fosse moradia, a posse de riqueza e a preservação de certos luxos. Porém, é evidente que muitos desses discípulos, por diversas vezes, levaram a obediência a Jesus ao extremo, a despeito de perdas financeiras. Nesse ponto, não há falta de coragem nem de consistência. É verdade também que alguns empresários que assumiram o compromisso perderam vultosas quantias procurando imitar a Jesus; outros, como Alexander Powers, perderam uma posição valiosa devido à impossibilidade de agir da maneira que estavam acostumados, fazendo em vez disso o que acreditavam ser o que Jesus faria no lugar deles. Em relação a esses casos, é agradável recordar o fato de que muitos que sofreram desse modo têm sido assistidos financeiramente pelos que ainda possuem recursos. Nesse sentido, creio ser verdade que esses discípulos têm tudo em comum. Com certeza, nunca vi em minha igreja nem em qualquer outra cenas como as que testemunhei na reunião de pós-culto da Primeira Igreja nesta manhã. Nunca imaginaria que tal comunhão cristã pudesse existir nestes tempos. Chego quase a duvidar do testemunho de meus sentidos. Ainda fico a perguntar se realmente estamos no fim do século 19 nos Estados Unidos.

Mas agora, prezado amigo, chego agora ao verdadeiro objetivo desta carta; não consigo deixar de pensar no coração de todo o caso da Primeira Igreja de Raymond. Antes de encerrar a reunião hoje, foram tomadas várias medidas para conseguir a cooperação de todos os outros discípulos cristãos neste país. Suponho que Henry Maxwell tenha dado esse passo depois de pensar longamente no assunto. Ele me falou sobre isso quando fui visitá-lo, e discutimos o efeito desse movimento na igreja em geral.

"Vamos supor", ele disse, "que os membros de igreja em todo o país assumissem esse compromisso e se mantivessem fiéis a ele! Que revolução haveria na cristandade! E por que não? Isso é mais do que se espera de um discípulo? Alguém seguiria a Jesus se não estiver disposto a fazer isso? A prova do discipulado é menor hoje do que foi no tempo de Cristo?".

Não sei tudo o que precedeu ou que se seguiu ao pensamento dele em relação ao que deve ser feito fora de Raymond, mas a ideia se cristalizou hoje em um plano de garantir a comunhão de todos os cristãos dos Estados Unidos. Por meio de seus pastores, as igrejas serão convidadas a formar grupos de discípulos como o da Primeira Igreja. Os voluntários serão arrolados no grande corpo de membros de igreja nos Estados Unidos que prometerá agir como Jesus. Maxwell falou particularmente do resultado que tal ação conjunta teria na questão dos bares. Ele é terrivelmente sério quanto a isso. Ele me disse não ter dúvidas de que a questão dos bares seria resolvida em Raymond nas próximas eleições. Se assim for, poderiam prosseguir corajosamente nessa obra redentora iniciada pelo evangelista, e agora assumida pelos discípulos de sua própria igreja. Se o álcool vencer novamente, isso resultará em um desperdício terrível e, na opinião dele, desnecessário de sacrifício cristão. Todavia, embora não concordemos neste ponto, ele convenceu sua igreja de que chegou o momento de se unirem a outros cristãos. É certo que se a Primeira Igreja de Raymond pôde produzir tais mudanças na sociedade e em seus arredores, as igrejas em geral, se unirem-se em comunhão, não de doutrinas, mas de prática, podem estimular todo a uma vida mais elevada e a uma nova concepção de vida cristã.

Essa é uma grande ideia, Caxton, mas é justamente neste ponto que estou hesitante. Não nego que o discípulo cristão deve seguir os passos de Jesus tão de perto quanto os crentes em Raymond tentam fazer. Mas não posso deixar de pensar no que aconteceria se eu pedisse à minha igreja em Chicago que fizesse isso. Escrevo após ter sentido o toque solene e profundo da presença do Espírito, e confesso-lhe, velho amigo, que não consigo listar doze empresários ou profissionais liberais proeminentes em minha igreja que fariam prova às custas do que eles consideram mais importante. Seria você mais feliz na sua igreja? O que podemos dizer? Que a igreja não responderia ao convite "Vinde e sofrei"? Os resultados reais da obediência a esse compromisso aqui em Raymond são suficientes para fazer qualquer pastor estremecer, e ao mesmo tempo, desejar fortemente ver o que aconteceria em sua própria congregação. De fato, nunca vi uma igreja tão claramente abençoada pelo Espírito quanto esta. Mas... estou eu mesmo pronto a assumir esse compromisso? Questiono-me sinceramente e sinto receio de dar uma resposta franca. Estou bem certo de que teria de mudar muita coisa em minha vida se me comprometesse a seguir tão de perto os passos de Jesus. Há muitos anos que me vejo como cristão. Nestes últimos dez anos, tenho desfrutado uma vida em que há relativamente pouco sofrimento. Tenho-me mantido, confesso sinceramente, a uma considerável distância das questões municipais, e da vida dos pobres, dos marginalizados e abandonados. O que a obediência a essa promessa exigiria de mim? Hesito em responder. Minha igreja é rica, cheia de pessoas bem de vida e satisfeitas. Estou certo de que o padrão de discipulado delas não é do tipo de atender ao apelo do sofrimento e da perda pessoal. Eu disse "estou certo". Pode ser que esteja enganado. Talvez eu tenha errado ao não agitar as profundezas do coração deles.

Caxton, meu caro, estou expondo a você os meus pensamentos mais íntimos. Devo retornar para a minha gente no próximo domingo, me postar diante dela em minha grande igreja urbana e dizer: "Sigamos a Jesus mais de perto. Andemos nos seus passos, do modo que nos custe mais do que nos custa hoje. Vamos assumir o compromisso de nada fazer sem antes perguntar 'O que Jesus faria?'". Se me apresentasse diante deles com essa mensagem, eles a achariam estranha e inesperada. Mas e daí? Não devemos segui-lo em todas as situações? O que significa ser seguidor de Jesus? O que significa imitá-lo? O que significa andar em seus passos?

O Dr. Rev. Calvin Bruce, da Igreja da Nazareth Avenue, Chicago, deixou cair a pena na mesa. Chegara a uma encruzilhada, e sua questão, ele tinha certeza, era a de muitos outros homens no ministério e na igreja. Foi à janela e a abriu. Sentia-se oprimido sob o peso de suas convicções, e quase sufocava com o ar do quarto. Queria ver as estrelas e sentir a brisa do mundo.

A noite estava muito calma. O relógio da Primeira Igreja batia meia-noite. Ao soar a última batida, uma voz clara e forte, vinda da direção do Retângulo, flutuou até ele como se carregada por asas radiantes.

Deve Jesus carregar a cruz sozinho
E o resto do mundo nada levar?
Não! Há uma cruz para cada um
E há uma cruz para mim.

Era a voz de um dos antigos convertidos de Gray, um vigia noturno dos armazéns, que com frequência consolava suas horas solitárias com um ou dois versos de algum hino familiar.

O Rev. Calvin Bruce saiu da janela e, depois de um momento de hesitação, se ajoelhou. "O que Jesus faria? O que Jesus faria?" Nunca se submetera assim, tão completamente, à profunda revelação que o Espírito fazia de Jesus. Ficou longo tempo de joelhos. Deitou-se e dormiu mal; seu sono foi muitas vezes interrompido. Levantou-se antes da aurora e abriu a janela de novo. À medida que a luz no leste se tornava mais viva, ele repetia a si mesmo: "O que Jesus faria? O que Ele faria? Devo seguir seus passos?".

O sol levantou-se e inundou a cidade com seu poder. Quando a aurora de um novo discipulado guiará ao triunfo vencedor de caminhar mais perto de Jesus? Quando a cristandade andará mais perto do caminho que Ele abriu?

Este é o caminho em que o Mestre andou
Não deverá o servo andar por ele?

Com essas palavras ricocheteando em todo o seu ser, o Rev. Calvin Bruce voltou para Chicago e repentinamente a maior crise de sua vida cristã no ministério declarou-se com uma pujança irresistível.

CAPÍTULO IX

Mestre, eu te seguirei aonde quer que fores.

MATEUS 8:19

A matinê de sábado no Auditorium[1] em Chicago tinha acabado de se encerrar; e a multidão de sempre disputava para tomar a sua carruagem antes que as outras pessoas. O porteiro do Auditorium anunciava o número das diferentes carruagens, e as portinholas se fechavam à medida que os cocheiros, trêmulos de frio ao duro vento leste, levavam os cavalos rapidamente ao meio-fio, e estes aguardavam impacientes até voltarem por alguns minutos ao rio de veículos que se agitava sob o trilho elevado da ferrovia, e finalmente disparar para a avenida.

— Agora a 624 — gritou o porteiro do Auditorium. — 624! — repetiu, e logo encostou uma esplêndida parelha de cavalos pretos atrelada a uma carruagem que tinha o monograma "C.R.S." pintada em letras douradas na portinhola.

Duas jovens saíram do meio da multidão em direção à carruagem. A mais velha entrou e acomodou-se, e o porteiro segurava a porta para a mais jovem, que hesitava no meio-fio.

— Felicia, suba! O que está esperando? Vou morrer de frio! — veio a voz de dentro da carruagem.

A jovem fora da carruagem subitamente despregou de sua roupa um ramalhete de violetas inglesas e o entregou a um menino que tremia de frio na borda da calçada, quase embaixo das pernas dos cavalos. Ele recebeu o ramalhete com um olhar de espanto, um "Obrigado, senhora!", e no mesmo instante enfiou um rosto muito sujo no buquê perfumado. A jovem entrou na carruagem, fechou-se a porta com o ruído peculiar das carruagens bem-feitas, e em poucos instantes o cocheiro acelerava os cavalos em direção uma alameda.

— Você sempre está fazendo uma coisa esquisita ou outra, Felicia — disse a mais velha enquanto a carruagem passava célere diante das grandes residências já brilhantemente iluminada.

— Estou? O que fiz de esquisito agora, Rose? — perguntou a outra, erguendo o rosto e virando o rosto na direção de sua irmã.

— Ora, você deu as violetas àquele menino. Ele parecia precisar de um bom jantar quente mais do que de um ramalhete de violetas. É de se espantar que não o tenha convidado a vir conosco. Não ficaria surpresa se você convidasse. Você está sempre fazendo alguma esquisitice, Felicia.

— Seria esquisitice convidar um menino como aquele para vir à nossa casa e ter um jantar quente? — Felicia fez a pergunta com voz tão baixa que parecia estar falando consigo mesma.

— Esquisitice não é exatamente a palavra, é claro — replicou Rose, indiferente. — Seria o que Madame Blanche chama de "outré". Sem dúvida. Então, por favor, não convide ele, ou outros como ele, para um jantar quente só porque eu sugeri. Ah, querida! Como estou cansada!

Ela bocejou e Felicia ficou olhando silenciosamente pela janela na porta da carruagem.

— O concerto foi estúpido, e o violinista era simplesmente uma canseira. Não sei como você pôde ficar tão compenetrada o tempo todo — Rose exclamou com um pouco de impaciência.

— Gostei da música — respondeu Felicia tranquilamente.

— Você gosta de qualquer coisa. Nunca vi uma jovem com tão pouco senso crítico.

Felicia corou levemente, mas não respondeu. Rose bocejou mais uma vez e se pôs a cantarolar o trecho de uma canção famosa. Então exclamou, repentinamente.

— Estou cansada de quase tudo. Tomara que as "Sombras de Londres" sejam mais interessantes hoje à noite.

— As "Sombras de Chicago" — murmurou Felicia.

— As "Sombras de Chicago"! As "Sombras de Londres", a peça, o grande drama com o cenário maravilhoso, a sensação de Nova York por dois meses. Você sabe que temos um camarote com dos Delano esta noite.

Felicia voltou-se para a sua irmã. Seus grandes olhos castanhos eram muito expressivos, e não estavam desprovidos de uma faísca de calor luminoso.

— Enquanto isso, não vertemos uma única lágrima diante do verdadeiro cenário da vida. Que são as sombras de Londres no palco ao lado das sombras reais de Londres ou de Chicago que realmente existem?

— É porque esse povo da vida real é uma gente suja e desagradável, e isso aborrece demais, é o que eu acho — respondeu Rose, sem pensar. — Felicia, você jamais conseguirá reformar o mundo. Para que insistir nisso? Não somos culpadas pela pobreza e miséria. Sempre houve ricos e pobres. E sempre haverá. Devemos ser gratas por dermos ricas.

— Suponha que Cristo agisse de acordo com aquele princípio — insistiu Felicia com persistência incomum. — Você está lembrada do sermão do Dr. Bruce, de alguns domingos atrás, sobre este versículo: "Pois conheceis a graça de nosso Senhor Jesus Cristo, que, sendo rico, tornou-se pobre por vossa causa, para que fôsseis enriquecidos por sua pobreza"?

— Lembro-me sim e muito bem — retrucou Rose com certa petulância. — E Dr. Bruce não disse em seguida que não havia culpa sobre as pessoas com riquezas, se elas são gentis e doam para satisfazer as necessidades dos pobres? Tenho certeza de que o próprio doutor tem bastante conforto. Ele não renuncia ao seu bem-estar só porque há pessoas na cidade que passam fome. Que bem haveria se ele fizesse isso? Ouça bem o que lhe digo, Felicia, sempre haverá pobres e ricos, apesar de tudo o que pudermos fazer. Desde que Rachel escreveu sobre as esquisitices de Raymond, você tem perturbado toda a família. Não se pode viver sempre no limite. Você vai ver como Rachel logo vai desistir. É uma grande pena que ela não tenha vindo a Chicago e cantado nos concertos do Auditorium. Soube hoje que ela recebeu uma proposta. Vou escrever a ela e insistir para que venha. Estou morrendo de vontade de ouvi-la cantar.

Felicia olhou pela janela e ficou em silêncio. A carruagem seguiu por mais dois quarteirões de residências magníficas e subiu numa ampla entrada coberta, e as duas irmãs correram para dentro da casa. Era uma mansão elegante revestida de pedras cinzas, mobiliada como um palácio, tendo cada canto adornado com o luxo de quadros, esculturas, artes e detalhes modernos.

O proprietário de tudo aquilo, Charles R. Sterling, estava à frente da lareira fumando um charuto. Obtivera sua fortuna especulando com cereais e ações de ferrovias, e dizia-se que riqueza era de mais de dois milhões de dólares. Sua esposa era uma irmã da Sra. Winslow de Raymond. Ela estava inválida havia vários anos. As duas jovens, Rose e Felicia, eram as únicas filhas. Rose tinha vinte e um anos, era bonita, vivaz, educada em um colégio famoso, estava estreando nos círculos sociais e era um tanto cínica e indiferente. Uma moça difícil de agradar, dizia seu pai, ora brincando, ora preocupado. Felicia tinha dezenove anos, com uma beleza tropical semelhante à de sua prima Rachel Winslow, de impulsos calorosos e generoso, abrindo-se aos sentimentos cristãos, capaz de todos os tipos de expressão, uma charada para o pai e uma fonte de irritação para a mãe; com um território vasto e inexplorado de pensamentos e ações do qual ela mesma não tinha plena consciência. Havia em Felicia algo que facilmente suportaria qualquer condição na vida, tão-somente se lhe fosse dada liberdade para se orientar por suas próprias convicções.

— Chegou uma carta para você, Felicia — disse o Sr. Sterling, tirando-a do bolso.

Felicia sentou-se e no mesmo instante abriu a carta, dizendo que era de Rachel.

— Quais são as novidades lá por Raymond? — perguntou o Sr. Sterling, tirando o charuto da boca e olhando para Felicia como fazia costumeiramente, com os olhos semicerrados, como se a estudasse.

— Rachel diz que o Rev. Bruce está há dois domingos em Raymond e parece muito impressionado na proposta do Rev. Maxwell à Primeira Igreja.

— E o que Rachel fala de si mesma? — perguntou Rose, que estava deitada num sofá, quase soterrada sob meia dúzia de almofadas elegantes.

— Ela ainda está cantando no Retângulo. Desde que as reuniões na tenda acabaram, ela tem cantado num velho salão até que termine a construção dos prédios que sua amiga, Virginia Page, está levantando.

— Preciso escrever a Rachel para nos visitar em Chicago. Ela não pode jogar fora sua voz naquela cidade de ferroviários, no meio de pessoas incapazes de apreciá-la.

O Sr. Sterling acendeu outro charuto, e Rose exclamou:

— Rachel é tão esquisita, eu acho. Ela enlouqueceria Chicago com sua voz, se cantasse no Auditorium. E lá está ela, desperdiçando a voz com gente que não sabe o que ouve.

— Rachel não virá aqui se a menos que possa cumprir a promessa que fez — disse Felicia, após uma pausa.

— Que promessa? — perguntou o Sr. Sterling, e logo acrescentou: — Ah, sim! Já sei. Uma coisa muito peculiar, por sinal. Powers era um de meus amigos. Aprendemos telegrafia no mesmo escritório. Causou uma grande sensação quando se demitiu e apresentou aquelas provas à Comissão Comercial Interestadual. E agora voltou a ser telegrafista. Aconteceram coisas estranhas em Raymond durante o último ano. Gostaria de saber o que o Dr. Bruce acha disso tudo. Preciso conversar com ele sobre isso.

— Ele vai pregar amanhã — disse Felicia. — Talvez nos diga alguma coisa sobre isso.

Houve silêncio por um minuto. Então Felicia disse abruptamente, como se houvesse trocado algumas ideias com um ouvinte invisível:

— E se ele apresentar o mesmo compromisso à Igreja da Nazareth Avenue?

— Ele quem? Do que você está falando? — perguntou seu pai, um tanto asperamente.

— Estou falando do Dr. Bruce. Quero dizer, e se ele propuser à nossa igreja o que o Rev. Maxwell propôs à igreja dele e convidar voluntários que se comprometam se perguntar antes de a fazer qualquer coisa "O que Jesus faria?"?

— Não há perigo de que isso aconteça aqui — disse Rose, levantando-se do sofá ao ouvir o sino anunciando o chá.

— Do meu ponto de vista, é um movimento bastante impraticável — disse o Sr. Sterling secamente.

— De acordo com a carta de Rachel, a igreja de Raymond está empenhada em estender a ideia do compromisso a outras igrejas. Se tiverem sucesso, certamente realizarão grandes mudanças nas igrejas e na vida das pessoas — disse Felicia.

— Muito bem, vamos primeiro tomar nosso chá — disse Rose, dirigindo-se à sala de jantar. O pai e Felicia a acompanharam e tomaram o chá em silêncio. A Sra. Sterling era servida em seu próprio quarto. O Sr. Sterling mostrava-se preocupado. Comeu muito pouco e se retirou mais cedo, e embora fosse sábado à noite, avisou que talvez voltasse tarde em razão de certo negócio especial que tinha a tratar.

— Você tem notado que papai parece um tanto preocupado ultimamente? — perguntou Felicia logo que ele se retirou.

— Ah, não sei. Não notei nada de diferente — respondeu Rose. Após instantes de silêncio, ela disse: — Você vai ao teatro hoje à noite, Felicia? A Sra. Delano passará por aqui às 19h30. Acho que você deve ir. Ela ficará ofendida se você não for.

— Eu vou. Não me importo com isso. Posso ver muitas sombras sem precisar ir ao teatro.

— Que observação infeliz para uma moça de dezenove anos — replicou Rose. — Mas você é mesmo de ter ideias esquisitas, Felicia. Se for ver a mãe, diga-lhe que passarei lá depois do teatro, se ela ainda estiver acordada.

Felicia subiu para ver a mãe e ficou com ela até que a carruagem da Sra. Delano chegasse. A Sra. Sterling estava preocupada com o marido. Ela falava incessantemente e se irritava a cada observação que Felicia fazia. Não quis nem mesmo que a filha lesse um trecho da carta de Rachel, e quando Felicia se prontificou a ficar com ela aquela noite, ela recusou a oferta com uma boa dose de rispidez.

Então Felicia foi ao teatro meio a contragosto, mas estava acostumada ao sentimento, exceto que em alguns momentos estava mais infeliz do que em outros. Essa emoção se expressou naquela noite por meio de uma introspecção. Quando o grupo se sentou no camarote e as cortinas se levantaram, Felicia se sentou atrás dos outros e passou a noite sozinha. A Sra. Delano, como madrinha de meia dúzia de jovens, compreendia Felicia bem o bastante para saber que ela realmente era "esquisita", como Rose sempre dizia, e não tentou tirá-la do canto. Assim, Felicia experimentou naquela noite solitária um dos sentimentos que fez crescer o movimento que apressaria a chegada de sua grande crise.

A peça era um melodrama inglês, repleta de situações imprevistas, cenários realistas e clímax inesperados. Houve uma cena no terceiro ato que impressionou até Rose Sterling.

Era meia-noite na Blackfriars Bridge. O rio Tâmisa corria lá embaixo, escuro e ameaçador. A catedral Saint Paul erguia-se altiva à luz mortiça, seu domo parecendo flutuar acima dos prédios à sua volta. A figura de uma criança surge sobre a ponte e se detém, por um instante, olhando para os lados como se procurasse alguém. Várias pessoas cruzavam a ponte, porém numa das reentrâncias que ficam no meio da extensão do rio, havia uma mulher debruçada no parapeito com tal agonia no rosto e no corpo que facilmente indicava sua intenção. No instante em que ela sorrateiramente subia ao parapeito para se lançar nas águas, a criança a reconheceu, correu em sua direção com um grito desesperado, mais animal do que humano, e agarrando o vestido da mulher, puxava-o com sua toda a sua pouca força. Surgem então em cena dois outros personagens que já haviam figurado na peça: um cavalheiro alto, bonito e atlético, vestido de maneira elegante, acompanhado por um pajem esbelto, tão refinado em suas roupas e aparência quanto a pequena menina que agarrava sua mãe era tristemente hedionda em seus andrajos e miséria repugnante. Esses dois, o cavalheiro e o pajem, evitaram a tentativa de suicídio, e depois de uma cena muda no palco, em que os espectadores ficam sabendo que o homem e a mulher eram irmãos, a cena é transportada ao interior de um dos cortiços no East End de Londres. Aqui, o pintor e o carpinteiro do teatro fizeram o possível para produzir uma cópia exata de um famoso pátio e beco bem conhecidos das criaturas miseráveis que compunham parte dos desfavorecidos de Londres. Os trapos, o excesso de pessoas, a degradação, os móveis quebrados e a terrível existência animalesca imposta a criaturas feitas à imagem de Deus eram mostrados nessa cena com tal habilidade que mais de uma mulher elegante na plateia, acomodada como Rose Sterling em um camarote suntuoso, cercada de pendentes de seda e parapeito revestido de veludo, se encontrou encolhendo-se um pouco, como se fosse possível de contaminar com a proximidade daquele pedaço de tela pintada. Era realista demais, e ainda assim, exercia um horrível fascínio sobre Felicia, sentada sozinha, afundada em um assento almofadado, absorvida em pensamentos que iam muito além do diálogo que se travava no palco.

Da cena do cortiço, a peça foi transportada ao interior do palácio de um nobre, e um suspiro de alívio quase percorreu todo o teatro ao verem o luxo familiar às classes altas. O contraste era marcante. Ele foi produzido por uma habilíssima manobra cênica que substituiu em instantes a cena do cortiço pela cena do palácio. O diálogo continuava, os atores entravam e saíam, mas em Felicia a peça causara apenas uma única impressão. Na verdade, as cenas da ponte e do cortiço eram incidentais no enredo da peça, porém Felicia se viu revivendo essas cenas de novo e de novo. Ela nunca havia filosofado sobre as causas da miséria humana; ainda era muito jovem e não tinha o temperamento dos filósofos. Entretanto, sentia intensamente, e esta não foi a primeira vez que ela foi chocada pelo contraste entre as condições mais elevadas e mais rebaixadas da vida humana. Isso havia crescido nela até torná-la o que Rose chamava de "esquisita" e que outras pessoas em seu círculo de amigos ricos chamavam de "muito peculiar". Tratava-se simplesmente do problema humano em seus extremos de riqueza e pobreza, refinamento e degradação, que — apesar de seus tentativas inconscientes de lutar contra os fatos — gravavam a fogo em sua vida a impressão que, no fim, fariam dela ou uma mulher de raro amor e autossacrifício pelo mundo, ou um terrível enigma para si mesma e para todos que a conhecessem.

— Vamos, Felicia, você não quer ir para casa? — disse Rose. A peça havia terminado, a cortina foi baixada e o público saía ruidosamente, rindo e fofocando, como se "As Sombras de Londres" fosse apenas uma leve diversão, como de fato era apresentada no palco com tanta eficácia.

Felicia levantou-se e saiu com os outros silenciosamente, absorvida pelos sentimentos que a mantiveram em seu assento, alheia ao fim do espetáculo. Ela nunca se fechava em si mesma, mas não raro ficava pensativa a ponto de isolar-se em meio a uma multidão.

— Bem, o que você achou da peça? — perguntou Rose quando ambas chegaram em casa e estavam na sala de visitas. Rose respeitava muito as opiniões de Felicia sobre as peças.

— Penso ser um quadro bem real da vida como ela é.

— Estou falando da atuação — disse Rose, aborrecendo-se.

— A cena da ponte foi bem representada, especialmente a parte da mulher. Acho que o homem exagerou um pouco no sentimento.

— Você achou? Pois eu gostei. E a cena dos dois primos quando ficaram sabendo que eram parentes? Achei engraçada.

Mas a cena do cortiço foi horrível. Penso que não deviam exibir coisas assim numa peça. São muito dolorosas.

— Devem ser dolorosas na vida real também — retrucou Felicia.

— Sim, mas não precisamos para a realidade. Já é desagradável o bastante no teatro, onde pagamos por elas.

Rose foi à outra sala e começou a comer de um prato de frutas e bolos que estavam no aparador.

— Você não vai subir para ver a mãe? — perguntou Felicia depois de alguns minutos. Ela estava em frente da lareira da sala de visitas.

— Não — respondeu Rose da outra sala. — Não quero incomodá-la hoje à noite. Se você for, diga-lhe que estou cansada demais para ser agradável.

Felicia foi ao quarto da mãe. A luz iluminava a grande escadaria e o saguão superior, e a cuidadora da Sra. Sterling fez sinal para que Felicia entrasse.

— Peça à Clara que se retire — exclamou a Sra. Sterling quando Felicia subia na cama e se ajoelhava.

Felicia ficou surpresa, mas fez o que sua mãe pediu, e em seguida perguntou-lhe como estava se sentindo.

— Felicia — disse a mãe —, você pode orar?

A pergunta era tão diferente das que sua mãe geralmente fazia que ela estranhou.

— Ora, mãe, sim. Por que me pergunta?

— Felicia, estou assustada. Seu pai... tive receios estranhos o dia todo com respeito a ele. Há alguma coisa errada com ele. Quero que você ore.

— Agora? Aqui, mãe?

— Sim. Ore, Felicia.

Felicia segurou a mão de sua mãe. Ela tremia. A Sra. Sterling nunca mostrara muita ternura por sua filha caçula, e seu estranho pedido agora era o primeiro indício real de alguma confiança no caráter de Felicia.

A jovem continuou ajoelhada, segurando a mão trêmula da mãe, e orou. É provável que nunca tivesse orado em voz alta. Ela deve ter dito em sua oração as palavras de que sua mãe precisava, pois quando se fez silêncio no quarto, a inválida chorava suavemente e sua tensão nervosa se fora.

Felicia permaneceu ali algum tempo. Quando se certificou de que a mãe não precisava mais dela, levantou-se para sair.

— Boa noite, mãe. Se você se sentir mal durante a noite, diga à Clara para me chamar.

— Estou me sentindo melhor agora. — Então, enquanto Felicia saía, a Sra. Sterling disse: — Você não vai me beijar, Felicia?

Felicia voltou e curvou-se sobre a mãe. O beijo era quase tão estranho quanto o pedido da oração. Quando Felicia deixou o quarto, suas faces estavam banhadas de lágrimas. Ela não chorava desde que era criança.

As manhãs de domingo eram geralmente muito tranquilas na mansão dos Sterling. As moças geralmente iam para a igreja no culto das onze horas. O Sr. Sterling não era membro, mas contribuía generosamente, e de vez em quando ia à igreja de manhã. Nesse dia, ele não havia descido para o café da manhã, e por fim enviou um recado por meio de um criado dizendo que não se sentia bem para sair. Assim, Rose e Felicia foram de coche até à porta da Igreja da Nazareth Avenue e ocuparam sozinhas o banco da família.

Quando o Dr. Bruce saiu da sala no fundo da plataforma e subiu ao púlpito para abrir a Bíblia, como sempre fazia, mesmo aqueles que o conheciam bem não perceberam nada diferente em seus modos ou em sua expressão. Conduziu o culto como de costume. Estava calmo e sua voz era firme. Sua oração foi o primeiro sinal que as pessoas tiveram de algo novo ou estranho no culto. É seguro dizer que a Igreja da Nazareth Avenue jamais ouvira o Dr. Bruce orar daquela forma durante os doze anos em que era pastor ali. Como oraria um ministro depois de passar por uma revolução em seus sentimentos cristãos que transformaram completamente sua concepção do que seja seguir a Jesus? Ninguém na Igreja da Nazareth Avenue fazia ideia de que o Dr. Rev. Calvin Bruce, o respeitado, culto e refinado doutor em Teologia, estivera, havia poucos dias, chorando como uma criança pequena, pedindo força e coragem e o Espírito de Cristo para pregar o seu sermão de domingo; e ainda assim, a oração era uma revelação inconsciente e involuntária da experiência de sua alma, algo que a congregação da Igreja da Nazareth Avenue raramente ouvira, e nunca naquele púlpito.

Na tensão que sucedeu a oração, uma distinta onda de poder espiritual se moveu sobre a congregação. Os mais distraídos na igreja perceberam. Felicia, cuja sensibilidade religiosa correspondia logo a qualquer toque emocional, estremeceu ante a passagem desse poder sobrenatural; e quando levantou a cabeça e fitou o ministro, havia algo no seu olhar que denunciou seu anseio intenso e ardente pela cena que se seguiria.

Ela não estava sozinha em sua ânsia. Havia algo na oração que agitou a muitos discípulos na Igreja da Nazareth Avenue. Todos na casa, homens e mulheres, se inclinaram para a frente; e quando o Dr. Bruce começou a falar sobre sua visita a Raymond, a primeira frase da introdução que, nesta manhã, precederia o sermão, encontrou uma resposta da igreja que lhe veio de volta enquanto ele falava, e o fez estremecer com a esperança de um batismo espiritual que nunca havia experimentado em sua vida ministerial.

— Acabo de retornar de uma visita a Raymond — iniciou o Rev. Bruce. — E quero lhes contar algumas de minhas impressões sobre o movimento que acontece lá.

Fez uma pausa e correu os olhos pela audiência com anseio por elas e, ao mesmo tempo, com uma grande incerteza no coração. Quantos daqueles membros abastados, elegantes, refinados e apreciadores do luxo compreenderiam a natureza do apelo que ele estava para lhes fazer? Ele se sentia desorientado a esse respeito. Entretanto, ele já havia atravessado o seu deserto e saíra daí disposto a sofrer. Após a breve pausa, ele prosseguiu e lhes contou a história de sua estadia em Raymond. As pessoas já conheciam alguma coisa da experiência vivida pela Primeira Igreja. O país inteiro vinha acompanhando a evolução daquele compromisso à medida que formava a história de numerosas vidas. Henry Maxwell havia finalmente entendera que era chegado o momento de buscar comunhão com outras igrejas em todo o país. O novo discipulado em Raymond havia se mostrado tão valioso em seus resultados que Henry Maxwell desejou que a igreja, no geral, o compartilhasse com os discípulos de Raymond. Já estava em curso um movimento voluntário em muitas igrejas pelo país, agindo segundo seu próprio desejo de seguir de perto os passos de Jesus. As Sociedades de Esforço Cristão, em numerosas igrejas, assumiam com grande entusiasmo a promessa de fazer o que Jesus faria, e os resultados já se mostravam em uma vida espiritual mais profunda e uma influência mais poderosa da igreja, que era como um novo nascimento para os membros.

O Dr. Bruce expôs isso tudo com simplicidade e um interesse pessoal que claramente abria caminho para o anúncio que fez logo em seguida. Felicia ouvia cada palavra com excessiva atenção. Ela sentava-se ao lado de Rose, contrastando como fogo ao lado do gelo, embora a própria Rose estivesse alerta e agitada a seu modo.

— Caros irmãos — ele disse, e pela primeira vez desde a oração, sua voz e seus gestos denunciaram a emoção do momento —, venho propor que a Igreja da Nazareth Avenue assuma o mesmo compromisso que a Igreja de Raymond. Sei o que isso vai significar para vocês e para mim. Vai significar a mudança completa de muitos hábitos. Vai significar, possivelmente, a perda da posição social. Significará muito provavelmente, em muitos casos, perda de dinheiro. Significará sofrimento. Significará o que significou seguir Jesus no primeiro século, e isso inclui sofrimento, perdas, dificuldades e separação de tudo o que não seja cristão. Mas o que significa seguir a Jesus? O teste do discipulado é hoje o mesmo de antes. Aqueles da Igreja da Nazareth Avenue que se voluntariarem a fazer o que Jesus faria, simplesmente prometem andar nos seus passos como Ele nos ordenou.

Mais uma vez o Dr. Calvin Bruce, pastor da Igreja da Nazareth Avenue, pausou, e agora os efeitos do seu anúncio eram plenamente visíveis na inquietação que se fez entre os presentes. Com voz calma, ele acrescentou que aqueles que se voluntariassem a assumir esse compromisso deveriam ficar ali depois do culto matutino.

Passou então ao sermão. O versículo escolhido foi Mateus 8:19: "Mestre, eu te seguirei aonde quer que fores".

Foi uma pregação que tocou as fontes profundas da conduta; ela revelou ao auditório a definição que seu pastor estava aprendendo; levou-os aos primeiros tempos do cristianismo; acima de tudo, sacudiu deles o pensamento convencional de anos quanto ao significado e propósito de ser membro de uma igreja. Foi um sermão que se prega uma vez na vida, com conteúdo suficiente para ser vivido ao longo da vida inteira.

O culto terminou em um silêncio que logo se quebrou. As pessoas se levantavam aqui e ali, poucas por vez. O auditório relutava em se movimentar, de maneira bastante notável.

Rose, entretanto, saiu direto do banco e, quando alcançava o corredor, virou-se para trás e fez sinal para Felicia. Àquela altura, toda a congregação se levantava.

Felicia respondeu instantaneamente ao olhar da irmã.

— Vou ficar — disse ela de uma forma que Rose já ouvira em outras ocasiões, e sabia que Felicia não mudaria de opinião. Mesmo assim, ela deu dois ou três passos pelo banco e a encarou.

— Felicia — ela sussurrou, e havia um rubor de raiva em suas bochechas —, isso é bobagem. O que você vai fazer? Você vai ridicularizar toda a família. O que o pai vai dizer? Venha.

Felicia a olhou, mas não respondeu de imediato. Seus lábios moviam-se numa prece que brotava de um sentimento profundo, à medida de uma nova vida para ela. Ela sacudiu a cabeça.

— Não. Vou ficar aqui. Vou assumir o compromisso. Estou pronta a cumpri-lo. Você não sabe por que estou fazendo isso.

Rose olhou para ela novamente e, em seguida, voltou-lhe as costas, saiu do banco e seguiu no corredor. Nem mesmo parou para conversar com seus conhecidos. A Sra. Delano também saía da igreja assim que Rose entrou no vestíbulo.

— Então você não vai se juntar ao grupo de voluntários do doutor? — perguntou a Sra. Delano, num tom de voz estranho que fez Rose corar.

— Não, e a senhora? Acho isto simplesmente absurdo. Sempre considerei o movimento de Raymond fanático. Você sabe que a prima Rachel nos mantém informados a respeito.

— Sim, tenho ouvido dizer que tem causado muitas dificuldades em vários casos. Minha opinião é que o Rev. Bruce apenas perturbou a igreja. Isso irá criar uma divisão na Igreja da

Nazareth Avenue. Você vai ver se não tenho razão. Dezenas de pessoas na igreja estão numa condição tão estável que não podem assumir um compromisso assim e mantê-lo. Eu sou uma delas — acrescentou a Sra. Delano enquanto saía com Rose.

Ao chegar em casa, Rose encontrou seu pai em sua posição de costume, diante da lareira fumando charuto.

— Onde está Felicia? — perguntou ele quando Rose entrou sozinha.

— Ela ficou para uma reunião pós-culto — respondeu Rose brevemente. Tirou os xales e subia a escada quando o Sr. Sterling perguntou.

— Uma reunião pós-culto? O que você quer dizer?

— O Dr. Bruce convidou a igreja a assumir o compromisso de Raymond.

O Sr. Sterling tirou o charuto da boca e o girou nervosamente entre os dedos.

— Não esperava isso do Dr. Bruce. Ficou muita gente?

— Não sei. Eu não fiquei — respondeu Rose e subiu a escada, deixando o pai em pé na sala de visitas.

Passados alguns instantes, ele foi à janela e ficou observando as pessoas que passavam de coche na avenida. Seu charuto tinha acabado, mas ele continuava girando-o entre os dedos nervosamente. Deixou a janela e andou de um lado para o outro na sala. Uma criada entrou para anunciar o almoço, e ele lhe disse que esperasse por Felicia. Rose desceu e foi à biblioteca. O Sr. Sterling continuava andando sem parar no salão.

Por fim, parecia ter se cansado de andar e, jogando-se numa poltrona, preocupava-se profundamente com alguma coisa quando Felicia entrou.

Ele se levantou e a encarou. Felicia estava notoriamente comovida pela reunião, da qual acabava de vir. Ao mesmo tempo, ela não se mostrava disposta a falar do assunto. Tão logo entrou na sala de visitas, Rose saiu da biblioteca.

— Quantas pessoas ficaram? — ela perguntou. Rose estava curiosa. Ao mesmo tempo, estava cética quanto ao movimento em Raymond.

— Umas cem — respondeu Felicia seriamente. O Sr. Sterling mostrou-se surpreso. Felicia estava saindo da sala. Ele a chamou de volta:

— Você está realmente disposta a assumir esse compromisso? — perguntou-lhe.

Felicia ficou corada. Enquanto respondia, o sangue quente corria em seu rosto e pescoço.

— Você não me faria essa pergunta, pai, se tivesse participado daquela reunião. — Ela fiou um pouco na sala, então pediu licença do almoço por um instante, e subiu para ver sua mãe.

Nenhuma outra pessoa soube o que se passou naquele encontro de Felicia com sua mãe. Certamente ela deve ter contado à mãe sobre o poder espiritual que maravilhou cada pessoa do grupo de discípulos da Igreja da Nazareth Avenue que se reuniu com o Dr. Bruce após o culto. É certo também que Felicia nunca passara por uma experiência como aquela, e jamais pensaria em partilhá-la com sua mãe se não tivesse orado com ela na véspera. Sabe-se outro fato da experiência de Felicia. Quando finalmente se juntou ao pai e à Rose à mesa, ela parecia incapaz de lhes falar muito sobre a reunião. Relutava em falar sobre isso, do mesmo modo que alguém hesitaria em descrever um esplêndido pôr-do-sol a uma pessoa que nunca falou de nada, a não ser do clima. Quando aquele domingo na mansão dos Sterling se aproximava do fim, e luzes suaves e mornas brilhavam em toda a casa através das grandes janelas, em um canto de seu quarto, onde a luz era menor, Felicia se ajoelhou, e quando levantou o rosto em direção à luz, seu rosto era o de uma mulher que já havia resolvido para si mesma as maiores questões da vida terrena.

Naquele mesmo domingo, após o culto da noite, o Dr. Rev. Calvin Bruce, da Igreja da Nazareth Avenue, conversava sobre os acontecimentos do dia com sua esposa. Os dois eram um só coração e uma só mente naquela questão, e encaravam seu novo futuro com toda a fé e coragem de novos discípulos. Nenhum dos dois se iludia quanto aos prováveis resultados do compromisso para eles e para a igreja.

Estavam conversando fazia por pouco tempo quando sacudiram o sino da porta, e o Dr. Bruce, abrindo a porta, exclamou:

— É você, Edward! Entre!

Entrou na sala uma figura imponente. O bispo tinha uma altura e uma largura de ombros extraordinárias, porém tão bem equilibradas que ele não aparentava nem um tamanho descomunal nem uma postura desajeitada. A impressão que ele causava aos estranhos era, à primeira vista, de grande saúde, e então, de muita cordialidade.

Ele chegou à sala e cumprimentou a Sra. Bruce, que depois de uns instantes, foi chamada para fora da sala, deixando os dois conversando.

O bispo se sentou numa confortável poltrona à frente da lareira. Havia bastante umidade naquele começo de primavera que tornava a lareira agradável.

— Calvin, você deu hoje um passo muito sério hoje — o bispo finalmente disse, erguendo seus grandes olhos escuros para o rosto do antigo colega da faculdade. — A notícia me veio esta tarde. Não resisti ao desejo de vê-lo esta noite para falar sobre o assunto.

— Estou contente com a sua visita. — O Dr. Bruce estava sentado perto do bispo e colocou uma mão no seu ombro. — Você compreende o que isso significa, Edward?

— Penso que sim. Sim, estou certo — o bispo falava muito bem devagar e pensativamente. Ele estava sentado com os dedos cruzados. Sobre seu rosto, marcado por sinais de consagração e serviço e amor pelas pessoas, fazia-se uma sombra, uma sombra que não era causada pela lareira. Olhou novamente para o seu velho amigo. — Calvin, sempre nos entendemos. Desde que nossos caminhos nos levaram a destinos diferentes na vida eclesiástica, sempre andamos juntos na fraternidade cristã.

— É verdade — assentiu o Dr. Bruce com uma emoção que não quis esconder nem amenizar. — Graças a Deus por isso. Prezo sua amizade acima da de qualquer outra pessoa. Sempre soube o que ela significava, embora ela tenha sempre sido mais que mereço.

O bispo olhou afetuosamente para seu amigo. Mas a sombra continuava marcando seu rosto. Depois de uma pausa, ele voltou a falar.

— Esse novo discipulado significa uma crise em seu trabalho. Se mantiver esse compromisso de fazer todas as coisas como Jesus faria – como sei que vai manter –, não é preciso ser profeta para prenunciar mudanças expressivas em sua congregação. — O bispo olhou melancolicamente para Bruce e então prosseguiu. — Na realidade, não vejo como evitar uma reviravolta no cristianismo, como o conhecemos hoje, se os ministros e as igrejas, em geral, assumirem o compromisso de Raymond e o colocarem em prática.

Fez outra pausa, como que esperando que seu amigo dissesse alguma coisa ou fizesse uma pergunta. Bruce, porém, não sabia o fogo que ardia no coração do bispo sobre a mesma questão que Maxwell e ele próprio haviam enfrentado.

— No que diz respeito à minha igreja, por exemplo — continuou o bispo — receio que seria bastante difícil encontrar muitas pessoas dispostas a assumir um compromisso assim e levá-lo adiante. Perdemos a arte do martírio. Nosso cristianismo ama demais suas facilidades e seu conforto para se apegar a qualquer coisa áspera e pesada como uma cruz. Ademais, o que é seguir a Jesus? O que significa andar em seus passos?

O bispo parecia estar falando para si mesmo, e é de se duvidar que, por instantes, tenha notado a presença do amigo. Pela primeira vez, o Dr. Bruce suspeitou rapidamente da verdade. E se o bispo, com todo o peso de sua influência, levantasse a bandeira do movimento de Raymond? Ele era seguido pelas pessoas mais aristocráticas, ricas e refinadas, não somente em Chicago, mas em várias grandes cidades. O que aconteceria se o bispo se juntasse a esse novo discipulado!

A ideia estava prestes a ser seguida pela palavra. O Dr. Bruce estendera a mão, com a familiaridade de amigos de uma vida inteira, e a colocara no ombro do bispo, e estava a ponto de lhe fazer uma pergunta muito importante quando ambos se assustaram com uma sacudida violenta no sino da porta. A Sra. Bruce atendera e falava com alguém no vestíbulo. Ouviram uma alta exclamação, e então o bispo se levantou e Bruce se dirigia em direção à cortina que dividia o vestíbulo e a sala, quando a Sra. Bruce a afastou. Estava pálida e trêmula.

— Oh, Calvin! Que notícia horrível! O Sr. Sterling... Oh! Não consigo falar! Que golpe terrível para aquelas duas jovens!

— O que aconteceu? — Dr. Bruce entrou com o bispo no vestíbulo e questionou o mensageiro, um criado dos Sterling. O homem estava sem chapéu e era evidente que havia corrido com a notícia, uma vez que o doutor era o amigo da família que morava mais perto.

— O Sr. Sterling atirou nele mesmo, senhor, há poucos minutos. Ele se matou em seu quarto. A Sra. Sterling...

— Vou para lá imediatamente, Edward. — Dr. Bruce voltou-se para o bispo. — Pode vir comigo? Os Sterling são velhos amigos seus.

O bispo estava muito pálido, mas calmo como sempre. Ele olhou para o rosto de seu amigo e respondeu.

— Sim, Calvin, irei com você, não somente a essa casa enlutada, mas também por todo o caminho do pecado e da tristeza humana, se aprouver a Deus.

E mesmo naquele momento de horror, diante de notícias inesperadas, Calvin Bruce compreendeu o que o bispo se comprometera a fazer.

CAPÍTULO X

Estes são os que seguem o Cordeiro aonde quer que vá.
APOCALIPSE 14:4

Quando o Rev. Bruce e o bispo entraram na mansão dos Sterling, encontraram grande confusão e terror naquela casa geralmente impecável. As amplas salas do andar de baixo estavam vazias, mas no andar superior ouviam-se passos apressados e vozes confusas. Uma das criadas descia apressadamente a grande escadaria com uma expressão de horror no exato momento em que o bispo e o Dr. Bruce subiam.

— A Srta. Felicia está com a Sra. Sterling — a criada gaguejou em resposta a uma pergunta, e em seguida desmoronou num choro descontrolado, atravessando a sala de visitas e saindo pela porta da rua.

No alto da escada os dois homens foram recebidos por Felicia.

Ela foi ao encontro do Dr. Bruce e colocou suas mãos nas dele. O bispo pousou sua mão sobre a cabeça dela e os três ficaram ali por alguns instantes em absoluto silêncio.

O bispo conhecia Felicia desde que ela era criança. Ele foi o primeiro a romper o silêncio.

— Que o Deus de toda misericórdia seja com você, Felicia, nesta hora sombria. Sua mãe...

O bispo hesitou. Enquanto vinha da casa de seu amigo a essa casa de morte, ele desenterrara do passado um sensível romance de sua juventude. Nem mesmo Bruce sabia disso. Houve um tempo em que o bispo oferecera o incenso de uma afeição singular e totalmente devotada da juventude à bela Camilla Rolfe, mas ela havia preferido um milionário. O bispo não guardava amargura dessa lembrança. Mas ainda era uma lembrança.

Em resposta à pergunta inacabada do bispo, Felicia voltou ao quarto de sua mãe. Ela ainda não dissera uma única palavra. Os dois homens estavam espantados com a maravilhosa calma que demonstrava. Ela voltou ao corredor e fez-lhes sinal para que entrassem, e os dois ministros entraram, com o sentimento de que estavam para presenciar algo incomum.

Rose estava deitada com os braços estendidos sobre a cama. Clara, a cuidadora, sentava-se com a cabeça coberta, soluçando em espasmos de terror. E a Sra. Sterling, com "a luz que jamais esteve em mar ou terra"[1] iluminando seu rosto, estava deitada tão imóvel que até o bispo ficou confuso. Então, quando a grande verdade foi revelada a ele e ao Dr. Bruce, ele cambaleou, e a agonia profunda da velha ferida o atravessou. A dor passou deixando-o na câmara da morte com a paz e força eterna que os filhos de Deus têm o direito de possuir. E ele fez bom uso dessa força e paz nos dias que se seguiram.

No momentos seguinte, o andar de baixo da casa estava transtornado. Quase ao mesmo tempo em que chegou o médico — que fora chamado imediatamente, mas que vivia a certa distância da casa — chegou também a polícia, acionada pelos criados aterrorizados. Com eles vinham quatro ou cinco jornalistas e muitos vizinhos. O Dr. Bruce e o bispo encontraram esse grupo misto aos pés da escada e conseguiram dispensar todos, exceto aqueles cuja presença era necessária. Com estes, os dois amigos souberam todos as particularidades da "Tragédia Sterling", como chamaram os jornais, em seu estilo sensacionalista, no dia seguinte.

O Sr. Sterling se recolhera naquela noite por volta das vinte e uma horas, e não foi visto por mais ninguém até que, meia hora mais tarde, ouviu-se um estampido, e um criado que estava no corredor correu ao quarto e encontrou o dono da casa estendido no chão, morto por sua própria arma. Felicia, naquele momento, estava com sua mãe. Rose lia na biblioteca. Ela correu pelas escadas, viu seu pai ser erguido pelos criados e colocado no sofá, e então correu aos berros ao quarto de sua mãe, onde caiu aos pés da cama num desmaio. A Sra. Sterling também desmaiou com o choque, então voltou a si com surpreendente rapidez, e enviou um mensageiro ao Dr. Bruce. Depois insistiu em ver o marido. Apesar de Felicia, ela obrigou Clara e a criada, que estava aterrorizada e trêmula, a ampará-la enquanto cruzava o corredor e entrava no quarto onde o marido estava. Contemplou-o sem lágrimas nos olhos, voltou para o seu aposento, deitou-se e, enquanto o Rev. Bruce e o bispo entravam na casa, ela expirava com uma prece de perdão por si mesma e pelo marido nos lábios trêmulos, estando Felicia inclinada sobre ela e Rose, ainda inconsciente, a seus pés.

Foi assim, grandiosamente e de forma rápida, que a soturna morte entrou naquele palácio luxuoso domingo à noite. Mas a real causa de sua vinda não foi conhecida até que o estado dos negócios do Sr. Sterling fossem finalmente revelados.

Soube-se então que, havia algum tempo, ele se achava diante da ruína financeira por causa de uma especulação que, no curto espaço de um mês, consumiu todos os seus recursos. Com a engenhosidade e o desespero de um homem que batalha pela própria vida, ele adiou até o último momento a hora fatal, quando viu seu dinheiro, que era o que ele mais valorizava na vida, fugir de suas mãos. Mas no domingo de tarde, ele recebeu notícias que confirmavam, para além de qualquer dúvida, sua completa ruína. A própria casa que chamava de sua, as poltronas em que se sentava, sua carruagem, os pratos em que comia — tudo aquilo fora comprado com um dinheiro que não lhe custara um gesto honesto de trabalho verdadeiro.

Tudo isso repousava em uma fina trama de engano e especulação que não tinha base em valores reais. Sabia disso melhor que ninguém, mas esperava, com a esperança que tais homens sempre têm, conservar seu dinheiro com os mesmos métodos com os quais o ganhara. Enganou-se nisso como muitos outros. Tão logo recebeu a notícia de que era praticamente um mendigo, não achou outra saída senão o suicídio. Era o fim inevitável da vida que ele havia escolhido. Fizera do dinheiro o seu deus. Assim que esse deus se retirara de seu pequeno mundo, nada restara para adorar, e quando o homem perde o objeto de seu culto, sua existência não tem mais razão de ser. Assim morreu o grande milionário Charles R. Sterling. Sua morte foi realmente a de um insensato, pois, que o que é ganhar ou perder dinheiro em comparação às misteriosas riquezas da vida eterna, que estão além de qualquer especulação, perda ou mudança?

A morte da Sra. Sterling foi causada pelo choque. Ela não sabia dos segredos de seu marido havia anos, mas sabia que a fonte de sua riqueza era precária. Sua vida, por muitos anos, fora uma vida de morte. Os Rolfe sempre deram a impressão de que eram mais capazes do que qualquer pessoa a resistir a mais desastres sem serem abalados. A Sra. Sterling exemplificou a velha tradição da família quando fez questão de ser carregada ao quarto em que seu marido estava. Mas o frágil corpo não pôde reter o seu espírito, e entregou sua alma, torcida e enfraquecida por longos anos de sofrimentos e contrariedades.

Os efeitos desse golpe triplo — a morte do pai e da mãe e a perda da riqueza — logo foram sentidos pelas duas irmãs. O horror dos acontecimentos deixou Rose apática durante semanas. Ela permaneceu indiferente aos pêsames e aos esforços para reanimá-la. Parecia não compreender que o dinheiro, que fora uma grande parte de sua própria existência, tinha desaparecido. Mesmo quando lhe disseram que ela e Felicia deveriam deixar a casa e depender de parentes e amigos, ela parecia ainda não compreender o que isso significava.

Felicia, entretanto, tinha plena consciência dos fatos. Sabia o que acontecera e por quê. Poucos dias depois dos funerais, discutia os seus planos com sua prima Rachel. A Sra. Winslow e Rachel viajaram a Chicago logo que souberam da terrível notícia, e com outros amigos da família, faziam planos para o futuro de Rose e Felicia.

— Felicia, você e Rose irão conosco para Raymond. Está resolvido. Mamãe não considera nenhum outro plano no momento — Rachel dissera, com seu belo semblante iluminando-se de amor por sua prima, um amor que se aprofundava dia a dia, e que se intensificara ao saber que ambas pertenciam ao novo discipulado.

— A menos que eu encontre algo para fazer aqui — respondeu Felicia. Ela olhou melancolicamente para Rachel.

— O que é que você poderia fazer, minha querida? — Rachel respondeu com gentileza.

— Nada. Nunca aprendi coisa nenhuma, a não ser um pouco de música, e não sei o bastante para ensinar ou para viver de música. Sei também cozinhar um pouco — respondeu com um leve sorriso.

— Então cozinhará para nós. A mãe sempre tem problemas com a cozinha — disse Rachel, compreendendo muito bem que

Felicia pensava que, agora, ela dependia da gentileza dos amigos da família para receber a própria comida e abrigo.

É verdade que as irmãs receberam algo à parte da fortuna falida do pai, mas com a loucura de um especulador, ele foi capaz de envolver as porções de sua esposa e de suas filhas em sua ruína.

— Posso? Posso mesmo? — respondeu Felicia à proposta de Rachel, como se fosse algo a se considerar a sério. — Estou pronta a fazer qualquer coisa digna para garantir o meu sustento e o de Rose. Pobre Rose! Ela nunca vai estar em condições de superar o choque.

— Veremos tudo isso quando chegarmos a Raymond — disse Rachel, sorrindo por entre as lágrimas ao ver a ansiedade da prima em querer se sustentar a si própria.

Assim, no fim de algumas semanas, Rose e Felicia acharam-se no seio da família Winslow, em Raymond. Foi uma experiência amarga para Rose, mas não havia nada mais que ela pudesse fazer, e ela aceitou o inevitável, lamentando a grande mudança em sua vida, aumentando, de diversas formas, o fardo de Felicia e de sua prima Rachel.

Felicia finalmente se encontrou em uma atmosfera de discipulado que lhe parecia o céu no que tange à comunhão. Verdade que a Sra. Winslow não estava de acordo com a direção que Rachel tomava, porém os notáveis acontecimentos provocados pelo célebre compromisso eram poderosos demais para não impressionar nem mesmo uma pessoa como a Sra. Winslow. Em Rachel, Felicia encontrou uma companhia perfeita. Logo encontrou um papel para desempenhar no novo projeto no Retângulo. No espírito de sua nova vida, insistiu para ajudar no trabalho doméstico de sua tia, e em pouco tempo demonstrou de tal modo suas habilidades como cozinheira que Virginia sugeriu que ela assumisse as aulas de culinária no Retângulo.

Felicia dedicou-se a essa obra com o mais vivo prazer. Pela primeira vez em sua vida experimentava a alegria de fazer alguma coisa útil para a felicidade de outros. Sua resolução de fazer tudo após perguntar "O que Jesus faria?" tocou sua natureza mais profunda. A própria Sra. Winslow foi obrigada a reconhecer a grande utilidade e beleza do caráter de Felicia. A tia olhava com admiração sua sobrinha, essa moça da cidade grande, rodeada do maior conforto, filha de um milionário, que agora andava pela sua cozinha com os braços brancos de farinha, e às vezes no nariz (pois Felicia tinha o costume de coçá-lo distraidamente enquanto tentava de lembrar de alguma receita), misturando vários pratos com o maior interesse no resultado; lavando panelas e chaleiras, fazendo o trabalho comum de uma criada, na cozinha dos Winslow ou no complexo do Retângulo. A princípio, a Sra. Winslow protestara.

— Felicia, seu lugar não é aqui, fazendo esse trabalho comum. Não posso consentir isso.

— Por que, tia? Não gostou dos bolinhos que fiz hoje de manhã? — Felicia perguntava meigamente, com um sorriso escondido, conhecendo o fraco de sua tia por aqueles bolinhos.

— Estavam excelentes, Felicia. Mas não parece certo que você faça esse trabalho para nós.

— Por que não? O que mais eu faria?

A tia a contemplou pensativamente, notando sua distinta beleza expressiva no rosto e nas expressões.

— Você não está pensando em fazer sempre isso, Felicia, está?

— Talvez sim. Eu tinha um sonho de abrir um restaurante-modelo em Chicago ou outra grande cidade e circular entre famílias pobres, num bairro carente como o Retângulo, ensinando as mães a cozinhar bem. Lembro-me de ter ouvido o

Dr. Bruce dizer uma vez que, para ele, uma das maiores mazelas da pobreza era a má alimentação. Ele chegou a dizer que, na opinião dele, a origem de certos crimes estava ligada a biscoitos murchos e carne dura. Tenho certeza de que poderia sustentar Rose e a mim, ao mesmo tempo que ajudo os outros.[2]

Felicia meditava no seu sonho até que ele se tornasse realidade. Enquanto isso, tornava-se mais querida pelo povo de Raymond e pelas pessoas do Retângulo, entre os quais era conhecida como o "Anjo da cozinha". Sob a estrutura daquele belo caráter, ela se desenvolvia, sempre apoiada na promessa feita na Igreja da Nazareth Avenue.

"O que Jesus faria?" Ela orava e trabalhava e planejava sua vida de acordo com a resposta a essa pergunta.

Essa era a inspiração de sua conduta e a resposta a todas as suas ambições.

Três meses se passaram desde aquela manhã de domingo em que o Dr. Bruce subiu ao púlpito com a mensagem do novo discipulado. Foram três meses de grande agitação na Igreja da Avenida Nazaré. O Rev. Calvin Bruce nunca imaginara quão profundos eram os sentimentos dos membros de sua igreja. Confessou, com humildade, que o apelo que fizera foi atendido de forma inesperada por homens e mulheres que, como Felicia, estavam famintos por alguma coisa que não haviam encontrado no tipos convencional de membresia e comunhão.

O Dr. Bruce não estava, entretanto, satisfeito consigo mesmo. Não há maneira melhor de dizer qual era seu sentimento, nem ao que levou o movimento que ele finalmente fez, para a surpresa de todos os seus conhecidos, do que relatando uma conversa entre ele e o bispo, agora na história do compromisso assumido na Igreja da Nazareth Avenue. Os dois amigos estavam, como antes, na casa do Dr. Bruce, sentados em seu escritório.

— Você sabe por que estou aqui nesta tarde? — o bispo dizia, depois de os amigos conversarem a respeito dos resultados do compromisso na Igreja da Nazareth Avenue.

O Dr. Bruce olhou para o bispo e negou com a cabeça.

— Vim confessar — prosseguiu o bispo — que ainda não cumpri minha promessa de andar nos passos de Jesus da maneira que me vejo obrigado a fazer, se eu quiser satisfazer minha consciência em relação ao que significa andar nos passos dele.

O Dr. Bruce se levantou e caminhou pelo escritório. O bispo permaneceu sentado na poltrona funda, com os dedos cruzados, porém seus olhos faiscavam da forma que sempre faziam quando ele havia chegado a uma grande decisão.

— Edward — o Dr. Bruce falou de repente —, eu tampouco estou satisfeito comigo em relação a cumprir a promessa. Mas tenho, pelo menos, um roteiro definido. Para isso, terei de renunciar ao pastorado na Igreja da Nazareth Avenue.

— Eu sei que isso acabaria acontecendo — respondeu o bispo, tranquilamente. — E vim aqui esta tarde para dizer que me sinto forçado a fazer o mesmo em relação ao meu cargo.

O Dr. Bruce se virou e se aproximou do amigo. Ambos se moviam sob emoções reprimidas.

— É necessário em seu caso? — perguntou Bruce.

— Sim. Vou dizer quais são as minhas razões. Provavelmente são as mesmas que as suas. Na verdade, estou certo de que são as mesmas.

O bispo fez uma pausa, e logo depois continuou com uma crescente emoção.

— Calvin, você sabe bem há quantos anos tenho cumprido os deveres inerentes ao meu cargo, e sabe um pouco das responsabilidades e cuidados que me cabem. Não posso dizer que minha vida tenha sido livre de trabalhos e tristezas. Mas tenho, sem dúvida, levado uma vida que os pobres e desesperados dessa cidade pecaminosa considerariam muito confortável, sim, até mesmo luxuosa. Tenho uma bela casa, a melhor comida, roupas e prazeres. Pude viajar ao exterior pelo menos doze vezes, e tenho desfrutado durante anos a bela companhia da arte, literatura e música, e tudo do melhor. Nunca soube o que é ficar sem dinheiro ou algo parecido. E não me tem sido possível silenciar a pergunta do momento: "O que tenho sofrido por amor a Cristo?". Foi dito a Paulo que deveria sofrer grandes coisas pelo nome do Senhor. A posição de Maxwell em Raymond está bem definida quando ele insiste em que seguir os passos de Jesus significa sofrer. Onde entra meu sofrimento? As pequenas dificuldades e perturbações da minha vida clerical não são dignas de serem consideradas tristezas ou sofrimentos. Em comparação a Paulo ou a qualquer dos mártires cristãos ou aos primeiros discípulos, tenho tido uma vivo luxuosa, pecaminosa, cheia de facilidade e prazeres. Tenho em mim isso que, nos últimos dias, tem se levantado para me condenar como seguidor de Jesus. Não tenho andado como Ele andou. Pelo atual sistema da igreja e da vida social, não vejo como escapar dessa condenação, a menos que dedique o resto de minha vida pessoalmente para atender às necessidades físicas e espirituais dos miseráveis na pior parte desta cidade.

O bispo havia se levantado e caminhado até à janela. A rua estava tão clara quanto se fosse dia, e ele ficou observando as pessoas que passavam; então, se voltou com uma expressão extasiada que revelava o vulcão latente que estava em seu peito, e exclamou:

— Calvin, vivemos numa cidade terrível! Sua miséria, seu pecado, seu egoísmo apavoram meu coração. E tenho, por vários anos, lutado contra o terror doentio do momento em que um dia serei forçado a renunciar ao agradável luxo de minha posição oficial para colocar minha vida em contrato com o paganismo deste século. A terrível condição das atendentes das grandes lojas de departamento;[3] o egoísmo brutal da sociedade insolente, pretensiosa, elegante e rica, que ignora a miséria da cidade; a terrível maldição dos antros de bebidas e apostas; os lamentos dos desempregados; o ódio que inúmeros homens têm pela igreja, por verem nela apenas um amontoado de pedras caríssimas e móveis estofados, e os ministros luxuosos e parasitas; todo o grande tumulto dessa vasta massa de desfavorecidos com suas ideias falsas e verdadeiras; o exagero dos males da igreja e a amargura e vergonha desta, que resultam de muitas causas complexas — a soma de tudo isso, contrastando com a vida fácil, confortável que tenho levado, me enche cada vez mais com um misto de terror e autoacusação. Ultimamente, tenho ouvido muitas vezes as palavras de Jesus: "Em verdade vos digo que sempre que o deixastes de fazer a um destes mais pequeninos, deixastes de fazê-lo a mim". E quando foi que eu pessoalmente visitei o preso, ou o desesperado ou o pecador de qualquer maneira que tenha, na verdade, me causado sofrimento? Bem ao contrário, tenho mantido os hábitos convencionais e tranquilos da minha posição, e tenho vivido na companhia dos membros ricos, refinados e aristocratas de minha congregação. Onde está o sofrimento? Que tenho sofrido por amor a Jesus Cristo? Sabe, Calvin — o bispo se virou abruptamente na direção do amigo —, ultimamente tenho sido tentado a me açoitar com um chicote. Se vivesse no tempo de Martinho Lutero, eu teria despido as minhas costas para me autoflagelar.

O Dr. Bruce estava pálido. Ele nunca vira ou ouvira o bispo influenciado por tão grande emoção. Fez-se um súbito silêncio na sala. O bispo se sentada novamente e abaixara a cabeça. O Dr. Bruce falou enfim:

— Edward, não preciso lhe dizer que os sentimentos que acaba de expressar são exatamente os meus. Tenho vivido durante anos em uma posição semelhante. Minha vida tem sido uma de relativo de luxo. Não quero dizer, claro, que não tive provações e desânimos e fardos no ministério da igreja. Mas não posso admitir que tenha sofrido especificamente por Jesus. O versículo de Pedro me assombra: "Cristo também sofreu por vós, deixando-vos exemplo, para que sigais os seus passos". Tenho vivido no luxo. Nunca soube o que é passar necessidade. Também desfrutei de viagens e boas companhias. Tenho sido cercado pelos confortos da civilização. O pecado e a miséria desta grande cidade arremetem como ondas bravias contra as sólidas paredes da igreja e desta casa em que vivo, e raramente os ouço, as paredes têm sido impenetráveis. Cheguei a um ponto que já não consigo mais suportar essa situação. Não estou condenando a igreja. Eu a amo. Não a estou desertando. Creio em sua missão, e não tenho qualquer desejo de destruí-la. Menos ainda, nesse passo que estou para dar, quero ser acusado de estar abandonando a comunhão cristã. Sinto, porém, que devo renunciar ao pastorado da Igreja da Nazareth Avenue, a fim de me assegurar de que estou caminhando, como deveria, nos passos de Jesus. Fazendo isso, não pretendo julgar outros ministros nem criticar o discipulado dos outros. Mas me sinto como você. Devo pessoalmente ter um contato mais próximo com o pecado e a vergonha e a degradação desta grande cidade. E sei que, para fazer isso, devo cortar meu vínculo imediato com a Igreja da Nazareth Avenue. Não vejo outro caminho para sofrer por amor de Jesus da maneira que entendo que devo sofrer.

De novo, aquele silêncio repentino caiu sobre os dois homens. Não era sobre algo cotidiano que tinham de se decidir. Ambos chegaram às mesmas conclusões por meio dos mesmos raciocínios, e eram prudentes demais, acostumados demais a avaliar seus passos, para que subestimassem a seriedade de sua posição.

— Qual é o seu plano? — o bispo falou, por fim, suavemente, erguendo o olhar com seu sorriso que sempre lhe aformoseava o rosto. O semblante do bispo crescia em glória a cada dia.

— Meu plano — respondeu Bruce lentamente — é, em resumo, colocar-me bem no centro da maior carência humana que eu encontrar nessa cidade e instalar-me ali. Minha esposa está plenamente de acordo comigo. Já decidimos encontrar uma casa na parte da cidade em que nossa vida será o mais útil possível.

— Permita-me sugerir um lugar. — O bispo era puro entusiasmo agora. Seu belo rosto realmente brilhava de empolgação com o movimento em que ele e seu amigo inevitavelmente haviam embarcado. Ele seguiu, expondo um plano tão ambicioso em seu poder e oportunidade que o Dr. Bruce, competente e experiente como era, ficou extasiado diante da visão de uma alma superior à sua.

Conversaram até tarde, eufóricos e até alegres, como se estivessem planejando uma viagem juntos a um lugar raro, ainda não explorado. De fato, o bispo disse várias vezes mais tarde que, quando tomou a decisão de seguir a vida de sacrifício pessoal, como ele havia escolhido, foi como se um grande peso tivesse sido retirado dele. Ele exultava. Da mesma forma estava o Dr. Bruce, pelo mesmo motivo.

O plano deles, quando finalmente tomou formas práticas, nada mais era que alugar um grande edifício antigamente usado como armazém de uma cervejaria, reconstruí-lo e morar ali, bem no coração de um bairro em que os bares comandavam com força, em que os cortiços eram dos mais imundos, em que grassava o vício, a ignorância, a vergonha e a pobreza, em sua pior forma. A ideia não era nova. Era uma ideia iniciada por Jesus Cristo, quando deixou a casa de seu Pai e abandonou as riquezas que lhe pertenciam, a fim de se aproximar dos desfavorecidos e, vendo-os em seu pecado, os ajudasse a se verem livres de seus pecados. A ideia das colônias sociais não é moderna. É tão antiga quanto Belém e Nazaré. E no caso em questão, era a ideia mais próxima de satisfazer a fome que esses dois homens tinham de sofrer por Cristo. Havia brotado neles, e ao mesmo tempo, um anseio que se transformou na paixão de se tornarem próximos da mais extrema pobreza física e miséria espiritual de uma grande cidade que latejava ao redor deles. Como fazê-lo sem se tornarem parte dela, o mais perto possível que um homem pode chegar da miséria de outro homem? De que forma haveria sofrimento a não ser que houvesse alguma forma de autonegação? E de que forma essa autonegação se tornaria visível para eles e para qualquer um se não fosse assumindo essa forma concreta, verdadeira e pessoal de tentar compartilhar dos mais profundos sofrimentos e pecados da cidade?

Assim refletiam sobre si, sem julgar outros. Apenas procuravam manter seu próprio compromisso de agir como Jesus, da maneira que sinceramente criam que Ele faria. Essa era a sua promessa. Como poderiam discordar das consequências, se estavam irresistivelmente compelidos a realizar o que planejavam?

O bispo tinha seu próprio dinheiro. Todos em Chicago sabiam que ele tinha uma respeitável fortuna. O Dr. Bruce formara, com o trabalho literário que fizera em conexão aos seus deveres ministeriais, uma quantia mais que suficiente. Os dois amigos concordaram em aplicar, de imediato, boa parte desse dinheiro na obra, usando a maior parte para equipar uma colônia social.

Nesse meio tempo, a Igreja da Nazareth Avenue experimentava algo que jamais acontecera em sua história. O simples apelo feito pelo pastor aos membros da igreja, de agirem como Jesus, causou grande sensação que ainda perdurava. O resultado desse apelo foi semelhante ao da igreja de Henry Maxwell, em Raymond, com a única diferença de a Igreja da Nazareth Avenue ser mais aristocrática, rica e tradicional. Entretanto, quando, numa manhã de domingo do começo do verão, o Dr. Bruce subiu ao púlpito e anunciou a sua renúncia, aquela mesma sensação se aprofundou em toda a cidade, embora o Dr. Bruce houvesse comunicado à sua mesa de conselheiros e o movimento que estava preparando não fosse surpresa para eles.

Quando, porém, se tornou público que também o bispo havia anunciado sua renúncia à posição que ocupara após tantos anos, decidido a viver e trabalhar na parte mais crítica de Chicago, a estupefação pública não teve limites.

— Mas por que — respondia o bispo a um estimado amigo que chegara quase às lágrimas tentando dissuadi-lo de seu intento —, por que o que o Dr. Bruce e eu nos propusemos a fazer parecer ser tão notável, como se fosse inédito que um doutor em Teologia e um bispo quisessem salvar as almas dessa maneira em particular? Se tivéssemos renunciado a nossos cargos com o intuito de viajar a Bombaim ou Hong Kong, ou a qualquer lugar da África, as igrejas e as pessoas enalteceriam o heroísmo de nossa missão. Por que parece tão extraordinário termos sido levados a consagrar nossa vida para ajudar a resgatar os ímpios e perdidos de nossa própria cidade, da maneira que nos propomos a fazer? É acaso um acontecimento tão extraordinário que dois ministros cristãos não apenas queiram, mas anseiem por viver perto da miséria do mundo para conhecê-la e percebê-la? É assim tão raro que o amor pelos desfavorecidos tenha encontrado essa forma particular de resgatar almas?

Não obstante o bispo parece certo de que o que estavam fazendo não era nada demais, o povo continuava a falar, e as igrejas a registrar seu espanto de que dois homens, tão proeminentes na vida eclesiástica, fossem deixar suas casas confortáveis e renunciar voluntariamente à sua cômoda posição social para se entregarem a uma vida de lutas, de abnegação e de verdadeiro sofrimento. Estados Unidos cristão! É uma vergonha para o nosso discipulado que o compromisso de sofrer verdadeiramente por Jesus, por parte daqueles que desejam andar nos passos dele, sempre provoque surpresa, como se fosse algo incomum!

A maioria dos membros da Igreja da Nazareth Avenue se despediu de seu pastor com o mais profundo sentimento de perda, apesar dessa separação ter sido modulada por uma sensação de alívio da parte daqueles que se recusaram a assumir o compromisso. O Dr. Bruce levou consigo o respeito dos homens que, envolvidos em seus negócios de tal forma que seriam prejudicados pelo cumprimento da promessa, ainda conservavam, em sua natureza mais profunda e melhor, genuína admiração por sua coragem e consistência. Conheciam o Dr. Bruce havia muitos anos, homem gentil, conservador; mas pensar nele à luz desse tipo de sacrifício era estranho. Naquilo que podiam compreender, deram ao seu pastor o crédito de ser absolutamente fiel às suas convicções recentes quanto ao que significava seguir Jesus. A Igreja da Nazareth Avenue jamais perdeu o impulso do movimento iniciado pelo Dr. Bruce. Os que se dispuseram com ele a tomar aquele compromisso sopravam sobre a igreja o próprio fôlego de uma vida divina e continuam até hoje esse trabalho vivificador.

O outono chegara novamente, e a cidade se preparava para mais um inverno inclemente. Uma tarde, o bispo saiu da colônia e caminhou pelo quarteirão, com a intenção de visitar um de seus novos amigos do bairro; ele tinha andado quatro quadras quando teve sua atenção voltada para uma loja que parecia diferente das outras. Ele ainda não estava bem familiarizado com a vizinhança, e a cada dia descobria um ponto desconhecido ou tropeçava num desfavorecido inesperado.

O lugar que chamou sua atenção era uma casa pequena ao lado de uma lavanderia chinesa. Havia duas vitrines que davam para a rua, ambas muito limpas e, isso era notável, para começar. Nas vitrines havia uma exposição tentadora de comidas, com os respectivos preços, que fizeram o bispo se questionar, pois ele já estava familiarizado com muitas coisas da vida do bairro que um dia lhe foi estranho.

Enquanto olhava para as vitrines, a porta entre elas se abriu e Felicia Sterling saiu.

— Felicia! — exclamou o bispo. — Quando chegou à minha congregação sem meu conhecimento?

— E como o senhor me descobriu tão depressa? — perguntou Felicia.

— Ora, não sabe? Essas são as únicas janelas limpas no meu quarteirão.

— Creio que sejam — replicou Felicia com uma risada, que fez bem ao bispo.

— Mas como se atreveu a voltar a Chicago sem me informar, e como entrou na minha diocese sem meu consentimento? — perguntou o bispo. E Felicia era tão parecida com aquele mundo bonito, limpo, educado, civilizado que ele uma vez conheceu, que ele poderia ser perdoado por ver nela alguma coisa do velho Paraíso. Contudo, para dizer a verdade em relação ao bispo, ele não tinha nenhum desejo de voltar para lá.

— Meu caro bispo — disse Felicia, que o chamava assim sempre que se encontravam —, eu sabia o quanto você estava sobrecarregado com seu trabalho. Não quis importuná-lo com os meus planos. Além disso, tenho intenção de oferecer-lhe meus serviços. Na verdade, estava indo ver você e lhe pedir seu conselho. Por enquanto estou instalada aqui com a Sra. Bascom, uma comerciante que nos aluga três salas, e com uma das alunas de música de Rachel, que está sendo patrocinada por Virginia Page para fazer um curso de violino. Ela é do povo — continuou Felicia, usando a expressão "do povo" de forma tão grave e inconsciente que o bispo sorriu — e eu cuido da casa para ela, ao mesmo tempo que começo um experimento em comida pura para as massas. Sou especialista e tenho um plano, gostaria que você desse uma olhada e me ajude a colocar em prática. Você poderia, meu caro bispo?

— Certamente, poderia — assentiu o bispo. Ver Felicia e sua notável vitalidade, entusiasmo e propósito tão claramente quase o desnorteou.

— Martha pode ajudar na colônia com o violino dela, e eu com as minhas misturas. Você sabe, pensei em primeiro me estabelecer e planejar alguma coisa, e então aparecer com algo de verdade para oferecer. Agora posso ganhar o meu sustento.

— Pode? — perguntou o bispo um pouco incrédulo. — Como? Fazendo essas coisas?

— "Essas coisas"! — disse Felicia fingindo-se indignada. — Fique sabendo, senhor, que "essas coisas" são os alimentos mais bem preparados e mais puros e desta cidade inteira!

— Não estou duvidando — disse o bispo rapidamente, dando uma piscadela. — Porém, só provando é que se comprova...[4] bem, o resto você já sabe.

— Entre e prove — exclamou Felicia. — Pobre bispo! Parece que não come uma boa refeição há um mês!

Ela insistiu em que o bispo entrasse na pequena sala da frente, onde Martha, uma jovem bem vivaz de cabelos encaracolados e curtos, e com uma inconfundível aura de música ao seu redor, estava ocupada com sua prática.

— Continue, Marta. Esse é o bispo. Você já me ouviu falar dele muitas vezes. Sente-se aqui e deixe-me servi-lo com as panelas de carne do Egito, pois me parece que você esteja em jejum.

Assim, Felicia e o bispo tiveram um almoço improvisado, e o bispo, que, a bem da verdade, havia algum tempo não tinha tempo suficiente para apreciar suas refeições, deliciou-se com sua inesperada descoberta, não podendo deixar de expressar sua surpresa e gratidão pela qualidade da comida.

— Eu imaginava que você pelo menos diria que estava tão bom quanto os grandes banquetes que você costumava ter no Auditorium — disse Felicia, brincando.

— "Tão boa quanto"! Os banquetes do Auditorium eram mera ração comparados a este aqui, Felicia. Mas você precisa ir à colônia. Quero que veja o que estamos fazendo lá. E estou ainda surpreso em encontrá-la aqui, ganhando seu sustento dessa forma. Estou começando a entender seu plano. Você nos seria de uma ajuda infinita. Pensa em viver aqui e ajudar essa gente a entender o valor de uma boa alimentação?

— É o que penso fazer — Felicia respondeu com ar sério. — Esse é o meu evangelho. Devo segui-lo?

— Oh! Sim, sim! Você está certa. Graças a Deus por um juízo como o seu. Quando deixei o mundo — e sorriu ao proferir esta frase — falava-se muito a respeito da "nova mulher".[5] Se você for uma delas, me converto aqui e agora.

— Elogios! Elogios! Não se pode evitar isso nem mesmo nas vielas de Chicago — Felicia riu novamente. E o coração do bispo, agora pesaroso pelos diversos meses de lidar duramente com o pecado, alegrou-se em ouvi-la. Soava tão bem. Vinha de Deus.

Felicia quis visitar a colônia e voltou com o bispo. Ficou deslumbrada com os resultados que uma boa soma de dinheiro e uma boa dose inteligência consagrada eram capazes de realizar. Enquanto caminhavam pelo edifício, conversavam ininterruptamente. Felicia era o entusiasmo em pessoa. Mesmo o bispo se admirava disso, à medida que ela contagiante seu redor com energia.

Desceram ao porão e o bispo abriu uma porta, da qual vinha o ruído de uma plaina de carpinteiro. Era uma carpintaria pequena, porém bem aparelhada. Um jovem com um chapéu de papel na cabeça e vestido de casaco e macacão aplainava uma tábua assobiando. Ergueu os olhos quando viu o bispo e Felicia entrando e tirou o chapéu. Ao fazer isso, uma pequena serragem encaracolada que estava em seu dedo mindinho ficou presa no seu cabelo.

— Srta. Felicia, Sr. Stephen Clyde — disse o bispo. — Clyde vem aqui duas tardes por semana para nos ajudar.

Naquele instante, o bispo foi chamado no andar de cima e pediu licença, deixando Felicia e o jovem carpinteiro.

— Nós já nos vimos antes — disse Felicia a Clyde, olhando-o com franqueza.

— Sim, "lá no mundo", como diz o bispo — respondeu o jovem, e seus dedos tremeram ligeiramente, apoiados na tábua que estava aplainando.

— Sim. — Felicia hesitou. — Estou feliz por vê-lo.

— Está? — O rubor de alegria pousou sobre a testa do jovem carpinteiro. — Você tem passado por maus bocados desde... aquele dia? — disse ele, e ficou com receio de tê-la magoado, ou despertado memórias doloridas. Mas Felicia já havia superado tudo aquilo.

— Sim, e você também. Como veio parar aqui?

— É uma longa história, Srta. Sterling. Meu pai perdeu seu dinheiro, o que me obrigou a trabalhar. Para mim foi muito bom. Segundo o bispo, eu deveria agradecer. E agradeço. Estou muito feliz agora. Aprendi esse ofício, esperando que fosse útil. Trabalho como recepcionista à noite em um hotel. Naquele domingo de manhã em que você assumiu o compromisso na Igreja da Nazareth Avenue, eu também fiz a mesma promessa.

— Você também? — Felicia disse lentamente. — Fico contente.

Naquele instante, o bispo retornou, e logo saiu com Felicia, deixando o jovem carpinteiro em seu trabalho. Alguém notou que ele estava assobiando mais alto do que costumava enquanto aplainava a tábua.

— Felicia — indagou o bispo —, você já conhecia Stephen Clyde?

— Sim, caro bispo, "lá no mundo". Ele era um conhecido meu na Igreja da Nazareth Avenue.

— Ah! — fez o bispo.

— Éramos muito bons amigos — acrescentou Felicia.

— E nada mais? — atreveu-se o bispo a perguntar.

O rosto de Felicia brilhou por um instante. Então olhou diretamente nos olhos do bispo e respondeu:

— Em verdade, em verdade, nada mais.

"Entretanto, seria a coisa mais natural deste mundo se estes dois jovens se enamorassem", cogitou o bispo, e de alguma forma, o pensamento o deixou sério. Era quase como a velha dor por Camilla. Mas ela passou e ele a deixou para trás mais tarde, quando Felicia se fora, com lágrimas nos olhos e uma sensação de quase esperança de que Felicia e Stephen viessem a gostar um do outro. "Afinal de contas", se pôs a pensar o bispo, como o bom homem sensível que era, "o romance não é uma parte da humanidade? O amor é mais velho do que eu e mais sábio".

Na semana seguinte, o bispo passou por uma experiência que compõe esta parte da história da colônia.

Ele voltava para lá bastante tarde, vindo de uma reunião com alfaiates, e caminhava com as mãos cruzadas nas costas quando dois homens surgiram repentinamente de trás da cerca que fechava uma velha fábrica abandonada e o encararam. Um deles encostou um revólver no rosto do bispo, e o outro o ameaçava com uma estaca de madeira que evidentemente havia sido arrancada da cerca.

— Mãos ao alto e fique quieto! — disse o que tinha o revólver.

O lugar era isolado e o bispo não pensou em resistir. Fez como lhe mandaram, e o homem com a estaca passou a revistar os seus bolsos. O bispo estava calmo. Seus nervos não se agitaram. Enquanto ele estava ali, com ambos os braços levantados, qualquer espectador que passasse casualmente pensaria que ele estava orando pela alma dos dois homens. E ele estava. E sua oração seria respondida de uma forma bem singular naquela mesma noite.

CAPÍTULO XI

*A justiça irá adiante dele, marcando
o caminho com suas pegadas.*

SALMOS 85:13

O bispo não tinha o costume de andar com muito dinheiro, e o assaltante com a estaca, que o revistava, soltou um palavrão quando constatou a pequena quantia que encontrou.

— Tire o relógio dele! — gritou o homem com o revólver, alucinado. — E vamos fazer o serviço completo, levando tudo o que der.

O assaltante com a estaca estava tentando tirar a corrente do relógio quando ouviu um ruído de passos se aproximando.

— Para trás da cerca! Não terminamos o serviço ainda. E fique quieto, se não...

O homem com o revólver fez um gesto significativo com a arma, e seu companheiro puxou e empurrou o bispo pelo beco até passar por uma abertura quebrada na cerca. Os três ficaram ali, nas sombras, até que os passos desaparecessem.

— E aí, já tirou o relógio? — perguntou o homem com o revólver.

— Não, a corrente está presa em algum lugar — e soltou outro palavrão.

— Arrebente então!

— Não, não quebre a corrente — exclamou o bispo, e foi a primeira vez que falou. — Ganhei de presente de um amigo muito querido. Eu ficaria muito triste se ela fosse estragada.

Ao ouvir a voz do bispo, o homem com o revólver estremeceu, como se tivesse sido ferido pela sua própria arma. Com um movimento brusco da outra mão, virou o rosto do bispo em direção à luz que vinha do beco, aproximando-se dele. Então, para o evidente espanto do comparsa, falou rudemente.

— Deixe o relógio quieto! Já temos o dinheiro. Basta!

— Basta? Cinquenta centavos! Você se esquece que...

Antes que o homem com a estaca pudesse dizer outra palavra, o cano do revólver já estava apontado para ele, saindo da cabeça do bispo para a dele.

— Deixe o relógio! E devolva o dinheiro também. Esse que assaltamos é o bispo! O bispo, está ouvindo?

— E daí? Nem mesmo o presidente dos Estados Unidos seria um bom assalto se...

— Estou falando, ponha o dinheiro de onde tirou, ou em cinco minutos lhe estouro os miolos e acabo com a sua burrice — disse o outro.

Por um segundo, o homem com a estaca hesitou diante da estranha reviravolta, como se estivesse medindo a intenção do companheiro, então colocou rapidamente o dinheiro de volta no bolso do bispo.

— Senhor, pode abaixar os braços — falou com respeito o homem que tinha o revólver baixou a arma enquanto vigiava o comparsa. O bispo abaixou os braços vagarosamente e olhou com compaixão para os dois homens. Naquela luz mortiça, era difícil reconhecer as feições. Ele estava evidentemente livre para seguir o seu caminho, mas ficou ali ainda parado sem fazer nenhum movimento.

— Pode ir. Não precisa ficar mais por nossa conta. — Aquele que parecia ser o chefe se virou e se sentou numa pedra. O outro continuou em pé, cavoucando o chão violentamente com a estaca.

— É exatamente por conta de vocês que vou ficar — replicou o bispo e sentou-se numa tábua que se projetava da cerca quebrada.

— Você parece gostar da nossa companhia. Às vezes é difícil as pessoas se livrarem de nós — disse o homem em pé, com um riso debochado.

— Cale a boca! — gritou o outro. — Estamos a caminho do inferno, isso é certeza. Precisamos de uma companhia melhor que a do Diabo.

— Se me permitissem ajudá-los... — disse o bispo com gentileza, até amavelmente. O homem sentado na pedra fitou o bispo através da escuridão. Após uns segundos de silêncio, falou lentamente, como alguém que se decide por um caminho que havia antes rejeitado.

— Você se lembra de me ter visto antes?

— Não — respondeu o bispo. — A luz não está muito boa, e não consegui vê-lo bem.

— Está me conhecendo agora? — O homem de repente tirou o chapéu, levantou-se e foi até onde estava o bispo, até ficarem perto o bastante para se encostarem.

Os cabelos do homem eram pretos como carvão, mas bem no topo da cabeça havia uma mecha de cabelos brancos do tamanho da palma da mão.

No instante em que viu isso, o bispo ficou surpreso. Uma lembrança de quinze anos atrás começou a despertar nele. O homem o ajudou.

— Não se lembra de um dia, em 1881 ou 82, que um homem foi à sua casa e contou uma história de sua esposa e filho terem morrido queimados no incêndio de um cortiço em Nova York?

— Sim, estou começando a me lembrar agora — murmurou o bispo. O outro homem pareceu interessado. Parou de cutucar o chão com a estava e ficou quieto, ouvindo.

— Você se lembra de que me acolheu em sua casa naquela noite e passou o dia seguinte inteiro procurando um emprego para mim? E quando conseguiu um lugar pra eu trabalhar como encarregado num armazém, prometi que deixaria a bebida, como o senhor tinha me pedido?

— Estou lembrado agora — o bispo respondeu, gentil. — Espero que tenha mantido a promessa.

O homem riu de maneira rude. Deu um murro tão forte na cerca, com repentina emoção, que chegou a sair sangue.

— Ter mantido! Eu estava bêbado em uma semana. Tenho bebido desde então. Mas nunca me esqueci de você nem da sua oração. Você lembra que, na manhã seguinte, quando fui à sua casa, depois do café da manhã, você teria um encontro de oração e me convidou para me juntar ao grupo? Aquilo me impressionou! Minha mãe costumava orar! Lembro-me dela ajoelhada ao lado da minha cama, quando eu era pequeno. Uma noite, o pai chegou bêbado e a chutou, enquanto ela estava orando ao meu lado. Mas nunca esqueci da oração que você fez naquela manhã. Você orou por mim exatamente como a mãe orava, e você pareceu não dar atenção ao fato de eu estar esfarrapado, com uma cara ruim e mais que meio bêbado quando bati na sua porta. Meu Deus! Que vida tenho levado! Tenho morado de bar em bar, e eles transformaram o mundo num inferno para mim. Mas aquela oração ficou na minha memória todo esse tempo. Num intervalo de dois domingos, quebrei em milhares de pedaços a promessa de não beber mais, e perdi o emprego que você tinha arranjado para mim e fiquei dois dias na cadeia; mas nunca esqueci você nem sua oração. Não sei se ela me fez algum bem, mas nunca esqueci. E não vou fazer nenhum mal a você, nem vou deixar que ninguém faça. Então, você está livre para ir embora. Esse é o motivo.

O bispo não se moveu. Ao longe, o relógio de uma igreja bateu uma da manhã. O homem pôs o chapéu na cabeça e sentou-se de novo na pedra. O bispo refletia profundamente.

— Há quanto tempo está sem trabalho? — perguntou. Foi o homem que estava em pé que respondeu:

— Faz mais de seis meses que não temos nada. A menos que considere esse trabalho de assaltar os outros. Eu acho que é um trabalho muito cansativo, principalmente numa noite como essa, quando não conseguimos nada.

— Se eu achar um bom trabalho para vocês dois, vocês deixarão essa vida para começar tudo de novo?

— Para quê? — o que estava sentado na pedra disse, mal-humorado. — Já recomecei umas cem vezes. Cada vez me afundo mais. O Diabo já começou a me destruir. É tarde demais!

— Não! — exclamou o bispo. E nunca, nem diante dos auditórios mais arrebatados, ele sentiu o desejo de salvar almas tão ardentemente. O tempo todo em que esteve sentado durante aquele episódio memorável, esteve orando: "Oh, Senhor Jesus, dá-me estas duas almas para ti! Anseio por elas! Dá-me, Senhor, estas almas!". — Não! — exclamou novamente o bispo. — O que Deus deseja de vocês dois? Não importa muito o que eu desejo. Mas Ele quer o mesmo que eu neste caso. Vocês dois são de valor infinito para Ele. — E então a prodigiosa memória do bispo veio ao seu auxílio, de tal forma que não aconteceria a nenhum homem na terra sob as mesmas circunstâncias. Ele lembrou seu nome, apesar dos anos incrivelmente ocupados que separavam o presente momento da ida dele à sua casa.

— Burns — disse ele, e se preocupava com dois com um anseio inexprimível —, se você e seu amigo quiserem ir para casa comigo esta noite, vou arranjar um emprego digno para os dois. Irei acreditar em vocês e confiar em vocês. Vocês ainda são relativamente jovens. Por que Deus iria perdê-los? É uma grande coisa ganhar o amor do grande Pai. E é coisa pequena que eu os ame. Mas se vocês precisam sentir de novo que há amor no mundo, creiam em mim quando digo, meus irmãos, que os amo e que, em nome daquele que foi crucificado por nossos pecados, não posso suportar a ideia de vê-los perder a glória da vida humana! Venham! Sejam homens! Tentem outra vez, com o auxílio de Deus! Ninguém mais, além de Deus, de vocês e de mim, precisa saber o que se passou aqui esta noite. Deus já perdoou. Assim que vocês lhe pedirem isso, verão que é verdade. Venham! Vamos lutar por isso juntos, vocês dois e eu. É algo pelo qual vale a pena lutar. Foram os pecadores quem Cristo veio ajudar. Farei o que puder por vocês. Oh, Deus! Dá-me as almas destes dois homens! — O bispo rompeu numa oração a Deus que deu sequência ao apelo que fazia aos homens. Não havia outra forma de escoar suas emoções represadas. Um pouco antes de ele orar, Burns estava sentado com o rosto enterrado nas mãos, soluçando. Onde estavam as orações de sua mãe agora? Elas se uniam ao poder da oração do bispo. O outro homem, mais duro, menos comovido, sem um conhecimento prévio do bispo, encostava-se à cerca, à princípio indiferente. Mas à medida que a oração continuou, emocionou-se também. O que a força do Espírito Santo retirou de sua vida apagada, bruta e grosseira, nada senão os registros eternos do Anjo escritor podem revelar. Mas a mesma Presença sobrenatural que atingiu Paulo na estrada para Damasco e se derramou sobre a igreja de Henry Maxwell na manhã em que ele convidou os discípulos para seguirem nos passos de Jesus, e que também rompera irresistivelmente sobre a Igreja da Nazareth Avenue, agora se manifestava nesse canto sórdido da poderosa cidade e sobre a natureza daqueles dois homens pecadores, afundados e aparentemente perdidos para todos os apelos de consciência e memória de Deus. A oração do bispo parecia quebrar a crosta que, havia muitos anos, envolvia esses dois homens e os afastava da comunicação divina. E eles mesmos estavam totalmente abalados com o acontecido.

O bispo terminou e, a princípio, ele próprio não compreendeu o que tinha acontecido. Nem os dois homens. Burns continuava sentado com o rosto entre as mãos. O homem encostado na cerca olhava o bispo com um rosto em que as novas emoções de maravilhamento, arrependimento espanto e um lampejo de alegria lutavam para se exprimirem.

O bispo se levantou.

— Venham, meus irmãos! Deus é bom. Ficarão hoje à noite na colônia. E vou manter minha promessa do emprego.

Os dois seguiram o bispo em silêncio. Quando chegaram à colônia, já passava das duas horas da madrugada. O bispo os conduziu a um quarto. Na porta, ele parou um momento. A sua figura alta e impositiva parou entre os umbrais, e seu rosto pálido, marcado por suas experiências recentes, estava iluminado pela divina glória.

— Deus os abençoe, meus irmãos! — ele disse, e com essa bênção, os deixou.

Na manhã seguinte, ele estava quase desesperado para ver os homens. Mas as impressões da noite não haviam se dissipado. Fiel à sua promessa, arranjou-lhes trabalho. O zelador da colônia precisava de um ajudante, em vista do aumento de serviço. Burns ficou com a vaga. O bispo conseguiu para seu companheiro o posto de motorista para uma empresa de fabricantes de charretes que não ficava longe da colônia. E o Espírito Santo, lutando no íntimo desses dois pecadores embrutecidos, começou sua maravilhosa obra de regeneração.

Na tarde daquele mesmo dia, quando Burns assumiu sua nova posição como auxiliar do zelador, ele varria a escada da varanda na entrada da colônia quando parou por um momento e começou a olhar ao redor.

A primeira coisa que notou foi uma propaganda de cerveja do outro lado da travessa lateral. Ele quase podia alcançá-la com sua vassoura. Na rua, do outro lado, havia dois grandes bares, e um pouco adiante, mais três.

De repente, a porta do bar mais próximo se abriu e um homem saiu. Ao mesmo tempo, outros dois entraram. Um forte cheiro de cerveja chegou até Burns, que estava parado nos degraus da colônia.

Ele agarrou com mais força o cabo da vassoura e começou a varrer de novo. Um pé estava na soleira da porta, e o outro, no primeiro degrau. Ele desceu mais um degrau, sempre varrendo. Gotas de suor se formaram em sua testa, apesar de o dia estar congelante, e o ar, gelado. A porta do bar se abriu de novo, e três ou quatro homens saíram. Uma criança entrou com um balde, e logo depois saiu com um quarto de cerveja. A criança passou pela calçada, bem abaixo dele, e o cheiro da cerveja subiu até Burns. Ele desceu outro degrau, varrendo desesperadamente. Seus dedos estavam roxos, crispados no cabo da vassoura.

Então, de repente, ele subiu um degrau e varreu o lugar que já havia varrido. Em seguida, empreendeu um gigantesco esforço para voltar à varanda e foi para o canto que ficava mais distante do bar, e começou a varrer ali.

— Oh, Deus — ele clamou —, se ao menos o bispo voltasse!
— O bispo tinha saído com o Dr. Bruce, e não havia na colônia ninguém que ele conhecesse.

Ele varreu o canto por dois ou três minutos. Seu rosto estava transtornado pela agonia de seu conflito. Gradualmente, ele voltou aos degraus e começou a descê-los. Olhou na direção da calçada, e notou que o último degrau não fora varrido. Isso pareceu lhe dar um motivo razoável para descer e finalizar seu trabalho. Encontrava-se agora na calçada, varrendo o último degrau, parcialmente de costas para o bar. Varreu o degrau umas doze vezes. O suor rolava pelo seu rosto e pingava nos pés. Pouco a pouco, sentiu que era traído para o canto do degrau, para mais perto do bar. Sentia perfeitamente o cheiro da cerveja e do rum, agora que os odores o cercavam. Exalava como o enxofre do mais profundo inferno, e mesmo assim o atraía para a fonte, como se uma mão gigantesca o puxasse.

Ele agora estava no meio da calçada, ainda varrendo. Varreu a frente da colônia e varreu até a sarjeta. Tirou o chapéu e limpou o rosto na manga. Seus lábios estavam pálidos e os dentes rangiam. Tremia como um homem que sofria dos nervos, e cambaleava, como se já estivesse bêbado. Sua alma tremia com ele.

Ele havia cruzado a pequena lajota de pedra, que era da largura da travessa, e agora se encontrava em frente ao bar, olhando a propaganda e fitando, através da janela, uma pilha de garrafas de uísque e cerveja, arranjadas do lado de dentro na forma de uma pirâmide. Burns passou a língua pelos lábios e deu um passo adiante, olhando disfarçadamente para os lados. A porta do bar abriu de repente, e alguém saiu. De novo, o cheiro quente e penetrante das bebidas impregnou o ar frio, e Burns deu mais um passo na direção da porta do bar, que havia se fechado atrás de um cliente. Quando pôs os dedos sobre a maçaneta, uma figura alta dobrou a esquina. Era o bispo.

Ele agarrou Burns pelo braço e o arrastou de volta pela calçada. O homem descontrolado, agora doido por uma bebida, gritou um palavrão e golpeou o bispo com violência. É de se questionar se ele realmente quem o arrebatara de sua ruína. O soco atingiu o rosto do bispo, cortando sua bochecha.

Ele não disse uma palavra. Mas seu rosto foi sombreado por uma expressão de tristeza magnífica. Ele ergueu Burns, como se ele fosse uma criança, e carregou-o literalmente para os degraus e para dentro da colônia. Colocou-o no vestíbulo e então fechou a porta, encostando nela as costas.

Burns caiu de joelhos, soluçando e orando. O bispo permanecia em pé, ofegante pelo esforço, embora Burns fosse um homem menor e não se mostrasse um peso tão grande para alguém com a força do bispo carregar. O bispo foi tocado por uma compaixão indizível.

— Ore, Burns! Ore como nunca orou antes! Nada mais pode salvá-lo!

— Oh, Deus! Ore comigo! Salva-me! Oh, salva-me do meu inferno! — chorava Burns. O bispo se ajoelhou ao lado dele no vestíbulo e orou como só ele orava.

Depois disso, eles se levantaram e Burns foi para o seu quarto. Ele saiu de lá naquela noite como uma criança humilde. O bispo seguiu adiante, envelhecido por essa experiência, trazendo em seu corpo as marcas do Senhor Jesus. Realmente, aprendia um pouco mais do que significava andar nos passos de Jesus.

Mas, o bar! Continuava lá, e todos os outros se alinhavam ao longo da rua, como muitas armadilhas para Burns. Quanto tempo o homem poderia resistir ao cheiro dessa coisa maldita? O bispo saiu na varanda. O ar da cidade inteira parecia impregnado com o cheiro da cerveja.

— Até quando, oh, Deus, até quando? — o bispo orou.

O Dr. Bruce chegou e os dois amigos conversaram sobre Burns e sua tentação.

— Alguma vez você procurou saber a quem pertence a propriedade aqui ao lado? — perguntou o bispo.

— Não, não tive tempo para isso. Vou procurar agora, se você achar que vale a pena. Mas o que podemos fazer, Edward, contra os bares nessa grande cidade? Estão estabelecidos com a mesma firmeza que as igrejas ou a política. Que poder conseguiria derrubá-los?

— Deus fará isso no tempo certo, assim como Ele removeu a escravidão — o bispo replicou com gravidade. — Enquanto isso, creio que temos o direito de saber quem controla esse bar tão perto da colônia.

— Vou descobrir — disse o Dr. Bruce.

Dois dias depois, ele entrou no escritório de um dos membros da Igreja da Nazareth Avenue e pediu para vê-lo um instante. Foi cordialmente recebido por sua antiga ovelha, que o convidou para seu escritório e pediu-lhe que tomasse o tempo que fosse necessário.

— Desejava falar-lhe a respeito da propriedade próxima à colônia em que o bispo e eu estamos agora, como sabe. Vou falar francamente, pois a vida é muito curta e muito séria para nós dois fazermos ressalvas tolas sobre esse assunto. Clayton, você crê que seja direito alugar aquela propriedade para um bar?

A pergunta do Rev. Bruce foi tão direta e inflexível como ele quis que fosse. O efeito que causou em sua antiga ovelha foi instantâneo.

O sangue quente percorreu o rosto do homem que estava sentado ali, um retrato da atividade empresarial na grande cidade. Então empalideceu e escondeu o rosto entre as mãos, quando o levantou, o Dr. Bruce viu, admirado, uma lágrima escorrer pelo rosto de sua ovelha.

— Doutor, você soube que eu assumi o compromisso com os outros naquela manhã?

— Sim, lembro-me.

— Mas você nunca soube como tenho sido atormentado por minha falha em cumpri-lo. Essa propriedade do bar tem sido a tentação do Diabo contra mim. É o melhor aluguel que tenho no momento. Ainda assim, um minuto apenas antes de você entrar, eu estava agoniado de remorso, pensando em como eu deixava um pequeno ganho terreno me tentar a negar o próprio Cristo a quem prometi seguir. Sei perfeitamente que Ele nunca alugaria uma propriedade para semelhante fim. Não precisa me dizer mais nada, caro doutor. — Clayton estendeu a mão e o doutor Bruce a apertou fortemente. Daí a pouco, ele se retirou. Porém, somente muito tempo mais tarde, ele veio a saber toda a verdade acerca da luta pela que Clayton passou. Era apenas uma parte da história que pertenceu à Igreja da Nazareth Avenue, desde aquela memorável manhã em que o Espírito Santo confirmou o compromisso de ser como Cristo. Nem o bispo nem o Dr. Bruce, agindo como faziam agora, à própria presença dos impulsos divinos, sabiam ainda que, sobre toda aquela cidade pecadora, o Espírito pairava com poderosa expectativa, ansiando que os discípulos respondessem ao chamado do sacrifício e do sofrimento; tocando os corações havia muito frios e indiferentes; inquietando empresários e capitalistas na grande luta por mais riquezas e operando na igrejas, como nunca antes visto na história da cidade. O bispo e o Dr. Bruce já tinham visto coisas maravilhosas na curta vida da colônia. Estavam para ver coisas ainda maiores, revelações do poder divino mais admiráveis do que julgavam possível, nessa época do mundo.

Dentro de um mês, o bar ao lado da colônia foi fechado. O contrato com o inquilino expirou, e Clayton não só vetou a propriedade para os comerciantes de bebidas, como ofereceu o edifício para o bispo e o Dr. Bruce usarem na colônia, que havia crescido tanto que o prédio se tornara insuficiente para as diferentes iniciativas que foram planejadas.

Uma das mais importantes era o departamento de comida pura, sugerido por Felicia. Menos de um mês depois que Clayton cedeu a propriedade à colônia, Felicia estava instalada precisamente no salão onde tantas almas haviam se perdido, trabalhando como chefe do departamento, não só de culinária, mas também de um curso de serviço doméstico para moças que desejassem trabalhar. Ela agora era parte da comunidade, e encontrou um lar na companhia da Sra. Bruce e de outras jovens da cidade que eram parte da comunidade também. Martha, a violinista, ficou no lugar em que o bispo encontrara as duas, e ia à colônia, em determinadas noites da semana, dar lições de música.

— Felicia, agora conte-nos qual é seu plano — disse o bispo certa noite em que, num raro intervalo de descanso em meio à grande pressão do trabalho, ele, o Dr. Bruce e Felicia haviam saído dos prédios em que estavam.

— Bem, há muito tempo venho pensando no problema das moças empregadas — disse Felicia com um ar de sabedoria que fez a Sra. Bruce sorrir ao ver a vital beleza entusiasta daquela jovem, que foi transformada numa nova criatura pela promessa que havia feito de viver segundo o exemplo de Cristo. — E cheguei a certas conclusões quanto a isso que vocês, homens, não são capazes de compreender, mas que a Sra. Bruce aqui vai entender.

— Reconhecemos nossa ignorância, Felicia. Continue — disse o bispo humildemente.

— Pois é isto que pretendo fazer: o edifício onde ficava o bar é grande o suficiente para ser dividido em quartos, como numa casa comum. Meu plano é reformá-lo desse modo e depois ensinar economia doméstica e culinária a moças que pretendem se empregar. O curso durará seis meses. Nesse tempo, ensinarei culinária, organização, agilidade e amor pelo bom trabalho.

— Espere um pouco, Felicia! — interrompeu o bispo. — Esta não é uma era de milagres!

— Então farei com que seja — replicou a jovem. — Sei que parece impossível, mas quero tentar. Já conheço umas vinte moças que farão o curso, e se pudermos fomentar um espírito de equipe entre elas, tenho certeza de que será de grande valor. Sei que a comida pura já está operando revoluções em muitas famílias.

— Felicia, se você realizar metade do seu plano, já será uma bênção para a comunidade toda — disse a Sra. Bruce. — Não sei como você poderá realizar isso, mas que Deus a abençoe enquanto você tenta.

— É o que desejamos todos nós — exclamaram o Rev. Bruce e o bispo; e Felicia atirou-se à execução de seu plano com o entusiasmo de seu discipulado, que se tornava, cada vez mais, prático e serviçal.

Deve-se dizer que o plano de Felicia teve êxito para além de todas as expectativas. Ela desenvolveu um maravilhoso poder de persuasão, e ensinava suas alunas, com surpreendente rapidez, a fazer todo tipo de serviço doméstico. Dentro de algum tempo, as graduadas no curso de culinária de Felicia tornaram-se valorizadas pelas governantas de toda a cidade. Mas não nos antecipemos. A história da colônia ainda não foi escrita. Quando for, a parte de Felicia será extraordinariamente importante.

No rigor do inverno, Chicago apresentou, como todas as grandes cidades do mundo apresentam aos olhos da cristandade, o acentuado contraste entre riqueza e pobreza, entre cultura, refinamento, luxo, conforto, de um lado, e ignorância, depravação, miséria e a luta desesperada pelo pão, de outro. Era um inverno rigoroso, porém alegre. Nunca se vira tal sucessão de festas, recepções, bailes, jantares, banquetes eventos de caridade e festividades. Nunca a ópera e o teatro estiveram tão cheios de espectadores elegantes. Nunca houve uma exibição tão esplêndida de joias, vestidos finos e carruagens. E por outro lado, a profunda miséria e o sofrimento nunca haviam sido tão cruéis, agudos e mortíferos. Jamais o vento soprara tão glacial sobre o lago e sobre as finas estruturas dos cortiços na vizinhança da colônia. Nunca a demanda por alimentos, carvão e roupas importunou de modo tão urgente o povo mais desprovido da cidade. Noite após noite, o bispo e o Rev. Bruce, com seus auxiliares, saíam e ajudavam a salvar homens e mulheres e crianças das torturas da privação física. Igrejas, sociedades beneficentes e autoridades públicas doaram uma vasta quantidade de alimentos e roupas e grandes quantias de dinheiro. Mas o toque pessoal do discípulo cristão era difícil de se conseguir para o trabalho. Onde estava o discipulado que obedecia à ordem do Mestre de ir aos que sofrem e doar-se a si mesmo com sua oferta, a fim de fazer a oferta de valor chegar no tempo certo? O bispo sentia seu coração desfalecer dentro de si quando lidava com essa realidade mais do que com qualquer outra. Os homens doavam dinheiro, mas não pensariam em doarem-se a si mesmos. E o dinheiro que doavam não representava nenhum sacrifício real, visto que não lhes fazia falta. Eles doavam o que era mais fácil doar, o que os incomodava menos. Onde entrava o sacrifício? Era isso seguir a Jesus; ir com Ele por todo o caminho? O bispo estivera com muitos membros de sua própria congregação rica e aristocrática, e se espantava ao notar quão poucos eram os homens e mulheres das classes mais abastadas das igrejas que realmente sofreriam uma verdadeira inconveniência pelo bem dos desfavorecidos. Caridade seria apenas doar roupas usadas?

Seria entregar, na igreja, uma nota de dez dólares a um visitante ou secretário contratado por alguma sociedade beneficente? O homem não irá nunca entregar pessoalmente as suas ofertas? A mulher não irá nunca deixar sua recepção ou festa ou musical para ir e tocar, ela mesma, as feridas sujas, pecaminosas dos pobres doentes que proliferam nas grande metrópole? A caridade deve ser exercida de forma fácil e conveniente por meio de algumas organizações? É possível institucionalizar o afeto de modo que o amor lide com as coisas desagradáveis por intermédio de terceiros?

O bispo se perguntava tudo isso enquanto conhecia mais a fundo o pecado e a tristeza daquele amargo inverno. Carregava sua cruz com alegria. Mas se consumia e lutava por dentro diante do fato de uma maioria colocar sobre uma minoria sua demonstração pessoal de amor. Ainda assim, o Espírito Santo se movia de maneira silenciosa, poderosa e irresistível na igreja, até mesmo sobre os membros aristocratas, ricos e acomodados, que evitam deliberadamente os terrores dos problemas sociais, como se fossem moléstias contagiosas.

Isso se fez notável ao bispo e aos cooperadores da colônia de forma surpreendente em certa manhã. Talvez nenhum incidente daquele inverno tenha mostrado tão claramente quanta força tinha o movimento da Igreja da Nazareth Avenue e a ação do Dr. Bruce e do bispo, que seguiram a promessa de agir como Jesus.

A hora do café da manhã era o momento do dia em que toda a família de membros encontrava um pequeno intervalo para terem comunhão. Era uma hora de descanso. Era repleta de boas conversas e de verdadeiras demonstrações de bom humor e diversão. O bispo contava suas melhores histórias. O Dr. Bruce era incomparável em suas anedotas. Esse grupo de discípulos tinha um bom humor saudável, a despeito da atmosfera de tristeza constantemente os rodeava. Na verdade, o bispo sempre dizia que o bom humor era um dom dado por Deus, assim como os demais; e no caso dele, era a única válvula de segurança que ele tinha diante da tremenda pressão que carregava.

Naquela manhã particular, o bispo lia para os demais trechos de um jornal matutino. De repente, ele parou e ficou sério e triste. Os demais olharam para ele e um silêncio percorreu a mesa.

— Morto a tiro ao furtar um saco de carvão de uma carroça. Sua família congelava de frio e ele estava desempregado havia seis meses. Sua mulher e os seis filhos vivem apertados em uma barraca de três cômodos na zona oeste. Uma criança embrulhada em farrapos em um armário!

Essas eram as manchetes que o bispo lia devagar. Em seguida, leu o relato pormenorizado do tiroteio e a visita do repórter ao cortiço em que a família vivia.

Ele terminou e o silêncio em volta da mesa era total. O bom humor do momento foi removido por esse pedaço da tragédia humana. A grande cidade rugia ao redor da colônia. A terrível correnteza da vida humana fluía caudalosa pela colônia, e os que tinham emprego corriam para ele em meio a uma grande multidão. Mas milhares seguiam nessa correnteza agarrados às últimas esperanças, morrendo literalmente numa cidade de abundância porque lhes havia sido negado o benefício do trabalho físico.

Os membros fizeram diversos comentários. Um dos recém-chegados, um jovem que se preparava para o ministério, falou:

— Por que esse homem não se inscreveu em uma organização assistencial para receber ajuda? Ou com a prefeitura? Certamente não é verdade que essa cidade cheia de cristãos, mesmo na pior das hipóteses, deixasse qualquer um ficar sem comida ou carvão.

— Não. Não acho que deixaria — interveio o Dr. Bruce. — Mas não sabemos qual é a história desse homem. Ele talvez tenha pedido ajuda tantas vezes antes que, por fim, em um momento de desespero, tentou resolveu o problema por sua própria conta. Tenho tido notícias de casos como esse neste inverno.

— Esse não é o pior aspecto desse caso — disse o bispo. — O pior é que esse homem estava sem trabalho havia seis meses.

— Por que essa gente não vai para o interior? — perguntou o estudante de teologia.

Alguém à mesa, que fizera um estudo especial das oportunidades de trabalho no interior, respondeu à pergunta. De acordo com esse pesquisador, os lugares em que se poderia trabalhar no interior ofereciam pouquíssimas vagas de emprego permanente, e quase todas eram oferecidas apenas a homens sem família. Suponha que a esposa e os filhos de um homem estivessem doentes. Como ele poderia se mudar para o interior? Como poderia pagar até mesmo a pequena quantia necessária para levar sua mudança? Há milhares de razões prováveis para esse homem, em particular, não ter ido para outra cidade.

— E agora ficaram aí a mulher e os filhos — disse a Sra. Bruce. — Que tristeza! Onde eles moram, você leu?

O bispo pegou o jornal.

— Vejam só, foi a três quarteirões daqui. É no bairro Penrose. Creio que o próprio Penrose seja dono da metade das casas daquele quarteirão. Estão entre as piores moradias dessa parte da cidade. E o Penrose é membro de uma igreja.

— Sim, ele pertence à Igreja da Nazareth Avenue — respondeu o Dr. Bruce, em voz baixa.

O bispo se levantou da mesa, como se fosse a própria imagem da ira divina. Ele abria os lábios uma denúncia, uma atitude rara nele, quando tocaram a sineta da porta, e um dos membros foi atender.

— Diga ao Dr. Bruce e ao bispo que desejo vê-los. Sou Penrose, Clarence Penrose. O Dr. Bruce me conhece.

A família à mesa do café ouviu cada palavra. O bispo trocou um olhar significativo com o Dr. Bruce, e ambos imediatamente deixaram a mesa e se dirigiram ao vestíbulo.

— Entre, Penrose — disse o Dr. Bruce, e ele e o bispo levaram o visitante à sala de visitas. Fecharam a porta e ficaram a sós.

Clarence Penrose era um dos homens mais elegantes de Chicago. Vinha de uma família aristocrática de grande fortuna e distinção social. Ele era muitíssimo rico e possuía muitas grandes propriedades espalhadas por toda a cidade. Fora membro da igreja do Dr. Bruce a vida toda.

Esse homem encarava o bispo e seu antigo pastor com um olhar de agitação no rosto que denunciava de forma evidente uma experiência fora do comum. Estava pálido e seus lábios tremiam quando ele falava. Quando Clarence Penrose experimentara uma emoção tão estranha?

— Esse caso do tiroteio! Vocês sabem. Vocês leram. A família mora em uma das minhas casas. É um acontecimento terrível. Mas esse não é o motivo principal de minha visita. — Ele balbuciava as palavras e olhava com ansiedade para os dois homens. O bispo ainda parecia sério. Ele não podia deixar de pensar que esse homem elegante e despreocupado poderia ter feito muita coisa para aliviar os horrores de seus imóveis, possivelmente evitado essa tragédia se houvesse sacrificado um pouco de sua vida fácil e luxuosa para melhorar as condições das pessoas que moravam em seu bairro.

Penrose voltou-se para o Dr. Bruce.

— Doutor! — exclamou, e havia como que um terror quase infantil em sua voz. — Vim dizer que passei por uma experiência tão incomum que nada, senão o sobrenatural, poderia explicá-la. Você se lembra de que fui um dos que assumiram a promessa de fazer o que Jesus faria. Na hora, pensei, pobre louco que era, que sempre estivera vivendo como um verdadeiro cristão. Dava com liberalidade de minha fortuna, tanto para a igreja como para a caridade. Nunca dei nada que me custasse algum sofrimento. Tenho vivido num verdadeiro inferno de contradições desde que assumi o compromisso. Talvez se lembre de que minha filhinha, Diana, assumiu o compromisso comigo. Nestes últimos tempos, ela vem fazendo uma porção de perguntas a respeito dos pobres e dos lugares onde moram. Eu era obrigado a respondê-la. Uma das perguntas que fez ontem à noite me tocou o coração: se eu possuía algumas casa onde essas pessoas moravam. Se eram boas e quentes como a nossa. Você sabe como as crianças fazem perguntas como essas. Fui para a cama atormentado com o que agora sei que eram os aguilhões divinos da consciência. Não pude dormir. Eu parecia ver o dia do juízo. Via-me diante do Juiz. Fui solicitado a prestar contas dos atos feitos pelo meu corpo: Quantas almas pecadoras eu visitara na prisão? Como administrei os bens a mim confiados? E quanto a esses cortiços onde o povo congela no inverno e sufoca no verão? Pensei neles alguma vez além do momento de receber os aluguéis? Onde entra meu sofrimento? Jesus faria o que fiz e estou fazendo? Eu havia quebrado minha promessa? Como usei o dinheiro, conhecimento e influência social que possuo? Usei-os para abençoar os desfavorecidos, para aliviar sofrimentos, para levar alegria aos oprimidos e esperança aos desesperados? Tenho recebido muito. Quanto tenho dado?

— Tudo isso me veio em uma visão, tão distintamente quanto vejo vocês dois e eu mesmo agora. Não pude capaz de ver o fim da visão. Tinha na mente uma imagem confusa do Cristo sofredor apontando-me o dedo para me condenar, e tudo em volta estava encoberto por neblina e escuridão. Faz vinte e quatro horas que não durmo. A primeira coisa que vi nesta manhã foi a notícia do tiroteio no terreiro de carvão. Li a história com um sentimento de horror que ainda não consegui remover. Sou uma criatura culpada diante de Deus.

Penrose se calou repentinamente. Os dois ministros olhavam-no com ar solene. O poder do Espírito Santo abalara a alma daquele homem que, até o momento, era complacente, elegante e bem-educado, que pertencia a uma sociedade acostumada a seguir seu caminho, placidamente alheia às grandes misérias de uma cidade grande e praticamente inconsciente do que seja sofrer por amor de Jesus.

Aquela sala ficou cheia do mesmo sopro divino que pairou antes sobre a igreja de Henry Maxwell e sobre a Nazareth Avenue. O bispo pousou a mão no ombro de Penrose e falou:

— Meu irmão, Deus tem estado bem perto de você. Rendamos-lhe graças.

— Sim, sim — murmurou Penrose. Sentou-se numa poltrona e cobriu o rosto. O bispo orou. Então Penrose falou calmamente:
— Vocês iriam comigo até aquela casa?

Como resposta, o bispo e o Dr. Bruce vestiram os casacos e acompanharam-no à casa da família do morto. Esse foi o começo de uma vida nova e desconhecida para Clarence Penrose. O instante em que pôs os pés naquela terrível espelunca e se deparou, pela primeira vez na vida, com o desespero e o sofrimento sobre os quais já havia lido, mas que nunca conhecera pessoalmente, marcou para ele uma nova vida. Seria preciso outra longa história para contar como, em obediência ao seu compromisso, ele começou a lidar com seu imóvel da maneira que Jesus, na opinião dele, lidaria. O que Jesus faria se possuísse imóveis em Chicago ou em qualquer outra grande cidade do mundo? Qualquer homem que puder dar uma resposta certa a essa pergunta poderá facilmente adivinhar o que Clarence Penrose começou a fazer.

Agora, antes que o inverno atingisse seu auge, muitas coisas aconteceram na cidade que afetaram a vida de todas as pessoas desta história de discípulos que prometeram andar nos passos de Cristo.

Certa tarde, devido a uma daquelas coincidências memoráveis que parecem ocorrer sobrenaturalmente, saía Felicia da colônia com uma cesta de alimentos que ia levar como amostra a um padeiro do bairro Penrose, quando Stephen Clyde abriu a porta da carpintaria em tempo de encontrar Felicia, que chegava na calçada.

— Deixe-me levar sua cesta, por favor — pediu ele.

— Por que diz "por favor"? — perguntou Felicia, entregando-lhe a cesta.

— É que eu gostaria de dizer outra coisa — replicou Stephen, olhando-a com timidez e, ainda assim, com uma ousadia que o espantou, pois ele amava Felicia cada vez mais, desde que a vira pela primeira vez, especialmente desde que ela aparecera na carpintaria aquele dia com o bispo. Havia várias semanas que se encontravam um na companhia do outro, de diversas formas.

— Que outra coisa? —Felicia indagou inocentemente, caindo na armadilha.

— Ora — retomou Stephen, voltando totalmente seu rosto belo e nobre para ela e encarando-a com o olhar de alguém que possuísse a melhor de todas as coisas do universo —, eu diria: "Deixa-me levar sua cesta, querida Felicia".

Jamais Felicia parecera tão bela. Caminhou algum tempo sem nem voltar o rosto para ele. Não havia segredo em seu coração de que ela o entregara a Stephen havia algum tempo. Enfim, corando, ela se virou para ele e falou timidamente, com olhos ternos:

— E por que não diz, então?

— Posso? — exclamou Stephen, e por um instante descuidou da cesta que carregava, que Felicia exclamou de volta.

— Sim! Mas não deixe cair os meus pratos!

— Ora, eu não deixaria cair nada tão precioso mundo afora, "querida Felicia" — disse Stephen, que parecia caminhou nas nuvens por diversos quarteirões; e o que disseram durante essa caminhada é assunto particular que não temos o direito de ler. Apenas importa para a história que a cesta, naquele dia, não chegou ao seu destino, e que mais tarde, o passando silenciosamente por um ponto isolado perto dos limites do bairro da colônia, ouviu uma voz familiar falando:

— Mas me conte, Felicia, quando começou a me amar?

— Fiquei apaixonada por uma pequena serragem encaracolada que estava acima da sua orelha no dia em que o vi na carpintaria — disse a outra voz, com uma risada tão cristalina, pura e doce que fazia bem ouvi-la.

Num instante, o bispo dobrou a esquina e se aproximou deles.

— Aonde estão indo com essa cesta? — ele tentou se fazer de bravo.

— Estamos levando para... para onde mesmo, Felicia?

— Meu caro bispo, estamos levando para casa, para começar...

— Para começar a cuidar da casa — Stephen terminou a frase, indo em auxílio de Felicia.

— É verdade? — disse o bispo. — Espero que me convidem. Conheço bem a comida da Felicia.

— Bispo, meu caro bispo — disse Felicia, sem procurar esconder sua felicidade. — E você será sempre o hóspede mais honrado. Satisfeito?

— Sim, estou — respondeu ele, interpretando as palavras de Felicia como ela desejava. Fez em seguida uma pausa e depois acrescentou docemente: — Deus abençoe vocês dois. — E seguiu seu caminho com lágrimas nos olhos e uma prece no oração, deixando-os com sua felicidade.

Sim. O poder divino do amor que pertence à terra não poderá ser desfrutado e cantado pelos discípulos do Homem de dores, que carregou o peso dos pecados? Sim, com certeza! E este homem e esta mulher devem andar de mãos dadas pelo grande deserto do sofrimento humano nesta cidade, fortalecendo-se mutuamente; tornando-se mais amorosos ao experimentar as dores do mundo; seguindo Jesus mais de perto por causa desse mesmo amor; trazendo mais e mais bênçãos a milhares de criaturas infelizes por terem sua própria casa para compartilhar com desabrigados. "Por isso", disse Jesus, "o homem deixará pai e mãe e se unirá à sua mulher". Felicia e Stephen, seguindo o Mestre, o amaram com serviço e devoção mais profundos e verdadeiros por causa dessa afeição terrena que o próprio céu aprovava com as suas mais solenes bênçãos.

Pouco tempo depois que a história de amor na colônia se tornou parte de sua glória, Henry Maxwell veio a Chicago com Rachel Winslow, Virginia Page, Rollin, Alexander Powers e o diretor Marsh, e a ocasião foi um notável encontro na sala principal da colônia, arranjado pelo bispo e o Dr. Bruce, que finalmente persuadiram Maxwell e seus companheiros discípulos de Raymon a comparecerem ao encontro.

O bispo convidou para o encontro no salão da colônia daquela noite operários sem emprego, criaturas miseráveis que tinham perdido a fé em Deus e nos homens, anarquistas e incrédulos, livres-pensadores e gente que nem sequer pensava. Os representantes dos piores elementos da cidade, os mais perigosos e depravados encaravam Henry Maxwell e os outros discípulos quando a reunião começou. O Espírito Santo ainda se movia sobre a grande cidade populosa, egoísta, ávida de prazeres e manchada pelo pecado, e ela estava nas mãos de Deus, sem saber o que a esperava. Todo homem e mulher presentes naquela reunião e naquela noite viram o lema da colônia sobre a porta, brilhando sobre o filme transparente instalado pelo estudante de teologia: "O que Jesus faria?".

Maxwell, ao passar pela primeira vez por aquela porta, foi tocado por uma emoção mais profunda, como não sentia em muito tempo, ao se lembrar da primeira vez que aquela pergunta lhe fora feita no piedoso apelo do jovem esfarrapado que apareceu no culto matinal da Primeira Igreja de Raymond.

Seu grande desejo por uma comunhão entre os cristãos iria se realizar? O movimento iniciado em Raymond iria se estender por todo o país? Ele viera a Chicago com seus amigos, em parte para ver se encontraria a resposta a essa questão no coração da vida da grande cidade. Em poucos minutos, ele estaria diante dessas pessoas. Ele se tornou mais forte e calmo desde que falou, trêmulo, aos operários da oficina ferroviária, mas agora, como outrora, sussurrava uma profunda oração por ajuda. Então, entrou, e na companhia do bispo e dos demais discípulos, testemunhou um dos maiores e mais importantes acontecimentos desta vida. Ele sentia que aquela reunião era, de algum modo, uma resposta à sua constante pergunta: "O que Jesus faria?". E nessa noite, à vista daqueles homens e daquelas mulheres que, por tantos anos, foram desconhecidos e inimigos da igreja, seu coração clamava: "Oh, meu Mestre, ensina tua igreja a seguir melhor teus passos!". Essa prece de Maxwell seria respondida? A igreja da cidade responderia ao apelo de seguir Jesus? Ela escolheria seguir os passos de dor e de sofrimento?

E o Espírito cobria toda a cidade. Não se lamente disso, oh, cidade! Pois Ele nunca esteve mais pronto a revolucionar este mundo do que agora!

CAPÍTULO XII

Uma coisa te falta; vai, vende tudo o que tens e dá-o aos pobres; e terás um tesouro no céu; depois vem e segue-me.

MARCOS 10:21

Quando Henry Maxwell começou a falar às almas reunidas na colônia naquela noite, era de se duvidar que ele já tenha encontrado um auditório como aquele em toda sua vida. É quase certo que a cidade de Raymon não continha uma variedade tão grande de pessoas carentes. Nem mesmo o Retângulo, em sua pior condição, poderia prover tantos homens e mulheres que estavam totalmente fora do alcance da igreja e de qualquer influência religiosa, mesmo cristã.

Sobre o que ele falou? Já se decidira quanto a isso. Ele contou, na linguagem mais simples possível, alguns dos resultados ocorridos da obediência ao compromisso em Raymond. Todo homem e mulher naquela audiência ouvira falar de Jesus Cristo. Todos eles tinham alguma noção de seu caráter e, apesar da hostilidade que nutriam contra as formas de cristianismo eclesiástico, ou contra o sistema social, conservavam algumas noções de direito e verdade, e o pouco que ainda preservavam fora tomado do Camponês da Galileia.

Assim, a exposição de Maxwell os interessou. "O que Jesus faria?" Após terminar a narrativa de Raymond, começou a aplicar o princípio aos problemas sociais no geral. Os ouvintes manifestavam uma atenção respeitosa. Era mais que isso. Estavam genuinamente interessados. À medida que o Sr. Maxwell prosseguia, rostos por todo o salão se inclinavam para frente, de um modo raramente visto nas igrejas ou em qualquer outro lugar, exceto entre operários ou gente das ruas, quando estão completamente cativados. "O que Jesus faria?" Se esse fosse o lema não só das igrejas, mas dos empresários, dos políticos, dos jornalistas, dos operários, de toda a sociedade — quanto tempo seria necessário, sob tal padrão de conduta, para revolucionar o mundo? Qual era o problema do mundo? Ele sofria de egoísmo. Ninguém jamais venceu o egoísmo como Jesus. Se os homens o seguissem, a despeito dos resultados, o mundo finalmente começaria a desfrutar uma vida nova.

Henry Maxwell nunca soube o quanto significava atrair a respeitosa atenção daquele auditório cheio de pessoas carentes, doentes e pecadoras. O bispo e o Dr. Bruce, ali sentados, observando muitos rostos que representavam o desprezo pela fé, o ódio à ordem social, a ignorância e um egoísmo desesperador admiravam-se de ver como, tão depressa, sob a influência da comunidade, começara o processo de abrandar a amargura dos corações, muitos dos quais foram endurecidos pela negligência e indiferença.

Mas apesar da atenção respeitosa prestada ao orador, ninguém, nem mesmo o bispo, tinha uma ideia verdadeira do sentimento represado naquela sala, naquela noite. Entre os homens que ouviram da reunião e atenderam ao convite havia vinte ou trinta sem trabalho, que, passando pela colônia naquela tarde, leram o anúncio do encontro e vieram por curiosidade, para evitar também o frio vento leste. Era uma noite congelante e os bares estavam repletos. Mas naquele bairro de mais de trinta mil pessoas, com exceção dos bares, não havia outras portas para as pessoas senão as portas limpas e cristãs da colônia. Para onde um homem sem casa ou sem trabalho ou sem amigos naturalmente iria, senão para um bar?

Era costume na colônia que reuniões desse gênero fossem seguidas de uma discussão livre e franca, e quando Maxwell terminou e se sentou, o bispo, que presidia o encontro, se levantou e anunciou que qualquer homem na sala poderia fazer perguntas, expor opiniões ou declarar suas convicções, sempre com o entendimento de que, quem fosse falar, seguisse as mesmas regras de regiam os órgãos parlamentares do governo e não falasse mais que três minutos, uma vez que era elevado o número de presentes.

Imediatamente, as vozes de homens que estiveram em reuniões anteriores exclamaram: "Apoiado! Apoiado!".

O bispo se sentou e imediatamente um homem posicionado no meio da sala se levantou e começou a falar:

— Desejo dizer que o que o Sr. Maxwell disse esta noite é bem familiar. Conhecia Jack Manning, o homem de quem ele falou, que morreu em sua casa. Trabalhei na cabine ao lado dele durante dois anos numa tipografia da Filadélfia. Jack era um bom sujeito. Emprestou-me cinco dólares quando estive no fundo do poço, e nunca tive a oportunidade de lhe pagar. Foi para Nova York depois de uma mudança na direção das oficinas que o demitiu, e não o vi mais. Quando apareceu a máquina linotipo, fui um dos homens que perdeu o emprego, como ele. Desde então, estou sem trabalho a maior parte do tempo. Dizem que as invenções são uma boa coisa. Não é sempre que vejo assim. Mas talvez seja preconceito meu, o que é natural quando um homem perde um trabalho estável porque uma máquina tomou seu lugar. Sobre esse cristianismo de que ele falou, está certo. Mas não espero ver esse tipo de sacrifício por parte do povo da igreja. Até onde vejo, eles são tão egoístas e ávidos por dinheiro e sucesso quanto todo mundo. Exceto pelo bispo, o Dr. Bruce e alguns outros. Mas nunca encontrei muita diferença entre os homens do mundo, como são chamados, e os membros das igrejas quando se trata de negócios e ganhar dinheiro. Uma classe é tão ruim quanto a outra.

Gritos de "É verdade!", "Tem razão!", "É assim mesmo!" interromperam o orador, e mal tinha ele se sentado, dois outros homens se levantaram juntos e começaram a falar ao mesmo tempo.

O bispo chamou-os à ordem e indicou qual deles podia falar primeiro. O homem que permaneceu em pé falou ansiosamente:

—É a primeira vez que venho aqui, e talvez seja a última. O fato é, estou no fim das minhas forças. Percorri toda a cidade à procura de trabalho até me cansar. E não estou sozinho. E como! Gostaria de fazer uma pergunta ao ministro, se possível. Posso?

— O Rev. Maxwell é quem deve responder — disse o bispo.

— Pois não — respondeu Maxwell rapidamente. — Naturalmente, não posso prometer que vá responder de modo que satisfaça completamente o cavalheiro.

— Esta é a minha pergunta. — O homem se inclinou para a frente e esticou o braço com certa força dramática que crescia naturalmente dada sua condição como ser humano. — Gostaria de saber o que faria Jesus no meu caso. Há dois meses que não encontro nenhum trabalho. Tenho mulher e três filhos, e amo-os tanto quanto se eu fosse milionário. Tenho vivido com as economias dos serviços que fiz durante a Feira Mundial.[1] Sou carpinteiro e tentei, de toda forma, encontrar um emprego.

Você disse que devemos adotar como lema a pergunta "O que Jesus faria?". O que Ele faria se estivesse sem trabalho como eu? Não posso fazer a pergunta no lugar de outra pessoa. Quero trabalhar. Daria tudo para ficar cansado de trabalhar dez horas por dia, como antigamente. Tenho culpa de não inventar um trabalho por conta própria? Precisamos viver, eu, minha mulher e meus filhos. Mas, como? O que Jesus faria? Você diz que é a pergunta que todos devemos fazer.

Maxwell permanecia silencioso, com os olhos fixos sobre o mar de rostos voltados para ele, e nenhuma resposta para esse homem parecia ser possível naquele momento. "Meu Deus", seu coração orou. "Essa é a pergunta que envolve todo o problema social em todas as complexidades das falhas humanas e sua presente condição contrária a todos os desejos de Deus para o bem de um ser humano. Existe coisa pior para um homem sadio, capaz e desejoso de trabalhar, sem outro recurso para viver honestamente a não ser trabalhar, não achar nada para fazer e ter de escolher entre três coisas: mendigar a caridade de amigos e estranhos, suicidar-se ou morrer de fome? O que Jesus faria? Era uma boa pergunta para o homem fazer. Era a única pergunta que poderia fazer, se fosse um discípulo de Cristo. Mas que pergunta difícil para qualquer homem ter de responder em tais condições!"

Henry Maxwell refletia nisso e em muito mais. Todos os outros pensavam da mesma forma. O bispo tinha um ar tão sério e triste que não era difícil ver quanto essa questão mexera com ele. O Dr. Bruce tinha a cabeça abaixada. O problema humano nunca lhe parecera tão trágico desde que assumira o compromisso e deixara sua igreja para se estabelecer na comunidade. O que Jesus faria? Era uma pergunta terrível. E o homem continuava em pé, alto, magérrimo e quase terrível, ainda com o braço estendido num apelo que ganhava um significado maior a cada segundo.

Por fim, o Sr. Maxwell falou:

— Há outro homem na sala, que seja um discípulo de Cristo, que está em condições idênticas, e tentou fazer o que Jesus faria? Se há, esse homem poder responder a essa pergunta melhor que eu.

Houve um silêncio momentâneo na sala, e então um homem perto da frente da sala levantou-se vagarosamente. Era um homem idoso, e a mão que pôs no encosto do banco à sua frente tremia enquanto falava.

— Posso dizer seguramente que já me achei muitas vezes em iguais circunstâncias, e sempre tentei ser cristão em todas as situações. Não sei se me perguntei "O que Jesus faria?" quando estive sem trabalho, mas sei que me esforcei para ser discípulo desse todas as vezes. Sim — continuou o velho, com um sorriso triste que parecia, ao bispo e ao Sr. Maxwell, mais lamentável que o desespero sombrio do jovem —, sim, mendiguei e fui às sociedades beneficentes e fiz tudo o que era possível quando desempregado para conseguir comida e carvão, menos roubar e mentir. Não sei se Jesus faria tudo o que fui obrigado a fazer para ganhar sustento, mas sei que, conscientemente, nunca fiz nada errado quando estive sem trabalho. Ele teria passado fome em vez de mendigar. Não sei.

A voz do velho tremia e ele olhava timidamente para os ouvintes. Fez-se silêncio, interrompido pela voz de um homem grande, de cabelos pretos e barba densa, sentado a três bancos do bispo. Assim que falou, quase todos os homens na sala se viraram, ansiosos. O homem que perguntara "O que Jesus faria em meu caso?" sentou-se vagarosamente, interrogando seu vizinho.

— Quem é aquele?

— É Carlsen, o chefe socialista. Agora vamos ouvir alguma coisa.

— Para mim, tudo isso é asneira — começou Carlsen, enquanto sua barba grande e espessa tremia com a ira profunda, particular do homem. — Todo o nosso sistema é falho. O que chamamos civilização está podre até a base. De nada vale procurar esconder ou negar isso. Vivemos uma época de trustes, de acordos e de ganância capitalista que significa simplesmente a morte de milhares de homens, mulheres e crianças inocentes. Agradeço a Deus, se há um Deus, o que muito duvido, por eu não ter ousado a me casar e criar um lar. Um lar! Ou seria um inferno? Tem coisa pior do que essa que esse homem, com sua mulher e três filhos, tem nas mãos exatamente agora? E ele é só um entre milhares. Entretanto, essa cidade, como todas as outras grandes cidades do país, tem seus milhares de cristãos professos que desfrutam de todo luxo e conforto e vão às igrejas aos domingos e cantam seus hinos sobre dar tudo a Jesus, e carregar sua cruz, e segui-lo por todo o caminho e serem salvos! Não digo que não haja alguns bons homens e mulheres entre eles, mas deixe que o ministro que nos falou aqui nesta noite entre em qualquer uma de uma dúzia de igrejas aristocráticas que eu poderia indicar e proponha aos membros de lá o mesmo compromisso que apresentou aqui hoje, e verá como se rirão dele, chamando-o de louco ou fanático. Ah, não! Essa não é a solução! Isso não serve de nada. Precisamos de um novo começo no jeito de governar. É preciso reconstruir todo o mecanismo. Não espero nenhuma reforma boa vir das igrejas. Elas não estão com o povo. Estão com os aristocratas, com os homens de dinheiro. Os trustes e os monopólios têm seus maiores homens dentro das igrejas. Os ministros, como classe, são seus escravos. O que precisamos é de um sistema que tenha como ponto de partida as bases comuns do socialismo, fundamentado nos direitos do povo comum...

Carlsen evidentemente se esquecera da regra dos três minutos e principiava um de seus costumeiros discursos que, em seus contextos habituais, diante de seu público habitual, duraria pelo menos uma hora, quando um homem, sentado logo atrás dele, puxou-o para baixo sem cerimônia, e se levantou. Carlsen ficou furioso a princípio e ameaçou fazer barulho, mas o bispo o lembrou da regra, e ele abaixou a voz, resmungando por trás da barba, enquanto o próximo orador começou a falar com um longo elogio ao imposto único,[2] como a solução genuína para todos os males sociais. Esse foi seguido por um homem que atacou com amargura as igrejas e os ministros, e declarou que os dois grandes obstáculos a qualquer reforma verdadeira eram os tribunais e a máquina eclesiástica.

Quando este se sentou, um homem com toda a aparência de um trabalhador de rua se pôs em pé e despejou uma verdadeira torrente de injúrias contra as corporações, especialmente as ferrovias. No minuto em que o tempo dele se esgotou, um sujeito grandalhão e forte, que se apresentou como ferreiro, pediu a palavra e declarou que o remédio para as injustiças sociais era os sindicatos. Isso, dizia ele, levaria o trabalho a uma era áurea mais do que qualquer outra coisa. O próximo homem tentou explicar a causa de tanta gente estar sem emprego, e condenou as invenções como obras do Diabo. Foi vigorosamente aplaudido pelo restante do auditório.

Finalmente, o bispo declarou encerrada a discussão e pediu a Rachel para cantar.

Rachel Winslow tornara-se uma cristã forte, sensata e humilde durante aquele maravilhoso ano em Raymond que começou no domingo em que ela assumiu o compromisso de agir como Jesus, e consagrou totalmente seu grande talento ao serviço do seu Mestre. Quando começou a cantar nessa noite, na reunião da colônia, ela nunca havia orado com tanto fervor, pedindo pelos resultados que viriam de sua voz — a voz que ela, agora, considerava como do Mestre, para ser usada para Ele.

Certamente, sua prece estava sendo respondida enquanto cantava. Escolhera o hino:

Ouça! A voz de Jesus chamando
"Segue-me, segue-me!"

Novamente Henry Maxwell, sentado ali, se lembrou de sua primeira noite na tenda do Retângulo, quando a voz de Rachel acalmara o povo. O efeito na colônia foi o mesmo. Que poder maravilhoso tem uma voz consagrada ao serviço Mestre! O grande talento natural de Rachel a teria feito uma das cantoras de ópera mais famosas do seu tempo. Seguramente, esta audiência nunca ouvira tal melodia. Como poderiam? Os homens que vieram da rua se sentavam, encantados pela voz que, "lá no mundo", nunca poderia ser ouvida por gente comum, porque o proprietário dela cobraria dois ou três dólares por esse privilégio. A canção espalhava-se na sala, livre e alegre, como se fosse uma prévia da salvação. Carlsen, com a sua grande barba negra, absorvia a música com o profundo amor peculiar de sua raça, e uma lágrima correu sobre seu rosto e brilhou em sua barba, enquanto seu semblante abrandava e se tornava quase nobre. O homem desempregado que queria saber o que Jesus faria no seu caso sentava-se com as tristes mãos apoiadas no encosto do banco à sua frente, a boca entreaberta, esquecido, por alguns momentos, de sua trágica situação. O canto, enquanto durou, foi alimento, e trabalho, e calor e união com sua mulher e seus filhos mais uma vez. O homem que falara tão violentamente às igrejas e aos ministros tinha, a princípio, a fronte erguida, com um olhar de resistência apática, como se teimosamente se ressentisse da entrada, naquela reunião, de qualquer coisa remotamente conectada à igreja ou a suas formas de culto. Mas, pouco a pouco, ele cedeu ao poder que acalentava o coração de todas as pessoas na sala, e uma expressão de triste reflexão se espalhou por seu rosto.

O bispo dizia a si mesmo naquela noite, enquanto Rachel cantava, que se o mundo dos pobres, pecadores, doentes, depravados e perdidos pudesse ouvir a pregação do evangelho apenas por meio de divas consagradas, ou de tenores, contraltos e baixos profissionais, o Reino chegaria mais rápido do que por qualquer outro poder. "Por que, oh! Por que" exclamava ele em seu coração enquanto ouvia, "os pobres têm sido tantas vezes privados dos maiores tesouros da música que o mundo possui, pelo fato de o possuidor da voz ou dos dedos capazes de fazer soar a melodia mais divina considerarem o dom como meio de ganhar dinheiro? Não deveria haver mártires entre os talentos do mundo? Esse dom não deveria ser doado como os outros?".

E novamente Henry Maxwell se lembrou aquele outro auditório no Retângulo, e dentro dele crescia o anseio pela propagação do novo discipulado. O que ele acabava de ver e ouvir na colônia confirmava sua convicção de que o problema da cidade encontraria sua solução se os cristãos locais seguissem Jesus como Ele ordenou. Mas e quanto a essa grande massa de desfavorecidos, negligenciados e pecadores, o tipo de pessoa que o Salvador viera resgatar, com todas os seus erros e sua ignorância, sua impiedade e desesperança, sobretudo, com sua inexplicável amargura para com a igreja. Isso foi o que mais impressionou Henry Maxwell. Estariam as igrejas tão afastadas do Mestre que as pessoas não mais o encontravam nelas? Seria verdade que a igreja teria perdido seu poder sobre o exato grupo de pessoas que, nas primeiras épocas do cristianismo, ela alcançava em grandes números? Quanto havia de verdade no que dissera o chefe socialista sobre ser inútil esperar da igrejas alguma reforma ou redenção, devido ao egoísmo e isolamento e nobiliarquia de seus membros?

Ele estava cada vez mais impressionado com o fato notável de que os poucos homens ali reunidos, agora encantados pela voz de Rachel, representavam milhares de outros, para os quais as igrejas e os ministros valiam menos que as tavernas e os bares a céu aberto como fonte de consolo ou felicidade. Deveria ser assim? Se os membros das igrejas estivessem todos agindo como Jesus, ainda haveria batalhões de homens andando pelas ruas à procura de empregos, e centenas deles amaldiçoando as igrejas, e milhares tendo um bar como seu melhor amigo? Até que ponto os cristãos eram responsáveis por esse problema humano, pessoalmente ilustrado naquela noite bem ali, na sala da colônia? Seria verdade que as igrejas das grandes cidades se recusariam sistematicamente a andar nos passos de Jesus a ponto de sofrer, realmente sofrer por amor a Ele?

Henry Maxwell estava se perguntava isso mesmo depois de Rachel terminar seu cântico e de a reunião ser finalizada depois de uma recepção informal. Ele se perguntava isso enquanto o pequeno grupo de membros, na companhia dos visitantes de Raymond, se reunia em um culto devocional, como era costume. Ele se perguntava isso durante uma conversa com o bispo e o Dr. Bruce, que se estendeu até uma hora da manhã. Ele se perguntava isso enquanto se ajoelhava novamente antes de dormir, derramando sua alma ao rogar por um batismo espiritual da igreja dos Estados Unidos como nunca houve. Ele se perguntava isso assim que acordou na manhã seguinte e durante todo o dia, enquanto caminhava pelo bairro da colônia e via a vida das pessoas, tão afastadas da vida em abundância. Será que os membros da igreja, será que os cristãos — não só de Chicago, mas em todo o país — se recusariam a andar nos passos de Jesus se, para isso, fosse preciso tomar a cruz e segui-lo?

Essa era a pergunta que exigia continuamente uma resposta. Quando chegou à cidade, ele tencionava voltar para Raymond a tempo de ocupar seu púlpito no domingo. Na sexta-feira de manhã, porém, recebeu na colônia a visita do pastor de uma das maiores igrejas de Chicago, que lhe pediu para pregar nos cultos da manhã e da noite.

De início, Maxwell hesitou, mas depois aceitou o convite, vendo nele a mão do poder orientador do Espírito Santo. Testaria sua própria questão. Iria verificar se eram verdadeiras ou falsas as acusações feitas contra a igreja na reunião da colônia. Até onde ela negaria a si mesma por amor a Jesus? Quão perto seguiria seus passos? Estaria a igreja, de fato, disposta a sofrer por seu Mestre?

Maxwell passou quase toda a noite de sábado em oração. Nunca fora tão renhida a luta em seu espírito, nem mesmo durante suas experiências mais fortes em Raymond. Ele iniciava, na verdade, uma nova experiência. O conceito de seu próprio discipulado recebia agora uma nova prova, e ele era guiado à verdade maior a respeito de seu Senhor.

A grande igreja estava repleta. Henry Maxwell se apresentou no púlpito após aquela noite de vigília e sentiu o peso da grande curiosidade por parte do público. Todos ali, como todas as igrejas, ouviram falar do movimento de Raymond, e as recentes ações do Dr. Bruce aumentaram o interesse geral no compromisso. À curiosidade reinante misturava-se alguma coisa mais séria, mais profunda. O Sr. Maxwell sentia isso também. E consciente de que a presença do Espírito era a força de sua vida, ele levou sua mensagem à igreja naquele dia.

Ele nunca fora o que se pode chamar de grande pregador. Ele não tinha a força nem a qualidade que caracterizam pregadores notáveis. Mas desde que se comprometera fazer o que Jesus faria, ele desenvolveu certo tipo de persuasão que possuía toda a essência de uma boa oratória. Naquela manhã, o público sentiu a completa sinceridade e humildade de um homem que adentrara no coração de uma grande verdade.

Depois de ter contar brevemente alguns dos resultados de sua própria igreja desde o compromisso, ele seguiu apresentado a questão que se fazia desde a reunião na colônia. Tomara por tema a história do jovem que foi a Jesus, perguntando o que deveria fazer para obter a vida eterna. Jesus o provou: "Vende tudo o que tens e dá-o aos pobres; e terás um tesouro no céu; depois vem e segue-me". O moço, porém, não estava disposto a sofrer até esse ponto. Se, para seguir o Mestre, era necessário sofrer assim, ele não queria mais. Desejaria seguir Jesus, mas não se tivesse que renunciar a tanta coisa.

— É verdade — continuou Henry Maxwell, e seu rosto belo e pensativo brilhava com tal paixão tão atraente que seus ouvintes se sentiram fascinados como poucas vezes antes —, é verdade que a igreja de hoje, a igreja que traz o nome de Cristo, se recusaria a segui-lo às custas de sofrimento, prejuízo físico e ganhos temporários? Essa afirmação foi feita em uma grande reunião na colônia, semana passada, por um líder operário que achava inútil esperar qualquer reforma ou redenção social promovida pelas igrejas. Qual era a base de sua afirmação? Era unicamente a alegação de que as igrejas são compostas, em sua maior parte, de homens e mulheres mais preocupados com as suas próprias comodidades e luxo do que com os sofrimentos, as necessidades e os pecados dos desfavorecidos. Até onde isso é verdade? Os cristãos dos Estados Unidos estão prontos a colocar à prova seu discipulado? E quanto aos homens que possuem grandes fortunas? Estarão dispostos a usá-las como Jesus as usaria? E os homens e mulheres abençoados com grandes talentos? Estarão prontos a consagrá-los aos pobres, como Cristo sem dúvida faria?

— Não é verdade que, em nossa época, fomos chamados a uma nova demonstração de discipulado cristão? Vocês, que habitam nesta grande cidade pecadora, devem saber disso melhor do que eu. É possível que sigam seu caminho despreocupadamente, sem se importar com a horrível condição de homens, mulheres e crianças que morrem, no corpo e na alma, por falta de socorro cristão? Não lhes importa, pessoalmente, que o álcool mate milhares mais do que as guerras? De forma íntima, vocês não sofrem, de alguma forma, ao saber que milhares de homens fortes e dispostos percorrem as ruas desta cidade, e de todas as cidades, suplicando por trabalho, e recorrendo ao crime e ao suicídio quando não o encontram? Podem vocês dizer que nada têm a ver com isso? Que cada homem deve tomar cuidado de si mesmo? Não seria verdade que, se cada cristão nos Estados Unidos seguisse os passos de Jesus, a sociedade, o mundo empresarial, sim, até mesmo o sistema político que orienta nossa atividade comercial e governamental, seriam de tal modo transformados que o sofrimento humano seria reduzido ao mínimo?

— Qual seria o resultado se todos os membros de igreja desta cidade tentassem agir como Jesus? Não é possível dizer com pormenores qual seria o efeito. Mas é fácil afirmar, e é verdade, que imediatamente o problema humano começaria a encontrar uma solução mais adequada.

— Qual é a prova do discipulado cristão? Não é o mesmo que do tempo de Cristo? As circunstâncias atuais modificaram a prova? Se Jesus estivesse em nosso meio hoje, Ele não chamaria alguns membros desta igreja para fazer o mesmo que ordenou ao jovem, e lhes pediria que abandonassem suas riquezas e o seguisse literalmente? Creio que Ele faria isso se tivesse certeza de que qualquer membro da igreja pensa mais em suas posses do que em seu Salvador. Portanto, a prova seria hoje a mesma daquele tempo. Creio que Jesus exigiria, como de fato o exige agora, uma caminhada tão próxima, tanto sofrimento, tanta abnegação quanto exigiu ao viver em carne na terra e dizer: "Assim, todo aquele dentre vós que não renuncia a tudo quanto possui não pode ser meu discípulo". Isto é, a menos que a pessoa deseje fazer isso por amor de mim, ela não poderá ser minha discípula.

— Qual seria o resultado se, nesta cidade, todos os membros das igrejas começassem a fazer o que Jesus faria? Não é fácil falar minuciosamente dos resultados. Mas todos sabemos que certas coisas que são praticadas agora pelos membros das igrejas se tornariam impossíveis. Que faria Jesus com a riqueza? Como faria uso dela? Que princípio regularia o uso que Ele faria do dinheiro? Viveria em grande luxo, gastando dez vezes mais em adornos pessoais e divertimentos do que gastaria para aliviar os sofrimentos dos desfavorecidos? O que orientaria sua forma de ganhar dinheiro? Ele receberia o aluguel de bares ou de outros estabelecimentos de moralidade duvidosa? Ou ainda, de cortiços de tal modo construídos que seus inquilinos se veriam impossibilitados de ter um lar digno, sem privacidade nem higiene?

— Que faria Jesus a respeito do grande exército de desempregados, de desesperados que vagueiam pelas ruas e amaldiçoam as igrejas, perdidos na luta pelo pão, que parece amargo quando é conseguido à força de muito trabalho e dificuldade? Nada faria Jesus por eles? Seguiria seu caminho, tranquilo e confortavelmente? Diria que nada disso lhe dizia respeito? Ele se eximiria de toda a responsabilidade por remover as causas de tais condições?

— O que Jesus faria no centro de uma civilização que corre tão rápido atrás de dinheiro que as próprias jovens empregadas nas grandes casas comerciais não ganham o suficiente para preservarem a alma e o corpo, sem temerem as tentações, tão grandes que muitas delas sucumbem e caem no grande e fervente abismo; uma civilização em que as exigências do comércio sacrificam centenas de rapazes em um emprego que ignora todos os deveres cristãos que lhes dizem respeito em termos de educação, moralidade e afeto? Se Jesus estivesse aqui hoje, como parte de nossa época e estrutura comercial, nada sentiria, nada faria, nada diria diante desses fatos que qualquer empresário conhece?

— O que Jesus faria? Não é o que seus discípulos devem fazer? Ele não ordenou que seguissem seus passos? Quanto o cristianismo de nossos dias sofre por Ele? O cristianismo está negando a si mesmo, às custas de conforto, luxo, vida elegante? De que esta era precisa, além de sacrifício pessoal? As igrejas têm cumprido seu dever de seguir a Jesus quando dão um dinheirinho para estabelecer missões ou socorrer casos de extrema necessidade? É sacrifício para um homem que possui dez milhões de dólares dar dez mil para uma obra de caridade? Não está ele dando algo que não lhe custa praticamente nada em termos de dor ou sacrifício pessoal? Não é verdade que os discípulos cristãos de hoje, na maior parte de nossas igrejas, têm uma vida tranquila, fácil, egoísta e muito distante de qualquer sacrifício que possa ser considerado sacrifício? O que Jesus faria?

— É o elemento pessoal que discipulado cristão necessita enfatizar. "A oferta sem o ofertante é vazia."[3] O cristianismo que tenta sofrer por meio de terceiros não é o cristianismo de Cristo. Cada indivíduo cristão, empresário e cidadão necessita seguir os passos de Jesus ao longo da estrada enquanto dá o sacrifício pessoal por Ele. Não há, hoje, uma estrada diferente daquela dos tempos de Jesus. É a mesma estrada. O clamor deste fim de século, e do que se aproxima, é por um novo discipulado, um novo seguimento de Jesus, mais parecido com o cristianismo primal, simples e apostólico, quando os discípulos deixaram tudo para seguir literalmente o Mestre. Somente um cristianismo assim será capaz de encarar o egoísmo destruidor destes tempos com chances de vencê-lo. Há grande número de cristãos nominais em nossos dias. Precisamos mais dos verdadeiros. Precisamos reviver o cristianismo de Cristo. Temos nos tornado, de maneira inconsciente, preguiçosa e egoística, uma espécie de discípulos que o próprio Jesus não aceitaria. A muitos de nós, quando gritarmos "Senhor, Senhor!", Ele diria "Nunca vos conheci". Estamos prontos a tomar a cruz? É possível que essa igreja cante honestamente

Jesus, minha cruz tomei,
Tudo a deixar para seguir a ti?

Se pudermos cantar isso honestamente, então podemos nos chamar de discípulos. Mas se nossa definição de ser cristão consiste apenas em desfrutar dos privilégios do culto; em ser generoso sem qualquer sacrifício; em ter uma vida boa e tranquila, cercada de conforto e amigos agradáveis; em viver respeitosamente e, ao mesmo tempo, evitar o grande fardo do mundo, causado pelo pecado e pelos problemas, por que isso nos é doloroso demais, se essa é a nossa definição de cristianismo, então, com toda certeza, estamos longe demais de seguir os passos daquele que abriu o caminho com gemidos e lágrimas, com suspiros de angústia pelos perdidos, que suou como grossas gotas de sangue, que bradou na cruz elevada: "Deus meu, Deus meu, por que me desamparaste?".

— Estamos prontos para fazer e viver um novo discipulado? Estamos prontos para reconsiderar nossa definição do que é ser cristão? O que é ser cristão? É imitar Jesus. É fazer o que Ele faria. É seguir seus passos.

Quando Maxwell terminou seu sermão, fez uma pausa e lançou sobre o auditório um olhar que eles jamais esqueceriam, e que no momento não compreenderam. Estavam reunidos naquela igreja elegante centenas de homens e mulheres que, havia muitos anos, tinham a vida tranquila e complacente de um cristianismo de fachada. Um grande silêncio caiu sobre a congregação. Durante esse silêncio, todas as almas presentes se tornaram conscientes de um Poder Divino, que lhes fora desconhecido até aquele momento. Todos esperavam que o pregador chamasse voluntários dispostos a seguir o exemplo de Jesus. Mas Henry Maxwell fora levado pelo Espírito a transmitir a mensagem e esperar pelos seus resultados.

Ele encerrou o culto com uma terna oração que manteve a Divina Presença próxima de cada ouvinte, e as pessoas se levantavam vagarosamente para ir embora.

Então se deu uma cena que seria impossível se qualquer homem buscasse sozinho alcançar seus objetivos.

Homens e mulheres, em grande número, rodearam o púlpito para verem Henry Maxwell e lhe declararem que prometiam se consagrar ao compromisso de seguir o exemplo de Jesus. Era um movimento voluntário, espontâneo que impactou a alma de Maxwell com um resultado que ele não poderia medir. Mas não era justamente por isso que ele havia orado? Era uma resposta que ia além do que havia pedido.

A reunião de oração que se seguiu foi tão impressionante quanto a experiência em Raymond. De noite, para grande alegria de Maxwell, a Sociedade de Esforço Cristão, como um só corpo, veio à frente, como muitos membros da igreja haviam feito pela manhã, e assumiu de modo sério, solene e terno o compromisso de seguir os passos de Jesus. Uma profunda onda de batismo espiritual irrompeu a reunião perto do fim, sendo impossível descrever seus efeitos doces, alegres e gentis.

Foi um dia memorável na história daquela igreja, porém mais ainda na história de Henry Maxwell. Ele saiu tarde do culto. Foi para o seu quarto na colônia, onde ainda se hospedava, e depois de uma hora com o bispo e o Dr. Bruce, alegremente repassando sobre os maravilhosos acontecimentos do dia, pôs-se a pensar de novo, sozinho, nas experiências que tivera como discípulo de Cristo.

Ajoelhou-se para orar, como sempre fazia antes de dormir, e enquanto orava, teve uma visão do que poderia tornar-se o mundo se o novo discipulado encontrasse abrigo na consciência da cristandade. Tinha certeza de que estava acordado; não menos certo lhe pareceu que via certos resultados com extraordinária nitidez, parcialmente como realidades futuras, parcialmente como desejos que ele ansiava que se tornassem realidade. Eis o que Maxwell viu naqueles instantes:

Viu primeiro a si mesmo, voltando para a Primeira Igreja em Raymond, vivendo lá de forma mais simples e abnegada do que vivia antes, porque descobriu meios para ajudar aqueles que realmente dependiam do seu auxílio. Também entreviu, embora menos distintamente, o tempo em que sua posição como pastor o exporia ainda a maiores sofrimentos, por causa da crescente oposição ao seu modo de interpretar Jesus e seu procedimento. Mas isso era vagamente indicado. O tempo todo, ele ouvia as palavras: "A minha graça te é suficiente".

Viu Rachel Winslow e Virginia Page continuando a sua obra no Retângulo e estendendo mãos amorosas e solidárias para além dos limites de Raymond. Viu Rachel casada com Rollin Page, ambos totalmente consagrados ao serviço do Mestre, ambos seguindo seus passos com um anseio intensificado e purificado por seu amor mútuo. A voz de Rachel cantava nos casebres e nos cantos escuros do desespero e do pecado, levando almas perdidas de volta a Deus e ao céu.

Viu o diretor Marsh, da faculdade, empregando seu grande saber e sua grande influência para purificar a cidade, enobrecer o patriotismo de seus concidadãos e inspirar nos jovens que o estimavam tanto quanto o admiravam o desejo de viver em serviço cristão, ensinando-lhes que a educação significa responsabilizar-se pelos fracos e ignorantes.

Viu Alexander Powers lidando com duras provações na vida doméstica, sofrendo pela falta de compreensão de sua esposa e de seus amigos, mas seguindo seu caminho em toda honra, dedicando toda a sua força ao Mestre, ao qual obedecera a ponto de perder sua posição social e seus recursos financeiros.

Viu Milton Wright, o comerciante, passando por grandes reveses, causados no futuro por uma combinação de circunstâncias, com grandes interesses comerciais arruinados, não por erro seu, mas saindo desses reveses com sua honra cristã imaculada, para recomeçar e adquirir uma posição na qual poderá ser de novo, a centenas de moços, um exemplo do que seria Jesus no comércio.

Viu Edward Norman, editor do *Diário*, com o auxílio do capital de Virginia, criando uma influência no jornalismo que, no tempo certo, tornou-se reconhecida como um dos agentes reais da nação, moldando seus princípios e, na verdade, modelando sua política; uma ilustração diária do poder da imprensa cristã, o primeiro de uma série de jornais similares, fundados e dirigidos por outros discípulos que também assumiram o compromisso.

Viu Jasper Chase, que negara o Mestre, tornar-se um homem frio e cínico, escrevendo novelas que faziam sucesso, mas cada uma com uma ferida, o lembrete de sua negação, o amargo remorso que, faça o que for, nenhum sucesso social poderia dissipar.

Viu Rose Sterling, dependente de sua tia e de Felicia por alguns anos, finalmente se casar com um homem muito mais velho do que ela, aceitando o fardo de uma união sem amor no que lhe diz respeito, por causa de seu desejo de ser a esposa de um homem rico e de desfrutar do luxo que representava tudo para ela. Sobre essa vida também viu sombras escuras e assustadoras, mas elas não lhe foram mostradas em detalhes.

Viu Felicia e Stephen Clyde casados e felizes, vivendo uma bela vida juntos, entusiasmados, alegres no sofrimento, levando seu serviço grande, forte e fragrante aos lugares apagados, escuros, terríveis da grande cidade, e redimindo almas por meio do toque humano, abrindo-lhes as portas de sua casa, consagrada ao abandono humano que os cerca.

Viu o Dr. Bruce e o bispo continuando a obra da comunidade. Parecia-lhe que o grande lema resplandecente acima da porta estava maior: "O que Jesus faria?". E a resposta diária a essa pergunta era redimir a cidade em suas maiores carências.

Viu Burns e seu companheiro, e um grande número de homens como eles, redimidos e indo, por sua vez, na direção de outros, vencendo seus vícios pela graça divina, e provando, pela vida cotidiana, a realidade do novo nascimento, mesmo em relação aos mais baixos e abandonados.

E agora a visão se turvava. Parecia-lhe que, ao se ajoelhar, ele começara a orar, e a visão era mais um desejo para o futuro do que uma realidade no futuro. A igreja de Jesus na cidade e por todo o país: ela seguiria o Mestre? O movimento inaugurado em Raymond se resumiria a poucas igrejas, como a da Nazareth Avenue e aquela em que pregara hoje, e então morreria como um movimento local, uma agitação na superfície, sem força para se estender e se aprofundar? Ele buscou com agonia a visão de novo. Pensou ter visto a igreja de Jesus nos Estados Unidos abrir o coração ao mover do Espírito e se erguer para sacrificar sua comodidade e complacência em nome de Jesus. Pensou ter visto o lema "O que Jesus faria?" escrito sobre as portas de todas as igrejas, e nos corações de todos os seus membros. A visão se dissipou novamente. Voltou mais nítida do que antes, e ele via as Sociedades de Esforço Cristão por todo o mundo, erguendo em sua grande procissão em alguma convenção, um estandarte no qual se lia "O que Jesus faria?". E pensou ver no rosto desses jovens rapazes e moças a futura alegria do sofrimento, do prejuízo, da abnegação e do martírio. E quando esta parte da visão vagarosamente se desvaneceu, viu o Filho de Deus chamando a ele e a todos os outros atores da história de sua vida. Um coro de anjos cantava em algum lugar. Havia o som como de muitas vozes e um brado de grande vitória. A figura de Jesus tornava-se cada vez mais esplêndida. Ele estava em pé, no alto de uma grande escadaria. "Sim! Sim! Oh, meu Mestre, não terá chegado a aurora de uma nova era na história cristã? Oh, irrompa na cristandade de hoje com a luz e a verdade! Ajuda-nos a seguir-te por todo o caminho!"

Afinal, levantou-se com o temor de quem contemplou coisas celestiais. Sentiu as forças humanas e os pecados humanos como jamais os sentira. E com uma esperança que anda de mãos dadas com a fé e o amor, Henry Maxwell, discípulo de Jesus, deitou-se para dormir, e sonhou com uma cristandade regenerada, e viu em seus sonhos a igreja de Jesus "sem mancha, nem ruga, nem qualquer coisa semelhante", seguindo-o por todo o caminho, andando obedientemente em seus passos.

FIM

NOTAS

Prefácio do autor

[1] O chamado "movimento da temperança" teve início nos Estados Unidos no século 19, e tinha como objetivo limitar o alcoolismo na sociedade. [N. E.]

Capítulo IV

[1] Isso foi realmente dito em um dos escritórios de uma grande companhia ferroviária do Oeste, segundo o conhecimento do autor.

[2] Por conta de suas indústrias, Bradford era a cidade mais poluída da Inglaterra. Devido à poluição, a expectativa de vida na cidade também era a mais baixa do país: 18 anos. Titus Salt (1803-1876) era industrialista em Bradford e fez ajustes em suas fábricas para minimizar a emissão de poluentes. Porém, ao ser censurado por outros industrialistas da cidade, ele saiu de Bradford e estabeleceu uma comunidade industrial chamada Saltaire, que veio a ser a tecelagem mais moderna da Europa. Titus também se envolveu com causas trabalhistas, como a regulamentação da carga horária. [N. E.]

Capítulo V

[1] Giuseppe Mazzini (1805-1872) foi um líder político que influenciou a juventude de seu país. As palavras citadas são de um escrito intitulado "Condição da Europa". [N. E.]

[2] Nos Estados Unidos, a eleição primária é aquela em que o povo escolhe quem serão os candidatos do partido que concorrerão a determinado cargo político. Elas podem ser diretas ou indiretas. Nas primárias diretas, os eleitores decidem quais serão os candidatos do partido. Nas primárias indiretas, que era o caso de Raymond,

os eleitores escolhem delegados que decidirão quem o partido irá candidatar. [N. E.]

Capítulo VII

1. Entre 1880 e 1920, esteve em voga o movimento settlement, tanto no Reino Unido como nos Estados Unidos. O objetivo era estabelecer, em áreas urbanas pobres, "colônias" em que morassem voluntários de classe média ou alta, com o fim de compartilhar conhecimento e cultura e, assim, diminuir a pobreza da cidade. A colônia oferecia serviços como creches, aulas de inglês e cuidados de saúde. Neste trecho, Virginia se refere a uma dessas colônias, a ser estabelecida no Retângulo. [N. E.]

Capítulo VIII

1. Arnold Toynbee (1852-1883) foi um economista britânico, comprometido com a melhoria nas condições das classes trabalhadoras. [N. E.]
2. O bairro East End, em Londres, era conhecido pela extrema pobreza, alta densidade populacional e os problemas sociais relacionados a essas questões. [N. E.]
3. Igrejas institucionais fundavam e operavam diversas instituições humanitárias na sua cidade (creches, orfanatos, clínicas etc.). [N. E.]

Capítulo IX

1. O Auditorium é um recinto de shows localizado no Auditorium Building, em Chicago. Até 1889, este era o maior arranha-céu do mundo. [N. E.]

Capítulo X

1. Verso do poeta inglês William Wordsworth (1770-1850), do poema "Elegiac Stanzas" [Estrofes elegíacas]. [N. E.]
2. Na década de 1870, surgiram nos Estados Unidos diversos movimentos populares preocupados com a segurança. Eles investigavam e denunciavam estabelecimentos alimentícios, tais como matadouros ou fábricas de empacotamento, que não seguiam boas

práticas sanitárias. Essas iniciativas geralmente eram encabeçadas por mulheres preocupadas com a saúde de sua família e comunidade, e boa parte delas ligada a organizações de temperança cristãs. Os "movimentos da comida pura", como foram chamados, partiam do pressuposto de que a ingestão de alimentos contaminados, além de levar à desnutrição, levava às mesmas consequências sociais do abuso de álcool, como a violência. Assim como o alcoolismo, era um problema a ser combatido especialmente em comunidades indigentes. [N. E.]

[3] No começo do século 20, as grandes lojas de departamento de Chicago empregavam mais mulheres que homens, visto que as normas sociais da época aceitavam que mulheres fossem menos remuneradas do que homens. Elas chegavam a ganhar 50% a menos que colegas homens e estavam sujeitas a mais explorações no ambiente de trabalho, tais como: multas por infrações, locais de trabalho insalubres, horas extras não remuneradas e assédio sexual. [N. E.]

[4] O bispo se refere a uma expressão popular que poderia ser traduzida como "Para testar o pudim, só comendo". [N. E.]

[5] O termo "nova mulher" dizia respeito a mulheres que buscavam mudanças radicais, não apenas no modo de pensar, mas também em suas atividades — que incluíam até andar de bicicleta — e vestimentas. O termo foi usado pela primeira vez pela escritora irlandesa Sarah Grand (1854-1943) e popularizou-se com o escritor anglo-americano Henry James (1843-1916).

Capítulo XII

[1] Em 1893, Chicago sediou sua renomada Feira Mundial, que apresentou a um público de mais de 27 milhões de pessoas centenas de maravilhas modernas, como o elevador, o zíper, o primeiro gravador de voz e a roda-gigante, entre outras coisas. [N. E.]

[2] O movimento do imposto único surgiu nos Estados Unidos no final do século 19. Seus apoiadores defendiam que as propriedades deveriam ser taxadas em função da riqueza que produziam, e não do tipo de estabelecimento que possuíam, e o lucro obtido deveria ser dividido por igual entre todos os membros da sociedade. Segundo

criam, era a estrutura e o desenvolvimento da sociedade que levavam os proprietários a lucrar, e não algum esforço pessoal. [N. E.]
[3] Frase de James Russell Lowell (1819-1891), poeta norte-americano.

Sua opinião é importante para nós.

Por gentileza, envie-nos seus comentários pelo e-mail:

editorial@hagnos.com.br

Visite nosso site:

www.hagnos.com.br